永不褪色的
国家记忆

巩国威 / 主编

国家出版基金项目
NATIONAL PUBLICATION FOUNDATION

TRUTH
真相

真相
TRUTH

重庆出版集团
重庆出版社

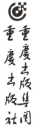

图书在版编目(CIP)数据

真相:永不褪色的国家记忆 / 巩国威主编 .-- 重庆:重庆出版社，2018.5

ISBN 978-7-229-12960-6

Ⅰ. ①真… Ⅱ. ①巩… Ⅲ. ①中国历史—近代史—史料 Ⅳ. ①K250.6

中国版本图书馆 CIP 数据核字 (2017) 第 312693 号

真相：永不褪色的国家记忆

Zhenxiang: yongbutuise de guojia jiyi

巩国威　主编

策　　划：华章同人

出版监制：陈建军

责任编辑：陈建军　徐宪江

营销编辑：张　宁　初　晨

责任印制：杨　宁

装帧设计：typo_d

重庆出版集团
重庆出版社　出版

(重庆市南岸区南滨路 162 号 1 幢)

投稿邮箱：bjhztr@vip.163.com

北京奇良海德印刷股份有限公司　印刷

重庆出版集团图书发行有限公司　发行

邮购电话：010-85869375/76/77 转 810

重庆出版社天猫旗舰店
cqcbs.tmall.com

全国新华书店经销

开本：710mm×1000mm　1/16　印张：18.75　字数：198 千

2018 年 5 月第 1 版　2018 年 5 月第 1 次印刷

定价：120.00 元

如有印装质量问题，请致电 023-61520678

版权所有，侵权必究

编委会

顾问　关捷

主编　巩国威

副主编　徐建源

委员　巩国威　徐建源　关捷　巩国贤　刘钟难　毕长虹

翻译　刘钟难

校译　刘立群

图片提供　范国平　刘忠良　陶健

出版说明

《TRUTH（真相）》史料，是1931年“九一八”事变发生后，由沈阳的九位爱国知识分子（史学界亦称为“沈阳抗日爱国小组”或“沈阳九君子”）冒着生命危险收集的日本侵华罪证。这份证据材料被提交给了当时国际联盟前来调查“九一八”事变及建立伪满洲国是否为民众自愿的调查团，成为国际联盟判定日本侵略中国的重要依据，是研究“九一八”事变的新材料，也是研究东北民众抗日救亡的新史料，更是揭露日本炮制伪满洲国、侵犯中国东北行政主权和领土最有说服力的证据。

事件过后，当时的中国国民政府、新中国政府和当事人及其后代们一直多方努力，均没有找到这份档案的下落。“沈阳抗日爱国小组”成员中的巩天民、刘仲明在世时，多次通过各种途径寻找《TRUTH（真相）》史料，也始终没有结果。20世纪70年代，巩天民的儿子巩国贤曾试图通过外交渠道寻找《TRUTH（真相）》，但也没有找到。2007年7月，巩天民的孙子巩鸣得到一些信息，了解到这份史料很可能放在日内瓦联合国欧洲总部图书馆内。2008年3月，巩天民的另一位孙子巩洋联络到日内瓦联合国欧洲总部图书馆有关负责人，得到肯定答复，第一次准确锁定了这份珍贵历史资料的下落。2008年6月，经过大量的前期准备，居住在德国的巩捷（巩天民的孙女）前往瑞士日内瓦的联合国欧洲总部图书馆，终于看到了这份几十年前编撰的“日军侵华罪证”。

巩捷和她的丈夫以及朋友通过拍照、录影等各种技术手段，完整复制还原了这份珍贵史料，之后托人将这份史料的复印件交给了国内的家人。

2009年，包括这份“沈阳抗日爱国小组”递交的《TRUTH（真相）》在内的国联档案（1919—1946）被列入联合国“世界记忆遗产”名录。

2010年9月17日，“沈阳抗日爱国小组”成员巩天民、刘仲明和毕天民的后人，代表所有“沈阳抗日爱国小组”成员及其后人，将这份珍贵的《TRUTH（真相）》史料复制件无偿捐献给“九一八”历史博物馆。

在《TRUTH（真相）》原始资料的基础上，巩天民之子巩国威为主编，编撰了这本书。在编辑过程中，为便于读者阅读，我们在编排上做了一些必要的调整，特说明如下：

1. 这份档案除了图片外的部分，均为英文书写，当时是为了便于国联调查团的成员阅读。此次出版，为了便于国内读者阅读，我们将英文部分做了翻译。这些中文内容在原证据中是没有的。

2. 由于历史资料年代久远，翻拍后部分资料图片不够清晰，美编人员对每一份证据进行了优化，但原有的图片、英文注解、编号等，尽量保持原来的位置。

3. 此次整理出版，除了当年“沈阳抗日爱国小组”编辑整理的原始证据材料（本书第一篇内容）外，补录当事人的回忆及后人追寻这份史料的过程（本书第二篇内容），以便当代读者了解事件的前因后果，来龙去脉。

4. 更多资料我们会通过微信公众号（请扫描本书封底的二维码关注）向读者发布。

本书出版，得到社会各界朋友的大力支持。“沈阳抗日爱国小组”成员之一巩天民之子巩国威先生热心支持本书出版，做了大量工作，为我们的工作提供了巨大的帮助；大连民族大学原副校长、历史学教授关捷热心为本书作序，并细心审读书稿，就作品编排方式提出了极具建设性的意见；辽宁行政学院教授、原副院长徐建源先生将他辑录、整理的关于《TRUTH（真相）》材料的装订本提供给我们作为参考，并为本书撰写了编后记；抗战研究民间机构季我努学社社长范国平先生及他的团队，慷慨将其在日内瓦联合国欧洲总部图书馆拍摄的《TRUTH（真相）》史料图片提供给我们使用，并用学社的力量对整个项目进行大力的宣传；本书的设计者马仕睿、黄莹老师为使作品达到最佳呈现效果，细心处理每一张图片，并精心设计排版，数易其稿，不厌其烦。向这些在此书出版过程中热心帮助、支持我们的各界朋友致以诚挚的谢意！

在国家和民族危亡之际，能自觉冒死挺身而出者，必是心怀大义的民族骄子，他们与拿起刀枪抵御外寇的勇士，应同为民族英雄。通过本书的出版，向他们致敬。

“沈阳抗日爱国小组”收集的图片证据

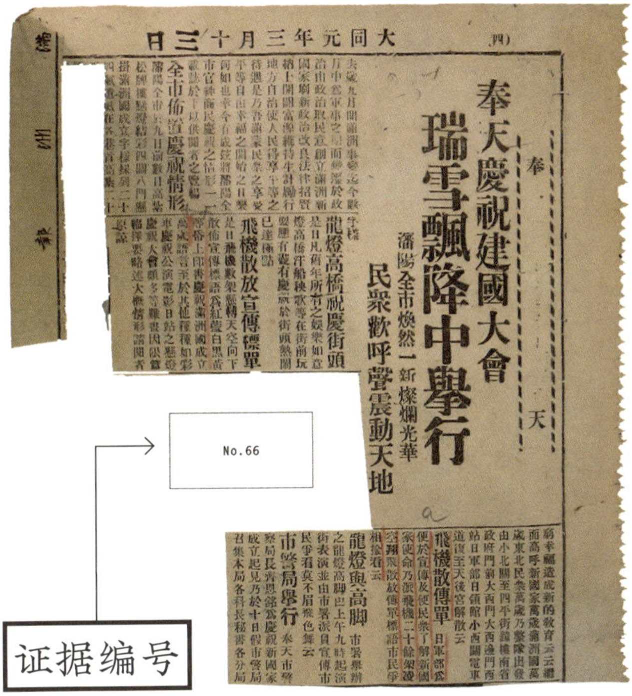
大同元年三月十三日 （四）
滿洲報

奉天慶祝建國大會
瑞雪飄降中舉行
瀋陽全市煥然一新 燦爛光華
民衆歡呼聲震動天地

全市佈道慶祝情形
龍燈高橋祝慶街頭
飛機散放宣傳標單

飛機散傳單 日軍部爲便於宣傳及使民衆了解新國家使命乃派飛機二十餘架淩空翔飛散放傳單標語市民爭相撿看云

龍燈與高脚

市警局舉行

No.66

证据编号

飞机散发传单

日军司令部为便于宣传及使民众了解“新国家”使命，乃派飞机二十余架次，凌空散发传单和标语……

(《满洲报》，1932 年 3 月 13 日发行)

AEROPLANES DISTRIBUTING PAMPHLETS

"In view of the necessity for facilitating propaganda and for making the mission of the New State clear to the citizens the Japanese Army Head-quarters despatched some 20 aeroplanes for throwing down slogans and pamphlets.------------"
(Manchou Pao 13th,March issue)
1932

181

编者为方便现代读者阅读所做的汉语注解

为方便国联调查团成员阅读，“沈阳抗日爱国小组”做的英文注解

滿洲報

THE MANCHURIA DAILY NEWS

奉天

奉天慶祝建國大會 瑞雪飄降中舉行

瀋陽全市煥然一新燦爛光華 民衆歡呼聲震動天地

去歲九月間滿洲事變迄今數月中然軍事之目而轉遷於政治由政治取民意創立滿洲新國家刷新政治改良法律招賢納士開闢富源維持生計勵行地方自治使人民得享平等之待遇是乃吾滿蒙民衆之幸受平等自由幸福之開始之日舉何如也幸今有歡騰瀋陽全市官紳商民慶祝之情形一一誌於下以供閱者之覽焉

全市佈置慶祝情形

瀋陽全市於九日前數日高搭松牌樓點綴結彩四關八門懸掛滿洲國成立字樣標語二十四(?)旗遍插在各巷首高數二十字樣

龍燈高橋祝慶街頭

是日凡前年所有之娛樂如龍燈高橋旱船秧歌等在街前玩耍應有盡有慶祝於街頭熱鬧已達極點

飛機散放宣傳標單

是日飛機數架翱翔天空向下散佈宣傳標語爲紅藍白黑黃紙上印書慶祝滿洲國成立等語至於其他種種如彩車慶祝公演電影日站之懸燈慶祝大會頗多等難盡因限篇幅擇要略述大概情形請閱者諒

爲幸福造成新的教育云云繼而高呼新國家萬歲滿洲國萬歲東北民衆萬歲乃整隊出發由小北關至四平街鐘樓南省政府門前大西門大西邊門西站日軍部日領館小西關電車道復至天後宮解散云

飛機散傳單

日軍部爲便於宣傳及便民衆了解新國家使命乃派飛機二十餘架凌空翔飛散放傳單標語市民爭相搶看云

龍燈與高脚

市署舉辦之龍燈高脚巳上午九時起演街表演並由市署派員宣傳市民爭看莫不眉飛色舞云

市警局舉行

奉天市警察局長齊恩銘爲慶祝新國家成立起見乃於十日假市警局召集本局各科長秘書各分局

No.66

AEROPLANES DISTRIBUTING PAMPHLETS

"In view of the necessity for facilitating propaganda and for making the mission of the New State clear to the citizens the Japanese Army Headquarters despatched some 20 aeroplanes for throwing down slogans and pamphlets.------------"

(Manchou Pao 13th, March issue)

1932

No.66 证据原图

序

关捷

“九一八”事变后，陈觉先生编完《九一八后国难痛史资料》，将其奉献给张学良将军。张学良通读书稿后，感慨万分，题写书名《九一八后国难痛史资料》十个大字，表示国难深重，引为史鉴。并署名“张学良题”，随之刊行。1991 年辽宁教育出版社再版《九一八后国难痛史资料》时征得陈觉同意，易名为《九一八后国难痛史》（上下册）。该书出版后王鸿宾先生送我一套，真可谓“九一八”事变全史。最引我注意的是作为附录的《国联调查团报告书》全文。报告书于 1932 年 10 月 2 日公布于世界，它虽在一定程度上揭露了日本侵占中国东北三省的真相，指责了日本及其阴谋，却“语多含混”“不愿开罪日本”，因而未能制止其侵略行动。就是这样的报告书，也激起日本不满，乃于 1933 年 3 月 27 日国联以 42 票赞成通过根据《国联调查团报告书》起草的《关于中日争端的决议》时，日本 1 票反对并宣布退出国联。日本视《国联调查团报告书》和《关于中日争端的决议》为废纸。然而，《国联调查团报告书》和《关于中日争端的决议》的价值并未因为日本之狂野而有所损害。

在国联调查团收集的大量资料中有一份异常珍贵的资料，就是沈阳九位爱国者收集、整理的《TRUTH（真相）》，至今仍保存在日内瓦联合国欧洲总部图书馆。2008 年 8 月，九位爱国者之一的巩天民之孙女巩捷女士将其复制件带回国内。从此，《TRUTH（真相）》引起政府、学术机构、出版界和学者的高度重视，迅速出现一股研究、宣传《TRUTH（真相）》热潮。

我有幸同家居大连市的巩天民之子巩国威先生多次见面，巩先生毫无保留地将所有《TRUTH（真相）》资料送我，我看后万分激动，当即建议应早日公布于世。巩先生很赞成。当我与重庆出版集团北京华章同人文化传播有限公司的徐宪江谈起时，他也同样激动不已，并凭借敏感的认知，只身到大连与我、巩先生相会，回去后即组织论证，申报选题，然后有了现在的结果。

恰值重庆出版社将巩天民之子巩国威先生编辑成书的《真相：永不褪色的国家记忆》出版之际，写下一些感想。

《TRUTH（真相）》是在白色恐怖的艰难情况下编成的。日本关东军制造“九一八”事变后，凶焰万丈，沈阳——辽宁——东北很多地方迅速沦陷，人民陷入水深火热之中。可日本当局却大肆散布一系列谎言，掩盖其侵略真相，欺骗国际舆论。为使中国东北3000万同胞免于长期蒙冤，向国际社会揭露日本侵略真相，沈阳奉天基督教青年会成员银行家巩天民、邵信普，医学专家刘仲明、张查理、毕天民、李宝实、于光元、刘仲宜，社会教育家张韵泠等聚在一起商议办法。九人一致决定立即行动，秘密收集大量日本侵略事实证据，揭露日本帝国主义的阴谋。经过40天的昼夜忙碌，8天的审核、打印，将收集到的日本侵略罪证编辑成册，取名《TRUTH（真相）》。

《TRUTH（真相）》内容丰富，以敌伪报刊等材料为证据，“以子之矛，攻子之盾”，成为戳穿日本散布的谣言的铁证。《TRUTH（真相）》包括“说明书”“证据汇编”两个部分。

（一）“说明书”分三部分：第一部分关于“九一八”事变的事实和证据。（图像册No.2～5、7、15，实证“九一八”事变完全实现了日本人预先制订的侵略计划。因此，日本人必须对违反《非战公约》《九国条约》和《国际联盟盟约》负责。）

第二部分关于日本侵犯中国东三省行政主权和领土完整的事实和证据。（图像册No.20～26，日本当局“顾问”控制中国各政府机关、各银行，强迫中国学校教日语；图像册No.1中人名录，No.7、8、18、19、20、21，强占中国铁路、矿山等资产；图像册No.36，日本宪兵队控制了沈阳中国警察。这些图像以事实揭穿了“日本没有干涉过中国”的谎言。）

第三部分揭露日本军事当局关于建立“满洲国”活动的事实和证据。（图像册No.41，日本人强迫建立“满洲国”；图像册No.50，日本人贿赂沈阳商务厅，要其参加请求日本军事当局将中国东北军驱出辽西的游行；图像册No.54，辽西地区人民在日本兵的武力驱使下举行“新国家”游行；图像册No.56，日本人领导“满洲国”居民活动；图像册No.57，日本人强迫沈阳教育界人士发表建立“满

洲国”的声明；图像册 No.66 ～ 68，日本飞机在满洲上空散发“满洲国”小册子等材料。）

另有两项补遗：1. 限制集会和组织社团（参阅图像册 No.74 布告）；2. 昭和七年（1932）三月十五日，由区（县）自治指导部调查发布的关于各县区工作进展情况的第三份报告（用日文）。

最后仅用 130 余字为结论：一、“满洲的人口中 95%以上是中国人，中国人自然要当中国人，并将永远当中国人”；二、“世界可能被蒙骗一时，中国人可能处于当前不利状况之中，但是，任何用武力和欺诈解决的，迟早要有祸患伴后”；三、“为了世界和平与秩序，为了公正和正义，我们诚挚恳请你们关注和大公无私地研究处理当前的中日争端”。简要的结论提出三个铿锵有力的强烈要求、严正声明。徐建源教授说：“这是三块基石，放置在中国东三省的大地上，写在亿万中国人的心坎上，矗立在人类文明大道上，重于泰山。这是沈阳九位战士并以其所在的沈阳九户人家的生命，在为东北，在为中国的国家主权和领土完整，民族生存和发展，而且在为世界和平和国际秩序，在为正义和公理而战，在为人类文明而战。”

总之，约万余字的《TRUTH（真相）》以事实简明、系统地阐释了全部证据汇编所反映的要旨、观点和目标。

（二）“证据汇编”为日本的侵略实证：报刊摘要、日本的文件、布告、教科书、命令等实物，按原件构成顺序编号，共计 75 条。

《TRUTH（真相）》中的证据起于“九一八”事变前的 9 月 12 日《英文满报》（*The Manchuria Daily News*）刊登的日本高官在 9 月 11 日密谈武力解决“中村事件”的报道，截至 1932 年 4 月 15 日（“证据汇编”No.36 条所记为依据）。此外有一份《倪斐德博士给李顿爵士的信》。

今天出版《TRUTH（真相）》，不仅在于这份史料的历史价值，更在于它所承载的民族精神与时代意义。

首先，《TRUTH（真相）》为以李顿为首的国联调查团完成《国联调查团报告书》提供了大量原始性、实证性和系统性的日本罪证实物。

其次,《TRUTH(真相)》彻底揭穿了日本散布的三大谎言。一是日本谎称"九一八"事变并非日本预先策划的,而《TRUTH(真相)》列举大量事实,证明"九一八"事变是日本军事当局预先策划的侵略阴谋。诸如图像册 No.2 ~ 5 为 9 月 11 日土肥原贤二等谋划"军队用武力解决",13 日向关东军的本庄繁将军传达了战争部的指示。日军占领沈阳后土肥原贤二即被任命为沈阳市第一任市长。这充分说明日本军事当局精心策划了"九一八"事变。二是日本谎称日军并未侵犯中国东三省行政主权和领土的完整。而图像册 No.1、No.20 ~ 26,所揭日本当局派"顾问"控制中国各政府机关、各银行、警察,强迫中国学校教日语,并强占中国铁路、矿山等资产,足以证明日本侵犯中国东三省行政主权和领土完整是有完整计划的。三是日本谎称"'满洲国'是应中国东北民众要求而出现的"。而图像册 No.41、50、54、56、57、66 ~ 68 等完全证明日本人以武力威胁及文武官员软硬兼施策划和操纵了"满洲国"的建立。

再次,《TRUTH(真相)》所包括的大量第一手资料,彰显出白色恐怖下九位收集者的责任、勇气、智慧、毅力多么令人钦佩、赞颂,这就是他们又被称赞为"沈阳九君子"的原因吧。

当今中国,正以豪迈的步伐向实现中华民族伟大复兴的中国梦胜利前行,人们会从民族精英——先辈的救亡图存、勇于担当、不怕牺牲的民族魂中继承爱国主义、集体主义精神。

九君子精神,启迪国人"看得见多远的过去,就能走得向多远的未来"。"沈阳抗日爱国小组"看透了当年日本侵略者本性——掠夺、奴役、杀戮,所以誓死揭露其罪行,以求国际支援赶走侵略者。1945 年 9 月 21 日《大公报》一个普通战地记者朱启平写了一篇振聋发聩的文章——《战后警言:日本投降是临时休战》,他疾呼:"要警惕呀!中国对日尤须慎防万一。"(《大公报》1945 年 10 月 2 日)侵略了人家死不认账,如何说明他已改了侵略者的本性?如何让人相信他改邪归正?确实,善良的人们"要警惕呀"!

九君子精神,启迪国人要保持国家独立自由,就要把国家建设得国富兵强。甲午战争时期,清朝故步自封,视西方先进事物为"奇技淫巧",造成中国的国力、军力处于落后、软弱状态;那时清政府

危机意识和生存竞争意识较差，中国陆海军的管理、实力、训练落后；清政府幻想采取“以夷制夷”的外交手段，请求列强“干涉”“调停”显得十分幼稚。中国要立于不败之地，必须坚持改革，不断学习先进事物，这是国富兵强的途径；抓住历史机遇，增强综合国力，是国富兵强的关键；中华一体，奋发图强，是国富兵强的根本。

九君子精神，启迪国人充分认识“历史是最好的教科书，也是最好的清醒剂”。自 1921 年中国共产党诞生以来的历史，是一部丰富生动的教科书。习近平总书记说：“中国革命历史是最好的营养剂。多重温我们党领导人民进行革命的伟大历史，心中就会增添很多正能量。”“要坚持实事求是的思想路线，分清主流和支流，坚持真理，修正错误，发扬经验，吸取教训，在这个基础上把党和人民事业继续推向前进。”“沈阳抗日爱国小组”收集、编辑、转交《TRUTH（真相）》的每个行动无不体现他们炽热的爱国情怀和时代的正能量。

《TRUTH（真相）》得到了联合国教科文组织的高度重视，与 1919—1946 年国际联盟档案一同被载入“世界记忆遗产”名录，证明了《TRUTH（真相）》不可抹杀的历史价值和文化价值。

当 1931 年日本制造“九一八”事变 87 周年之际，重庆出版社隆重推出由巩国威主编的《真相：永不褪色的国家记忆》，这实在是一件大事。该书将让中国人民乃至世界人民了解《TRUTH（真相）》，了解“沈阳抗日爱国小组”成员中几位作者的回忆和后人寻找《TRUTH（真相）》回归的故事以及在世界的反响，证明“沈阳抗日爱国小组”不愧是“拼着生命血性战斗在‘九一八’抗战前线的战士”“依凭智慧良心站在辽河凝思祖国命运的思想者”。

是为序。

装《TRUTH(真相)》的布袋，现存于日内瓦联合国欧洲总部图书馆。当时这份材料曾留了一个副本，由张查理教授埋藏在住所的丁香树下，因日久致水渗入，已腐烂。“TRUTH”是张查理的夫人宫菱波用针线绣上去的。

目录

序 7

第一篇
原文 1

壹
说明书 1

(一)"沈阳抗日爱国小组"写给国联调查团的信 3

(二)罪证材料的英文说明 3

(三)结论 19

(四)文件摘要 19

(附)说明书影印原件 21

贰
证据汇编 29

(一)证据目录 29

(二)证据原件 33

附:国际友人倪斐德致李顿的信 224

目录

第二篇
回忆与追寻
227

壹
回忆
227

(一)"九一八"事变后"沈阳抗日爱国小组"抗日救国行动纪实
229

(二)巩天民"自传""巩天民笔录"相关内容摘抄
253

(三)履坎坷道路，秉耿耿忠心——怀念巩天民同志
260

(四)"沈阳抗日爱国小组"的形成背景和主要活动
262

贰
追寻
269

(一)《TRUTH(真相)》回归始末
269

(二)倪斐德后人追忆
275

(三)巩国威致《闯关东的爱尔兰人》作者马克先生的信
277

后记
281

第一篇 原文

壹 说明书

(一) 『沈阳抗日爱国小组』写给国联调查团的信
(二) 罪证材料的英文说明
(三) 结论
(四) 文件摘要
(附) 说明书影印原件

(一) “沈阳抗日爱国小组”写给国联调查团的信

尊敬的李顿勋爵

暨国联赴满洲调查团诸公：

我们，中国东三省居民获悉，你们被委派到中国来，首先是要调查与最近中日争端有关的事实，以此作为解决这一重大问题的根据，推荐给国联。因此，我们冒险向你们提供的这些材料或是目睹的见证，或是了解到的第一手的有充分证据的事实。我们相信，这些事实会有助于你们清楚了解争议爆发以来满洲的基本情况。

在进一步详细阐述这些事实之前，我们提请你们关注以下四个要点：

首先，自从去年 9 月 18 日以来，满洲人民一直生活在日本军事占领下，其各方面的言论和行动受到严格限制和审查。因此，支持那些事实的证据极难得到。事实上，在图像册中展现的某些证据，是冒着极大的生命危险才得到的。

其次，这份材料中的诸多事实，只是自日军占领东三省以来日本人所作所为的一小部分。很多事实没有出现在这份材料中，虽然那些事实是确凿的，但由于目前尚缺少足够的证据，而被审慎地从这份材料中删除了。

再次，作为支持证据引用的当地报纸，都是经日本人编辑和在日本军方严格管制下发行的。因此，其登载的新闻可以认为是可靠的和具有权威性的。

⇨ 各种日文报纸编辑和管理人员的名字，参阅图像册 No.1 人名录附录

最后，但并非是不重要的。有日本人在场的情况下，从当地的官方是得不到任何真相的。他们只能说日本人允许说的话，否则，他们和他们的家属将面临严重的危险。如果没有日本人在场，就要向他们保证，无论说什么都会被严格保密。因此，来自他们那里的真相是有把握的。

(二) 罪证材料的英文说明

第一主题

关于 1931 年 9 月 18 日事件的事实和证据

(A) 预先策划的证据

1. 预先布置的军事措施

9 月 11 日，东京，(事件发生前 7 天)“参谋本部次长二宫(重治)、陆军次官杉山(元)、战争事务办公室主任中田和土肥原

贤二大佐（日本军队驻奉天特务机关长，受召来东京）在次官的官邸商议了几个小时，讨论武力报复的明确步骤。土肥原贤二会见参谋总长金谷（范三）将军汇报报复措施的具体安排。”上述新闻刊登在1931年9月12日日本关东军机关发行的《英文满报》上。

⇨《英文满报》The Manchuria Daily News，缩写M.D.N。全文参阅图像册No.2

2. 币原的强硬态度

东京，9月11日，“陆军大臣南（次朗）会见外交大臣币原（喜重郎），告知后者军队寻求用武力解决的坚定决心。显然，外交大臣似乎进一步强硬了态度。”

⇨ 新闻来自1931年9月12日日本报纸《英文满报》，全文参阅图像册No.2

3. 视察军队并下达“值得关注”的指令

（9月13日，事件发生前5天）

日本关东军总司令本庄繁乘火车从旅顺口（南满铁路南端）到长春（南满铁路北端），视察军旅司令部、团营房、宪兵队和铁路守备队。并给铁路守备队司令官下达了一条“值得关注”的指令……

⇨ 1931年9月15日《英文满报》刊登，全文参阅图像册No.3

在事件发生前5天，本庄繁总司令对沿南满铁路的日本军队下达这个指示，他试图让人相信军队已为总攻做好准备，以此鼓舞士气。

4. 对关东军和土肥原贤二的重要指示

东京，9月16日，“……根据陆军部和参谋本部的会议达成的决议，陆军大臣给土肥原贤二一系列积极的指示……”

陆军大佐（土肥原贤二——编者注）亲自从参谋总长金谷（范三）和陆军大臣南（次朗）那里接到指示，其中包括给他自己和关东军总司令本庄繁的书面材料。而这些指示的内容是绝密的。据报告，给大佐本人的指令如下：

（1）如何给领事馆官员提供帮助……

（3）如何处理好与外部人员的关系事宜……

（6）在解决“满蒙”悬而未决的争端上为他提供了间接的帮助。

还有几个给大佐下达的其官方职责的指示。

在给本庄繁将军的指示中，对于解决“屠杀事件”军方和政府的意图被表述得十分明确，对所有其他悬而未决的问题也都做出了明确的指示。

援引几条最重要的条目……

(2)如果不得不用武力解决，要进一步采取的步骤。

(3)在用武力解决的事件中保护日本居民和维持治安的措施。

(4)关东军对于计划中要解决的所有悬而未决的问题的态度和政策。

从上述下达给关东军和土肥原贤二的指示中，人们可以看出帝国军方关于解决“满蒙”问题的坚定决心，并授予关东军总司令和奉天驻扎官员以更大的权力。

⇨ 摘自1931年9月16日，《英文满报》。全文参阅图像册No.4

请记住，奉天城刚被日本军队占领，土肥原贤二就被任命为奉天市第一任“市长”。就像上面提到的，他的“市长”职务只是其官方职能之一。上述援引由日本官方发表的电报清楚表明了，日本人已经完全占领满洲，以“解决”关于“满蒙”的全部悬而未决的问题，而相应的步骤早就规划好了。

对于(9月18日事件)是日本人预谋策划的侵略，还需要什么进一步的证据吗？

5．军队要做什么已经制订书面计划

9月16日，土肥原贤二在返回奉天的火车上接受采访时，讲过以下的话：

“在我返回奉天的途中，所有一切都搞清楚了。因为军方对做什么，已制订详细计划。另外，我不能够泄露政府和军方布置的解决全部悬而未决事务的措施是什么。我能向你们保证，政府和军方的观点是完全一致的。在我返回奉天的途中，我将拜会指挥关东军的本庄繁将军，向他传达陆军部的指示。”

⇨ 来自1931年9月17日《英文满报》，全文参阅图像册No.5

这是又一份雄辩证明，日本人是按照他们早已制订好的书面计划占领满洲的。

(B)日本侵略和占领的证据

1.1931 年 9 月 18 日，午夜 11 时左右，人们听到来自奉天西北的惊人爆炸声，以及随后的炮击和连续的枪战声。后来才知道，这是炮击北大营和迫击炮兵工厂。此时中国的士兵通过长途电话已经得到张学良将军指示，没有抵抗。

2. 凌晨 2 时左右，日本兵占领了商埠地、西关和广播电台。

3. 黎明前，日本兵在西南角登上城墙，随后从城墙上用机关枪扫射。

⇨ 参阅图像册 No.6

并切断电话、电报，因而奉天与外界隔绝。

4.1931 年 9 月 19 日晨 6 时 30 分，一群日本步兵跟在装甲车之后从西门进入城内，占领了东三省官银号、中国银行、交通银行、边业银行、辽宁省政府办公大楼、财政厅以及其他政府机关和部门。

⇨ 参阅图像册 No.7

5.9 月 19 日上午 8 时和 10 时，兵工厂、备用品仓库、讲武堂和飞机场没有来自中国军队的任何抵抗，被相继占领。

6.1931 年 9 月 19 日上午 9 时左右，人们看到庄重又印刷精致的本庄繁布告贴在奉天城内。直到 9 月 19 日上午 10 时日本人才完全占领奉天城，本庄繁将军直到当日上午 11 时才到达奉天，在动乱发生和张贴布告之间，他们没有时间印制布告。因此，早早出现在奉天城里的布告表明，它是事先就预备好的。这就进一步证明，占领奉天是预先策划好的。

⇨ 1931 年 9 月 19 日的布告全文，参阅图像册 No.8

7. 在那些日子以后，甚至经常发生日军向行人开枪事件。

⇨ 参阅图像册 No.9 ～ 14

8. 解除中国警察武装。

9.1931 年 9 月 19 日上午 11 时，本庄繁将军到达奉天。他拒绝与在奉天的中国政府官员和军事权力机关谈判。

10. 特别强调的是，奉天被占领的同时，19 日凌晨 3 时营口，19 日晨 5 时 30 分安东，19 日凌晨 3 时开平，19 日凌晨 3 时 35 分长春，均被日本人攻击，随后被占领。

上述事实清楚地表明，1931 年 9 月 18 日的事件，简直就是执行东京军事当局策划的有预谋的侵略计划。被士兵炸毁的南满铁路的一段路轨，

只是他们粉饰侵略的借口。即使一段铁路受损是真的，那只是局部冲突，可以通过一般的方法解决。为什么日本人占领了省政府行政大楼、财政厅和银行？为什么日本军事当局拒绝与中国军事当局以及在奉天的中方政府官员谈判？最重要的是，很多地区与奉天同时被占领的事实就证明，日本从一开始就是侵犯中国国家主权和领土完整的侵略者。因此，日本必须对违反《非战公约》《九国条约》和《国际联盟条约》的后果负责。

第二主题

关于侵犯中国东三省主权、行政和领土完整的事实与证据

(A)财政

1. 日本军方攻入并搜查中国的银行，即东三省官银号、中国银行、交通银行、边业银行，并于 1931 年 9 月 19 日占领了这些部门。日本军方随后关闭封锁了所有这些银行，并派兵把守。他们当天早晨进入奉天城后，就立即采取了这些行动。

⇨ 参阅图像册 No.15

2.1931 年 10 月 11 日上午 11 时，由日本军方主办，在奉天日本租界地大和旅馆召开会议，宣布奉天已在日本军方控制之下。出席这次会议的有来自日本关东军司令部的 11 名官员和秘书，以及奉天市“市长”日本人土肥原贤二，还有几名中国人。他们制定了中国两个重要银行——东三省官银号和边业银行的各种管制规则。这些规则清楚地说明，如果日本军事当局认为有必要，他们有权随时关闭这些银行。

⇨ 本庄繁的指示，参阅图像册 No.16

⇨ 与会者名字，参阅图像册 No.17 末页

⇨ 规则，参阅图像册 No.17、18

3.1931 年 10 月 20 日，经日本军事当局允许，在当地治安维持会聘用了若干名日本“顾问”和“秘书”，以及他们管理所有财政业务的“意见”要受到财政厅完全“尊重”的情况下，辽宁省财政厅重新开始办公。事实

⇨ 参阅图像册 No.1 中的人名录第 3 编号下的内容

⇨ 参阅图像册 No.19

上，这些顾问是监控官、秘书执行官。所谓“尊重”，意思是“服从”。换句话说，是日本人真正管制中国的财政事务。

4．自从去年9月奉天爆发冲突以来，奉天电厂、奉天电报管理局、奉天电话局，每天的全部收入都被转交给日本军事当局。中国官员（政府）不能有任何要求。

5．世人周知，日本军事当局还接收了与国际债务有关的中国盐业收益（这个收益本应该交给中国中央政府）。

(B)教育

1．一位日本顾问（监控者）和一位助理顾问被委派到教育厅，如日本人所说，当时称为“教育预备厅”。在1931年9月18日前，中国政府设有教育厅，日本军方逮捕了教育厅厅长，解散了教育厅。后来，设立了设有所谓顾问的“教育预备厅”。这个“教育预备厅”所做的哪件事情，与日本人为当前的动乱所宣称的原因有关？

2．自从日本人武力占领满洲以来，他们试图用各种手段干涉教育系统。除了委派“顾问”以外，还更换了教科书。这些更换的教科书的主要特征之一是不允许有“国家的”字样存在。所有这些更换的教科书，都列在日本顾问监视下的所谓教育预备厅的“小学教科用书临时删正表”里。

⇨ 删正表，参阅图像册No.20；顾问名字，参阅图像册No.1中的人名录第10编号下的内容

3．在日本军事当局的监视管制下，教育经费不允许从省银行领取。因此，自从1931年9月以来，使得所有学校不能开课。一些小学在春季学期伊始开学了，但是，中学由于需要钱而不能开课。另一方面，由于以前的中学课本不能使用，而在日本顾问监控下的新课本又没有完成，因此中学不能开课。

4．另一个被日本军事当局离奇强调的是，所有在满洲的学校，都必须教日语。而且是强制性的。

⇨ 参阅图像册No.25；“新国家”教育政策参阅图像册No.26

(C)交通通信

1．自从1931年9月日本占领奉天以来，日本人重组了中国东北交通委员会。以前的委员几乎全部被免职。现在绝大部分委员会成员是日本人。

⇨ 名字参阅图像册No.1中的人名录第6编号下的内容

2.1931 年 10 月 14 日，土肥原贤二被原本不存在的沈海铁路治安维持会委任为沈海铁路公司监事长，控制铁路全线。

⇨ 他任职的办公室公告参阅图像册 No.27

3. 日本关东军司令部占领奉天以后，也委派了很多顾问和总经理到中国各个铁路公司。所有交通和财政事务必须遵照所谓的顾问的指示办理。

⇨ 委派布告参阅图像册 No.28

⇨ 参阅图像册 No.1 中的人名录第 7、8 编号下的内容

4. 奉天和其他各处的中国电报管理局，于 1931 年 9 月以后被日本人接管。

⇨ 证据参阅图像册 No.29；姓名参阅图像册 No.1 中的人名录第 14 编号下的内容

5. 自从 1931 年 9 月以来，所有来自天津的中文报纸均被日本审察员扣留。中国居民甚至没有权力看到他们自己的报纸。

⇨ 证据参阅图像册 No.30

6. 凡有日本人存在的地方，所有中国人的信件都要受到日本军事当局的审查。

⇨ 证据参阅图像册 No.31

(D) 工业

1. 日本军事当局委派指导督办和其他人员到东三省中国人私营矿业公司。在日本人占领前，这些矿业公司纯属中国人所有，其人事和财务由中国人掌控。日本人总是声称他们必须保护在满洲的条约权益，而对中国人的私人财产又为何干涉呢？

⇨ 中国矿业公司的名字和日本成员的名字以及他们的职称参阅图像册 No.1 中的人名录第 9 编号下的内容

2. 在奉天仅有的一座大型中国人私营棉纺厂，即闻名的奉天纺纱厂，它完全是中国商号。这个纺纱厂将与设在辽阳的日本人私营的满洲棉纺厂合并。事实上，这种合并就是没收。

⇨ 参阅图像册 No.32

3. 日本军事当局已经委派了经理和其他职员到奉天电灯厂工作。

⇨ 参阅图像册 No.1 中的人名录第 13 编号下的内容

(E)司法

占领奉天四天以后，本庄繁释放了在奉天高等法院中受审的中国囚犯。并贴出布告昭示。

⇨ 部分原件和完整布告抄件，附在图像册 No.33

如果当前的动乱基于保护日本人的利益，那么他们凭什么没有任何诉讼手续就释放了那些囚犯呢？

(F)市政和县政

1.1931 年 9 月 20 日，被本庄繁司令委任为奉天“市长”的土肥原贤二和市政机关的其他成员，操持奉天市政已经好长一段时间了。

⇨ 布告原文和日本成员名字参阅图像册 No.34

2. 每个区（县）都委派了自治管理指导员。所有这些指导员都是日本人。名义上他们是“指导员”，但实际上他们本人就是当地政府的掌权者。

⇨ 一些指导员的名字参阅图像册 No.1 的人名录第 23 编号下的内容

3. 委派到吉林省政府总务厅的新“总务厅厅长”也是一个日本人，名字叫原武氏。

虽然他被委派做厅长官，实际上，他负责整个政府的所有行政工作。没有他的同意，“省长”甚至也不能做任何工作。

⇨ 参阅图像册 No.35

4. 就在占领之后，日本人重组和控制了奉天的警察武装，警察佩戴的臂章上印有日本宪兵队的标识，其用意就不言而喻了。

⇨ 参阅图像册 No.36

(G)军方的干涉

如上所述，日本军事当局并不满足于对警察武装的控制。他们还让辽宁省“省长”委任日本人作为保安队的头头和很多其他职务。

⇨ 名字参阅图像册 No.1 中的人名录第 24 编号下的内容

除了委任治安维持保安队的头头和很多其他职务，日本军事当局居然还为保安队招募新兵。他们招募的这些新兵，直属保安队。“省长”指示区

(县)级机关，要求他们协助日本官员招募新兵。对自治指导部也下达了同样的指示。这些清楚地表明，日本关东军司令部发起了该计划以及要求“省长”给予必要的协助……(原文此处有一行文字被删除——译者注)

⇨ 参阅图像册 No.37

截至本说明书书写之时，中国的兵工厂和飞机场等场所，依然在日本人的占领下。

(H)逮捕和拘留中国政府官员和东三省其他知名人士

以下是这些人的简要统计资料。他们被逮捕并监禁在奉天三经路与五纬路商埠地鲍文越前寓所内。截至本说明书书写之时，他们中的一些人仍被监禁中。

姓　名	身　份	逮捕日期	释放日期
臧式毅	辽宁省“省长”	1931.9.20	1931.12.14
金毓黻	教育厅厅长	同上	同上
冯　庸	奉天冯庸大学校长	1931.9.22	1931.10.8
刘鹤龄	奉天农矿厅厅长	1931.10.16	1932.2.11
阚朝玺	热河省前省长、地方治安维持会成员	1931.12.20	1932.1.25
荣　厚	吉林省前财政厅厅长	1932.3.18	1932.3.28
李振声	吉林省陆军前训练总监	（现仍在监禁中）	

逮捕所有上述知名人士，是因为他们不服从日本人的指示或根本不同意日本人的所作所为。他们与军事机关没有瓜葛，也从未参加任何抗日宣传。他们是无辜的，但他们却被监禁！终于，他们中的一些人还是屈服了，不得不服务于现行的所谓“满洲国”政府。据我们所知，政府官员臧式毅，仍然有一个日本宪兵做他的私人“随员”（监视员），这个日本宪兵的名字叫横山(Yakoyama)。

上述事实清楚地表明，日本的反复保证和宣称他们没有干涉中国东三省的主权、行政和领土完整，就是在瞒骗世界。如果世界仍然认为日本人没有做干涉中国主权的事情，日本人只是为保护他们在东三省拥有的利益而采取行动，那么怎样解释上述所有这些例证呢？

第三主题
揭露日本军事当局炮制“满洲国”的事实和证据

1. 日本人强迫奉天商务总会签署解散当地维持会并建立奉天省政府的请愿书

名字含蓄的地方治安维持会（会长袁金铠）是1931年9月18日以后，由奉天市人民组建的，以维持奉天城的秩序。由于日本当局发现，要使这个组织遵从他们的指示颇有困难。他们就着手建立新政权，宣称这是应人民的要求而做的。曾被日本当局监禁的臧式毅于1931年12月14日被释放。同月15日，日本当局代表——“市长”赵欣伯强迫奉天商务总会开会。在会上他强迫与会人员在事先写好的请愿书上签字，要求建立“新国家”并解散当地维持会。日本宪兵队派遣日本人渡边勇（Watahin）监视会议。负责签署请愿书的赵欣伯在会议之后强迫奉天商务总会的代表和他一起去当地治安维持会，执行解散。随后即去臧式毅住所，力说臧担任“奉天省省长”。新政府于16日成立，断绝与中国中央政府和张学良的关系。

⇨ 他的名片参阅图像册 No.38

图像册 No.39 是实际发生在商务总会代表会议上签署声明的详情。

此外，公开不赞成赵欣伯解散维持会行动的阚朝玺后来被日本人以人民意志的名义投入监狱。

2. 在负责倡议和建立“新国家”的自治指导部，日本人占据了重要岗位

1931年11月10日，以于冲汉为名义主席的自治指导部成立。

所有与指导部有关的重要岗位都由日本人把持。他们的名字刊载在图像册 No.1 中的人名录中。

⇨ 参阅图像册 No.1 中的人名录第 22 编号下的内容

图像册 No.40 是任职于指导部的一位成员的名片。

⇨ 参阅图像册 No.40

此外，几乎所有各个区(县)下属的自治指导部部长都是日本人。

⇨ 参阅图像册 No.1 中的人名录第 23 编号下的内容

1932 年 1 月 18 日，《英文满报》(第 3 版)刊载：“在本月 7 日，自治指导部(部长于冲汉)为建立“新国家”代替腐化的军阀政府铺平道路，向东北 3000 万人民散发了 5 万份布告……”这显示，自治指导部负责建立“新国家”。

⇨ 参阅图像册 No.41

3. 日本人通过虚假内容宣传“新国家”

自治指导部通过下列办法，实施与建立“新国家”有关的宣传。

a. 海报。(书写和措辞是典型的日本语模式)

⇨ 参阅图像册 No.42

b. 标语口号。

c. 龙书卷，小册子。

⇨ 参阅图像册 No.43，44

d.《东北文化》半月刊，由名字叫中光(Nakamitzu)的日本人编辑，在大连发行。

⇨ 参阅图像册 No.45

e. 红色条幅。

⇨ 参阅图像册 No.46

除了 a 项和 e 项目前仍能在全城看到外，c 项和 d 项是邮寄给城市居民的，要求他们帮助做宣传。图像册 No.47、48 是自治指导部发给 XX(原文此处墨迹不清——译者注)的信件原文。关于 b 项，

⇨ 参阅图像册 No.47、48

是一个标语口号原件和收条(原文此处墨迹不清——译者注)。

⇨ 参阅图像册 No.49

关于 e 项，传统上是用来贴在堂屋柱上庆祝新年的，通常在上面写一些吉利的话语，从没用过印制品。但是，这些由商务总会分发的卷轴是由大连关东军印制，邮寄给奉天关东军司令部第四部的。其中的 2500 份是赵欣伯“市长”送到商务总会的，敦

促让他们分发。原始包装仍然储存在商务总会的储藏室里。在包装上端，能看到“从大连到奉天关东军司令部第四部”的字样。

4. 日本人向去日本官方请愿清除锦州东北军游行的组织者行贿

1932 年 1 月 1 日，奉天发生了由日本人操纵的居民游行，向日本关东军司令部请愿，把中国军队从奉天西部驱赶出去。事后，关东军司令部通过奉天“市长”赵欣伯赠给商务总会 1500 元作为酬谢。如果游行是居民自行发起的，后来关东军是以什么理由赠给这么多钱作为酬谢呢？

群众集会……(此处删掉一行字——译者注)

⇨ 参阅图像册 No.50

5. 如果满洲人民要建立一个“满洲国”，他们怎能向关东军司令部请愿呢？

图像册 No.51、52 显示向关东军司令部请愿的代表们。

⇨ 参阅图像册 No.51、52

来自本溪湖建立“新国家”的请愿，送到关东军司令部。自治指导部和“奉天省省长”表示：关东军司令部和自治指导部在建立“新国家”上，起到多么重要的作用。而奉天地方长官，实际上并不重要。

⇨ 参阅图像册 No.53

这些是日本人为蒙蔽世界耳目而使用的诸多阴谋诡计中的几个。如果满洲人民自愿期望建立“新国家”，是什么促使他们去关东军司令部请愿呢？

6. 辽西和辽阳人民在日本兵挂着日本国旗的刺刀下举行建立“新国家”集会

图像册 No.54、55 显示，刺刀上挂着日本国旗的日本兵在上述地区的群众集会上。

⇨ 参阅图像册 No.54、55

7. 在“奉天全省‘建国’促进大会”上，日本人坐在前排位置

图像册 No.56 是集会照片，标有 X 记号者是尾板一佐(市政厅公务员)。由此可以推断，日本人是群众集会的重要分子。

⇨ 参阅图像册 No.56

8. 日本人强迫奉天教育厅开会发表声明

自治指导部的川尻（一个日本人）强迫奉天教育当局于1932年2月24日开会。在会上，坪川（另一个日本人）起草了一份欢迎建立“新国家”的声明。声明文字是：“我们期望这个‘新国家’尽早成立”，并强迫他们发送出去。

⇨ 日本人，参阅图像册 No.40

⇨ 签署的声明，参阅图像册 No.57

9. 奉天以外的日本自治指导员的活动

图像册 No.58描述了发生在齐齐哈尔的实际情况。

⇨ 参阅图像册 No.58；关于海城，参阅图像册 No.59

10. 一个会议就能解决诸如建立“新国家”这样的重大问题吗？

参加建立“满洲国”会议的“四巨头”是张景惠、臧式毅、熙洽和马占山。张景惠作为亲日的中国官员是很臭名昭著的。1931年9月18日以后，奉天的中国大官僚不是逃跑了（如参谋长荣臻），就是被逮捕了（如“省长”臧式毅）。哈尔滨特区长官张景惠当时就在奉天，虽然他与日本人没有密切关系，但他没遭逮捕，也没像其他官僚那样逃离。熙洽在9月18日以后失去了自由。当然，马占山被日本军队征服后，由负责煽动劝降的土肥原贤二长官伴随乘日本飞机降落奉天机场，关东军司令长官三宅光治到机场迎接。

⇨ 参阅图像册 No.60

本来决定在长春召开这个会议，后来宣布他们将在奉天召开预备会议（可能因为本庄繁在奉天），而最终的会议在长春召开。1932年2月16日晚，“四巨头”都在奉天。据《东北文化》半月刊特刊登载，会议在2月16日晚举行，直到17日早7时，关于建立“新国家”的决策才定下来。如果整个事项没有事先确定好，怎么能在一次会议上就完成这么多重大的问题？而且，在“四巨头”商议以后，本庄繁认为，不再需要召开最终会议了。“四巨头”不再有任何权威代表中国东三省3000万人民的意志，来决定建立“新国家”了。

⇨ 参阅图像册 No.61

⇨ 参阅图像册 No.62

据《东北文化》半月刊特刊登载，没有任何人签署的“新国家

宣言”，于 3 月 1 日上午 10 时从张景惠寓所送出，由“满洲国”

⇨ 参阅图像册 No.63、64

政府发布。“满洲国”的执政和政府各级官员，直到 3 月 9 日才在长春就职。那么是谁在 3 月 1 日负责向公众发布“满洲国”政府宣言呢？

证据表明，它是幕后某人精心制订的计划，只是通过张景惠的手发出而已。

11. 溥仪与日本军事当局

为了建立“满洲国”，日本人企图劝诱清朝退位皇帝溥仪担任“国家”元首。首先，日本人通过土肥原贤二提出由溥仪登上皇位。对此，溥仪表示难以从命。于是，又提出让他担任新国家执政。虽然他屡次婉拒，但又不得不在日本人的强制和严格监禁下，接受了成为伪政府傀儡的要求。据《英文满报》（1932 年 3 月 22 日第 3 版）报道，事后溥仪向本庄繁将军和南满铁道株式会社内田（康哉）表达了谢意。此事说明，日本人在“新国家”

⇨ 参阅图像册 No.65

的建立方面发挥了积极作用。

12. 庆祝“满洲国”

a. 关于庆祝“新国家”，关东军司令部派遣 20 多架飞机在满洲各地散发小册子和标语。

⇨ 参阅图像册 No.66、67、68

b. 于 1932 年 3 月 11 日举行的奉天居民游行队伍，由鹤原（日本人，鹤原药房经理的兄弟，他的地址是奉天日本租借地中浪速通大道 2328 号）领导。

c. 在齐齐哈尔“新国家”庆典上，日本人担当宣告者。

13. 进一步的证据证明，“满洲国”的建立是由“自治指导部”发起和操纵的

在“新国家”成立以后，“自治指导部”就被解散了。这进一步说明“自治指导部”的职能。

⇨ 参阅图像册 No.70、71

14. 满洲傀儡政府背后的日本人

⇨ 参阅图像册 No.72

谢介石(Shiyakaiseki)，中国台湾人，日本“国民”，掌管“外交部”。菊井，日本人，担任所谓“满洲国”政府总务厅长官职位。这一事实足以证明，是日本人在幕后操纵的。菊井作为内阁会议主席，相当于首相身份。

15. 有关日本人祝贺“满洲国”成立的典礼仪式等记录

⇨ 参阅图像册 No.73

“满洲国”已建立，日本人将典礼仪式记录存放于奉天图书馆内。

从以上引证的事实和证据可以确切地推断，“满洲国”的建立是完全由日本人发起和操纵的。币原对中国驻日大使去东京抗议的答复“日本人没有参与建立‘新国家’运动”，可以认为是绝对不真实的。

补遗

下面是两个迟到证据，但所叙述的并未超出主题范围。

⇨ 参阅图像册 No.74，布告

(1)禁止集会和组织社团。

(2)昭和七年(1932 年)三月十五日，由区(县)“自治指导部”调查发布的关于各区(县)工作进展情况的第三份报告(用日文)。

上述报告包括奉天省 31 个区(县)，各个区(县)按下列标题报告：

(1)行政管理

(2)财务

(3)教育

(4)商业与工业

(5)农业

(6)治安

由于时间仓促，本说明书没能将原件译成英文。

在文件中已详细叙述过，自治指导员绝大部分由日本人担当，小部分中国人是其下属。虽然它已被官方宣布解散，但并未实行。它仍继续指挥和控制各个区(县)官员的行政管理工作。仔细阅读这个报告就能让人确信，日本当局不仅干涉政府行政管理工作，而且还控制它。

⇨ 参阅图像册 No.75

(三)
结论

人们或许记得，满洲的人口中95%以上是中国人，中国人自然要当中国人，并将永远当中国人。

世界可能被蒙骗一时，中国人可能处于当前不利状况之中。但是，任何用武力和欺诈解决的，迟早要有祸患伴后。因此，为了世界和平与秩序，为了公平和正义，我们诚挚恳请你们关注和大公无私地研究处理当前的中日争端。

第一部分提供的证据

(四)
文件摘要

1. 根据日本报纸报道，东京军事当局已经决定用武力解决一切满蒙悬而未决的问题，并且已制订出书面计划。就在事变前两天，土肥原贤二从东京向关东军传达了“重要”指示。

⇨ 参阅图像册 No.2、3、4、5

2. 在几个小时之内，就完成了对很多重要战略地区的占领。

3. 第二天上午，对省政府行政大楼、财政厅、教育厅、银行等实施占领。

⇨ 参阅图像册 No.7、15

所有上述证据支持这一事实，即1931年9月18日的事件完全在执行日本人预先制订的侵略计划。因此，日本人必须对违反《非战公约》《九国条约》和《国际联盟条约》负责。

第二部分提供的证据

1. 自从冲突爆发以来，日本当局任命那么多的“顾问”（监控者）到中国各个政府机关。凭什么中国的各个分支行政机关要受日本人逐个地控制？

⇨ 参阅图像册 No.35

2. 日本人设置严格的管制，控制中国的银行，使中学和高等教育院校不能开课，使一切公共事业陷于瘫痪。

⇨ 参阅图像册 No.15、16、17、18

3. 日本人强迫中国教育当局更换教科书，强迫中国学校教日语。

⇨ 参阅图像册 No.20、21、22、23、24、25、26

4. 日本人拿走各个中国铁路和矿山的资产，置于日本人的经营管理之下。

⇨ 名字参阅图像册 No.1 中人名录第7、8、18、19、20、21编号下的内容

5. 日本宪兵队已经控制了奉天警察。

⇨ 参阅图像册 No.36

日本人已经拿走中国工业和矿山等重要资产，几乎控制了每一个行政管理部门，而且日本还一再对世界宣称，它没有对满洲的领土企图，从没有干涉过中国的行政事务。这一事实将不言自明。

第三部分提供的证据

1. 日本人强迫于冲汉组织自治指导部，其成员中日本人占绝大多数，这个组织完全参与建立所谓“满洲国”相关的活动。

⇨ 参阅图像册 No.41

2. 日本人贿赂奉天商务总会，要他们参加“请求日本军事当局将中国东北军驱出辽西”的游行。为此，关东军司令部赠给商务总会 1500 元作为酬谢。

⇨ 参阅图像册 No.50

3. 辽西地区人民在日本兵的武力驱使下举行“新国家”游行。

⇨ 参阅图像册 No.54

4. 凡有“满洲国”居民活动的地方，总是由日本人领导。

⇨ 参阅图像册 No.56

5. 日本人强迫奉天教育界人士发表建立“满洲国”的声明。

⇨ 参阅图像册 No.57

6. 日本飞机积极参与在整个满洲上空散发建立“满洲国”的小册子和其他宣传材料。

⇨ 参阅图像册 No.66、67、68

据日本人在《东北文化》半月刊所公布的内容，“新国家”的设计是在张景惠寓所里的“四巨头”会议上完成的。那么，在哪里有表达人民声音和他们对大事的意见的机会呢？

因此，不管谁对建立所谓的“满洲国”负责，肯定与满洲人民无关。另一方面，这里提供的所有证据都表明，在建立“满洲国”这个问题上，日本人起到最引人注目的作用，扮演了一个显而易见的角色。

刘钟难　翻译

刘立群　校对

2009-12-12　于沈阳

2010-10-01　再核对

附：说明书影印原件

“沈阳抗日爱国小组”对所收集的材料所做的英文说明，主要目的是便于国联调查团成员阅读，以便能够更加直观理解他们所提交材料的主要内容及反映的问题，并且能更容易弄清楚提交材料者所表达的观点。其中包括“沈阳抗日爱国小组”写给调查团的信，罪证材料的英文说明以及根据这些材料得出的结论，最后一部分是文件摘要。

以下图片即为《TRUTH（真相）》“说明书”部分的影印稿。

LORD LYTTON, AND MEMBERS OF THE LEAGUE'S COMMISSION OF ENQUIRY INTO MANCHURIA

We, citizens of the Three North-eastern provinces of China, have learnt that your Commission, by coming out to the Far East, in the first place, is to investigate facts in connection with the recent Sino-Japanese dispute, upon which your recommendation to the League for the solution of this great problem will be based, we therefore venture to lay before you, facts either seen by eye witnesses or with first hand knowledge of, and facts with sufficient proofs, believing these may be of help to your clear understanding of the condition prevailing in Manchuria since the outbreak of the dispute.

Before proceeding to detail those facts, we should like to draw your attention to four important points: in the first place, the people of Manchuria since 18th last September, have been living under the condition of military occupation with severe restriction and censorship of all means of expression and movement, so proofs, substantiating those facts were practically unobtainable, in fact, some of the evidences, presented in the accompanying album were secured only through great danger to life; in the second place, the facts presented in this paper should not be regarded as comprehensive. They represent only a fraction of what the Japanese have done since their occupation. Those facts though definite facts, owing to, for the moment, lack of substantial proofs, are deliberately excluded from this paper: thirdly the news-papers here quoted as supporting evidences are all published under Japanese editorship and management subject to strict regulation of the Japanese army, so the news contained there-

in could be deemed authentic and authoritative: (for the names of the editors and managers of the various Japanese news-papers see Appendix of the Directory in Album No.1) and lastly but not least, in the presence of Japanese, no truth can possibly be got from the local Chinese officials, as they can only say what they are allowed, by the Japanese to say, otherwise they and their families would face great danger, whereas truth could be acertained from them, if no Japanese were present, provided they were assured that whatever they say would be kept strictly confidential.

PART I

FACTS AND EVIDENCES CONCERNING THE INCIDENT OF THE 18th Sept., 1931.

(A) Evidences of pre-meditation.

1. Pre-arrangement of military measures.

Tokyo, Sept.11, (7 days prior to the incident), "Vice-chief Ninomiya of the General Staff, War Vice Minister Sugiyama, Supt. Nakada of War Affairs Office and Col. Doihara (Resident Officer at Moukden, summoned to the Capital) conferred in the Vice-Minister's room for a couple of hours to discuss tangible steps for retaliation by force. Col. Doihara saw Chief General Kanaya of the General Staff to explain what retaliation steps are concretely got up".
(The above news was published in the Manchuria Daily News - M.D.N. 12th Sept., 1931 which is the official organ of the Japanese Kwantung Government. For its full text see No.2 Album)

2. Shidehara hardens his attitude.

Tokyo Sept. 11 (Dentsu) - "War Minister Minami called on Foreign Minister Shidehara and let the latter know of the Army's firm resolution to seek a solution by force. To all appearances, the Foreign Minister seems to have hardened his attitude further".
(News from the Japanese paper - M.D.N. 12th Sept.1931.For its full text see Album No.2)

3. Inspecting of troops and "remarkable" instructions given.

Sept. 13th, (5 days prior to the incident.)
"Commander-in-Chief S.Honjo of the Japanese Kwantung Army came from Port Arthur (the southern terminus of the S.M.R.) by train to Changchun (the northern terminus of the S.M.R.) and inspected the Brigade Headquarters, the Regimental Barracks, the Gendarmerie and the Railway Guards. The General gave to the Commanding Officer of the Railway Guard an instruction of impressive nature------ ---------- "
(published in M.D.N. 15th Sept.1931 For its full text see No.3 Album)
The Commander-in-Chief General S.Honjo's inspection of Japanese troops along the South Manchuria Railway just 5 days prior to the incident, tends to support the belief he got the troops prepared for the general attack.

4. Important Instructions to Kwantung Army and Doihara.

Tokyo, Sept. 16th (Dentsu) "------------In accordance with the decisions reached at the meeting among the exponents of the War Ministry and the General Staff Office, instructions of a positive nature were given Col. Doihara by the War Minister-------------. The instruction the Colonel received in person from Chief Kanaya of the General Staff and War Minister Minami comprise those for himself and

Commander-in-Chief Honjo of the Kwantung Army in writing.

Whilst the contents of these instructions are kept strictly secret, those given the Colonel himself are reported to contain the following:-

"(1) How to render help to the consular people................
(3) How to carry himself in dealing with outsiders...........
(6) His indirect support to be given in the solution of the pending issues in Manchuria - Mongolia. "

There are several other directions regarding the Colonel's official functions.

"In the instructions to Lt. General Honjo, the Army's attitude and the government's intentions towards the solution of the Butchery case and all the other pending questions are made explicit.
To quote a few most important items:............(2) Steps to be taken in case of a solution by force (3) Measures for protection of Japanese residents and maintenance of peace and order in the event of a solution by force. (4) Kwantung Army's attitude and policy towards the intended solution of all pending issues.

"From the abovementioned items of instructions given the Kwantung Army and Col. Doihara, it may be seen that the Imperial Army indicates its fixed determination concerning Manchuria and Mongolia, allowing a wider scope of authority to the Commander-in-Chief of Kwantung Army and the Resident Officer Moukden".
(From Japanese paper M.D.N. Sept. 16th., 1931. For its full text see Album No.4)

Remembering that Col. Doihara was made the first Japanese Mayor for Moukden, as soon as the city was occupied by the Japanese Army.

His Mayorship must be one of his official functions, as referred to in the above-mentioned instructions ! The above quoted telegram as published by the Japanese official paper, makes it clear that Japan had fully determined to occupy Manchuria in order to solve all pending issues concerning Manchuria - Mongolia and that steps were drawn up accordingly. What further evidences are wanted to prove her pre-meditated aggression?

5. The Army has mapped out in black and white what to do.

Kozu, Sept. 16... ...."When interviewed on the train en route back to Moukden, Col. Doihara had the following to say:-

"All will be made clear on my return to Moukden, as the Army has mapped out in black and white what to do. While I am in no position to divulge what the Government Army's intentions to dispose of all pending issues are, I can assure you that the Government and the Army are perfectly at one in their views. On my way back to Moukden I am to see Lt. General Honjo in command of the Kwantung Army to convey to him the instructions from the War Ministry" (From Japanese paper M.D.N. Sept. 17th 1931. For its full text see Album No.5)

Here is another eloquent proof that the Japanese occupation of Manchuria was according to their mapped-out plan

(B) Evidences of Japanese Aggression & Occupation.

1. On the 18th September, 1931 about 11 P.M. a tremendous detonation from the north-west of Moukden was heard and was followed by cannonading and a rapid succession of rifle firing, this, as was known later, was the bombardment of North Barrack and of the Trench Motor Arsenal, the Chinese soldiers therein having obtained instructions through long distance telephone from Marshal Chang Hsueh Liang, offered no resistance.

2. About two o'clock in the morning the Japanese soldiers occupied the Commercial Settlement and the West Suburbs and the Radio Station.

Shortly before dawn the Japanese soldiers scaled the city wall at the south-western corner. They then fired their machine guns from the top of the wall, (see Album No.6) and the telephone and telegraph were cut, so that Moukden was isolated from the outside world.

4. At 6: 30 A.M. 19th Sept. 1931 a body of Japanese infantry followed by armoured cars entered the city from the west gate and took possession of the Bank of Three Eastern Provinces, the Bank of China, the Bank of Communications, the Frontier Bank, the Administration Building of the Liaoning Provincial Government, the Board of Finance (See Album No. 7) and other government organs and department.

5. Between 8 and 10 A.M. 19th, the Arsenal, the Provision Depot, the military Academy and the Aerodrome were successively occupied without any resistance whatsoever from the Chinese guards.

6. On the morning of the 19th, Sept. 1931, about 9 o'clock General Honjo's imposing and well-printed proclamation was seen posted in the city of Moukden. The occupation of the city of Moukden was not accomplished till 10 A.M. 19th Sept. and General Honjo did not arrive at Moukden till 11 A.M. the same morning. They had no time for the printing of the proclamation between the outbreak of trouble and the posting of the proclamation therefore the early appearance of the proclamation in the town will indicate that it was prepared beforehand. It will further show that the occupation of Moukden was premeditated. (For the full text of the Proclumation Sept.19th, 1931 No.8 Album)

7. In discriminite firing on pedestrians, frequently occurring even after those days. (See No. 9 to 14 Album)

8. Disarming of Chinese police.

9. At 11 A.M. 19th Sept.1931 Lt. General S. Honjo arrived at Moukden, he refused to open negotiations with Chinese civil and military authorities at Moukden.

10. Practically simultaneously with the attacking of Moukden districts of Yingkow at 3 A.M. 19th, Antung at 5.30 A.M. 19th, Kaiping at 3. A.M. 19th and Changchun at 3.35 A.M. 19th Sept.1931 were occupied by the Japanese.

The above mentioned facts show clearly that the incident in Sept. 18th 1931 was simply a carrying out of a premeditated aggressive plan well mapped-out by the Tokyo military authorities. The blowing of a section of the South Manchuria Railway by the soldiers is but a made-up friction as a pretext for their aggression. Should the damaging of a section of railway be genuine, then it would be a local clash and could be settled by ordinary methods. Why should the Japanese occupy the administration building of the Provincial Government, the Board of Fimance, and the Banks? Why did the Japanese Military Authorities refuse to open negotiations with the Chinese Military and Civil Authorities at Moukden? And above all the fact that many districts were occupied simultaneously with Moukden is evidence that Japan, from the very beginning is the aggressor, encroaching upon China's territory and political independence. Therefore Japan must be responsible for the consequentes of violating the Warless Pact, the Nine-Powers Treaty and the Covenants of the League of Nations.

PART II

FACTS AND EVIDENCES CONCERNING THE INTERFERENCE WITH THE SOVEREIGNTY AND THE ADMINISTRATIVE AND TERRITORIAL INTEGRITY OF THE THREE EASTERN PROVINCES OF CHINA

(A) Finance

1. The Japanese officers and soldiers raided the Chinese banks viz. The Provincial Bank of the Three Eastern Provinces, The Bank of China, The Bank of Communications and The Frontier Bank and took possession of them on the 19th of September, 1931. They closed and sealed all these banks and put their soldiers on guard. (See Album No. 15). They did all these actions immediately after they entered the city of Moukden on the morning of that date.

2. On October the 11th, 1931, at 11 o'clock in the morning, there was held a meeting in the Yamato Hotel, Japanese Concession, Mukden, under the Japanese Military auspices. (For Honjo's instruction see Album No. 16) In this meeting there were present 11 officers and secretaries (For names of those present see the end of Album No.17). from the Japanese Military Head-quarters, Col. Doihara, the Japanese Mayor of the city of Moukden, and a few Chinese members. They set up various regulations (For rules see Album No.17 No.18) in regard to the function of the two Chinese leading banks. - Provincial Bank of the Three Eastern Provinces and Frontier Bank. It was also clearly stated in those regulations that the Japanese Military Authorities have all rights to close down these banks at any time if they consider it necessary.

3. On the 20th of October, 1931, the Local Peace and Order Maintenance Committee was allowed by the Japanese Military Authority to reopen the Board of Finance of Liaoning Province under the condition

that a number of Japanese "Advisors" and "Secretaries" (See No.3 of Directory in Album No.1) shall be engaged and their "opinions" shall be duly "respected" by the Board in administrating all the financial affairs (See Album No.19) in fact these advisors are controllers, the secretaries executives and the word "respected" means "obeyed" in another word the Japanese are actually administrating all the Chinese financial matters.

4. Since the conflict broke out in Moukden last Sept. all the incomes of the Moukden Electric Power Station, the Chinese Telegraph Administration in Moukden, the Moukden Telephone Bureau have been handed over to the Japanese Military Headquarters every day. No Chinese officials (government) can claim anything of it.

5. It is well known to the world that the Japanese Military Authorities took over the Chinese Salt Revenue which is concerned with the International Debts and should be remitted to the Chinese Central Government.

(B) Education

1. A Chief Japanese Advisor (Controller) and an assistant adviser were appointed for the Board of Education which then was called "The Preparatory Bureau of Education as dictated by the Japanese. Before September 18th, 1931, The Chinese government had had Board of Education, the Japanese Militarists arrested the Commissioner of Education and disorganized that Board, afterwards the Preparatory Bureau was set up with the so-called advisers. Had the Board of Education anything to do with the Japanese alleged reason of the present trouble?

2. Since the Japanese occupied Manchuria by force, They tried every

mean to interfer with the Educational System, in addition to appointment of "advisers" they made alterations of the school text books. One of the essential character of these alterations is that no word as "national" is allowed to exist. All these alterations were tabulated by the so-called Preparatory Bureau of Education under the supervision of the Japanese advisers (For the table see Album No.20 and for the names of advisers see No.10 of Directory in Album No.1)

3. As the result of the regulations, which were made under the supervision of Japanese military authorities, the Educational fund is not allowed to be withdrawn from the Provincial Bank, so all the schools were rendered unable to open since September 1931. Some of the Primary Schools were opened at the beginning of the spring term, but the middle schools are not opened owing to want of money. On the other hand the middle schools have not reopened beeause the former text book are not allowed to be used and the new ones which are being under preparation by the Japanese advisers are not completed.

4. Another strange emphasis made by the Japanese military authorities is that all the schools in Manchuria must teach the Japanese Language and it is to be compulsory. (See Album No.25 and for the ecucational policy of the New State see Album No. 26)

(C) Communications

1. Since the Japanese occupation of Moukden last September, the Japanese reorganized the Chinese Commission of the North Eastern Communications. The former commissioners were nearly all dismissed. The majority of the present staff of the Commission are Japanese. (For names of these Japanese commissioners see No.6 of Directory in Album No.1)

2. Col. Doihara was appointed as the Managing Superintendent of the

Moukden-Hailung Railway Co. by the latter's Railway Peace Preservation Association which was non-existing, to take control of the whole line on last October 14th, (For the notice re his assumption of office see Album No. 27)

3. Japanese Military Headquarters has also appointed since they occupied Moukden, many advisers (For instruction re appointment of Vice Sperintendent see album No. 28) and executives to various Chinese Railway Co., and all the traffic and financial affairs must be managed according to the directions of the so-called advisers (For the names and titles see Nos. 7 & 8 Directory in Album No.1)

4. The Chinese Telegraph Administration in Moukden and elsewhere was taken over and administered by the Japanese since September, 1931. (For evidence see Album No. 29 . and for the names see No.14 Directory of Album No.1)

5. All the Chinese Newspapers which come from Tientsin have been retained by the Japanese censors since September last. The Chinese citizens have no right even to look over their own newspapers! (For evidences see Album No.30)

6. All the Chinese letters have been censored by the Japanese Military Authorities in every place where the Japanese are present. (For evidence see Album No.31)

(D) Industry

1. The Japanese Military Authorities have appointed directing managers and other staff to the Chinese owned mining cos. in the Three Eastern Provinces. (For the names of the Chinese mines, the names of the Japanese staff and their titles see No.9 Directory in Album No.1) All these mines are purely Chinese, and before the Japanese occupation, all these mines were staffed controlled and financed by Chinese. The Japanese

always claim that they must protect their treaty rights in Manchuria, but how about Chinese owned properties?

2. There is only one big Chinese owned Cotton Mill in Moukden known as the Moukden Spinning and Weaving Works and it is entirely Chinese firm. This Mill will be amalgamated with Japanese owned Manchuria Cotton Mill at Liaoyang. In fact this kind of amalgamation is confiscation. (See Album No.32)

3. The Japanese Authorities have appointed director and other staff for the Electric Light Works in Moukden. (For names and titles see No.13 Directory in Album No.1)

(E) Judiciary

Four days after the occupation of Moukden Lt. General Honjo released Chinese prisoners who were on trial in the Moukden gaol and he issued a proclamation to this effect. (Part of the original and the whole copied proclamation are attached in the Album No.33)
If the present trouble was based on protection of Japanese interests why should they release those criminals without any legal procedure?

(F) Municipal and District (Hsien) administration

1. Col.Doihara was appointed by Lt. General Honjo as Mayor of Moukden on the 20th of September last to-gether with other Japanese staff of the Municipal Office. They have run the Moukden Municipal Office for quite a while (For the original proclamation and the names of the Japanese staff see Album No.34)

2. The Self-government Guidance Directors were appointed to every district (Hsien). All of these district direcotrs are Japanese. In name they are "directors" but in fact they themselves are the authorities of the Local Government (For the names of some of these directors see No.23 Directory in Album No.1)

12

3. There has been appointed as new chief for the general executive bureau of the Kirin Provincial Government, this chief is also a Japanese by the name of Haratakei.
Although he is appointed as the chief of the Bureau, in fact he is doing all the executive work of the whole Provincial Government, and even the governor cannot do anything without his consent. (See Album No.35)
4. The Japanese have reorganized and controlled the Chinese Police force in Moukden eversince the occupation. The arm-badge bearing the Japanese gendarmerie stamps that is worn by the police will speak for itself. (see Album No.36)

(G) Military Service Interferences

The Japanese Military Authorities were not satisfied with the controlling of the police force only, as above stated, and they made the Provincial Governor of Liao-ning Province appoint the Japanese to be the head of the Peace Preservation Corps and many other members of staff. (For names see No.24 Directory in Album No.1)

Inaddition to the appointment of the chief and the staff of Peace Preservation Corps, the Japanese Military Authorities actually recruited the soldiers of the whole corps, and they recruited these troops directly themselves. The Provincial Governors instruction to the respective district(Hsiens) authorities for asking them to help the Japanese officers in the recruiting of the soldiers and the note to the Self-government Guidance Dept. to the same effect show clearly that the Japanese Kuantung Army Headquarters initiated the plan and only asked the governor to give necessary assistance. (see Album No.37)

The Chinese Arsenal, Aerodrome and etc. are still in the Japanese occupation up to the time when this statement is being written.

13

(H) Arrest and detention of the Chinese Government Officials and other prominent persons of the Three Eastern Provinces.

The following is a brief account of those people who were arrested and imprisoned in General Pao Wen Yueh's former residence, Third Longitude Road & Fifth Latitude Road, Commercial Settlement, Moukden. Some of them are still under custody up to the time when this statement is being written.

NAME	TITLE	DATE OF ARREST	DATE OF RELEASE
Tsang Shih Yi	Civil Governor of the Province of Liao-ning	Sept. 20th, 1931.	Dec.14th, 1931.
Chin Yu Fu	Commissioner of Education	do	do
Feng Yung	Principal of the Feng Yung University, Moukden	Sept. 22nd, 1931.	Oct. 8th, 1931.
Liu Ho Ling	Commissioner of Agriculture & Mining, Moukden.	Oct. 16th, 1931.	Feb. 11th, 1932.
K'an Ch'ao Hsi	Former Governor of Jehol Province, & a member of the Local Peace & Order Maintenance Association	Dec.20th, 1931.	Jan.25th, 1932.
Yung Hou	Former Commissioner of Finance, Province of Kirin.	March 18th, 1932.	March 28th, 1932.
Li Chen Sheng	Former Head of the Diciplinary Dept. of Kirin Provincial Army	(Now under custody)	

14

All these above prominent people were arrested because they would not obey the Japanese instructions or they fundamentally disagreed with the present Japanese operations. They had nothing to do with the military services and they had never taken part in any form of anti-Japanese propaganda. They were innocent but they were imprisoned ! Finally some of them were won by Japanese by coercion, so they serve in the present so-called Manchukuo Government, and as far as we know Governor Tsang has still a Japanese gendarme as his personal "attache" (Supervisor) the name of this Japanese gendarme is Yokoyama.

According to the above stated facts, it is clearly shown that the repeated assurances and declarations of Japan, stating that they would not interfere with the sovereignty and the Administration and Territorial Integrity of China in the Three Eastern Provinces have simply been hoodwinking the world. If the world still admit that Japanese have done nothing to interfere with Chinese rights and Japanese are still operating for protecting their own interests in the Three Eastern Provinces, then how could one explain all these above instances?

15

PART III

Facts and Evidences exposing the activities of the Japanese military authorities concerning the establishment of Manchoukuo.

1. Japanese forcing the authorities of the Chamber of Commerce to sign for the dissolution of the Local Maintenance Association and the establishment of the Moukden Provincial Government.

As its name implies the Local Peace and Order Maintenance Association (headed by Mr. Yuan Chin K'ai) was organized by the people of Moukden City after the 18th of September 1931 to maintain order in the city. Since the Japanese authorities found it difficult to make that organization follow their directions, they began to establish new political authority, declaring that it was done at the request of the people. On the 14th of December 1931 Governor Tsang Shih Yi who had been imprisoned by the Japanese authorities was released. On the 15th of the same month Mayor Chao Hsin Po the representative of the Japnese authorities forced the Chamber of Commerce, Moukden to hold a meeting at which he compelled those present to sign on the already drawn up written appeal that they wanted a new government established and the Local Maintenance Association dissolved. Watahin, the Japanese delegated by the Japanese Gendarmerie was supervising the meeting (For his name card see No.38 of the Album) Chao Hsin Po held the signed appeal after the meeting was over and forced the representatives of the Chamber of Commerce to go with him to the Local Peace and Order Maintenance Association to effedt the dissolution, and then to the residence of Tsang Shih Yi urging him to assume the office of governership of Moukden Province. On the 16th the new government was founded, severing its relations with the Central Government of China and Chang Hsueh Liang.

No. 39 of the Album is a signed statement detailing what actually happened at the meeting of the representatives of the Chamber of Commerce.

It may be added that General Kan Chao Hsi who openly disapproved of Chao Hsin Po's act of dissolving the association under the pretext of the will of the people, was put in prison afterwards.

2. Japanese occupying important posts in the Self-government Guidance Department which was responsible for the initiation and founding of the New State.

On November 10th 1931 the Self-government Guidance Department was established with Yu Chung Han as nominal chairman. All the important positions in connection with the department were held by the Japanese whose names are given in No.22 of the Directory in the Album(No.1)

No.40 of the Album is the name card of one of the staff serving in the department.

Besides, almost all of the directors of the Self-government Guidance Sub-committee in the various districts were Japanese, for the names see No. 23 Directory in the Album No. 1.

In January 18th 1932 issue of Manchuria Daily News(p.3) it says "the Self-government Guidance Department (president Yu Chung Han) distributeed 50,000 copies of another proclamation addressed to the 30,000,000 people in the North-east on the 7th inst., in order to pave the way to founding of the New State in the place of corrupt government of the warlords.........." This will show that the Self-government Guidance Department was responsible for the establishment of the New State.(see No.41 Album)

3. Japanese carrying out propaganda re the New State by literature.

The Self-government Guidance Department has carried out its propaganda in connection with the establishment of the New State by the following:

a. Posters. See No.42 of the Album (The style of writing and wording is typically Japanese)

b. Slogans.

c. Dragon Book, Pamphlets. See Nos. 43 & 44 of the Album.

d. "North Eastern Civilization Half Monthly" edited by Japanese whose name is Nakamitzu and published at Dairen. See No.45 Album.

e. Red Scrolls. See No. 46 Album.

With the exception of "a" and "e" which can still be seen all over the city now, "c" and "d" were sent to the citizens of the town by post, asking them to help the propaganda work. Nos. 47 & 48 in the Album being an original letter despatched by the Self-government Guidance Department to Mr. eadquarter. As to "b", one of the original slogans and signed receipt thereanent are attached to the Album No.49.

In regard to "e" they are traditionally used for posting on the door posts to celebrate the New Year. On these are usually written a few auspicious words. There have never been any lithographed ones in use. But the scrolls distributed by the Chamber of Commerce were printed by the Kwantung Army at Dairen posted to the 4th Department of the Moukden Kwantung Army Headquarters. 2500 portions of them were sent to the Chamber of Commerce from Mayor Chao Hsin Po, urging the Chamber of Commerce to get them distributed. The original wrapping is still stored in the store-room of the Chamber of Commerce. On the top the characters from Dairen to the 4th Department of the Kwantung Army Headquarters in Moukden can be seen.

4. Japanese bribing the Chamber of Commerce to participate in the

demonstration for appealing to the Japanese authorities to clear Chinchow of the North-eastern troops.

The Moukden citizens' demonstration that took place on January 1st, 1932, for appealing to the Japanese Kwantung Army Headquarters to drive Chinese soldiers out of the west part of Moukden was directed by the Japanese. After the demonstration the Kwantung Army Headquarters in Moukden through Mayor Chao Hsin Po presented Gold Yen 1500.00 to the Chamber of Commerce as remuneration. If the demonstration were initiated by the citizens themselves, on what score could the Kwantung Army present so much money as remuneration afterwards?

elements of the mass meeting . see No. 50 Album.

5. If the people of Manchuria wanted to have the Manchu State established how could they appeal to the Kwantung Army Headquarters?

Nos. 51 and 52 Album showing representatives appealing to the Kwantung Army Headquarters.

The fact that the appeal for the establishment of the New State from Penhsihu was despatched to Kwantung Army Headquarters, the Self-government Guidance Department and the governor of Moukden Province will show how important a role the Kwantung Army Headquarters and the Self-government Guidance Department have played in the establishment of the New State, the governor of Moukden being actually of the least importance. (See No. 53 Album)

These are a few of the Many intrigues used by the Japanese for blindfolding the world. If the people of Manchuria voluntarily desired to establish a New State, what could lead them to appeal to the Kwantung Army Headquarters?

6. People of west of River Liao and Liaoyang held the meeting in connection with the establishment of the New State with the Japanese flag hoisted at the point of the bayonet of Japanese soldiers.

No.54,55Album showing the hoisting of the Japanese flag and the exhibiting of bayonet by the Japanese soldiers at the mass meeting of the above mentioned districts.

7. At the Pan-Mukden mass meeting in connection with the establishment of the New State the Japanese sitting on front seats.

No.56 Album is the picthre of the meeting. The one that is marked x is Mr. Wosaka(one of the office-bearers of Municipal Hall) From this it may be reasonably deduced that the Japanese formed the important elements of the mass meeting .

8. Japanese forcing the Educational Association of Mukden to hold a meeting for the issuing of a manifesto.

Mr. Kawashiri(a Japanese) of the Self-government Guidance Department(for whose name card see No.40 Album) forced the Mukden educational authorities to hold a meeting on the 24th Feb. 1932, at which Mr. Tsupokawa(another Japanese) drew up a declaration welcoming the establisement of the New State. The characters being " We hope that this New State will soon be realized", and compelled them to despatch it. For the signed statement see No. 57 Album.

9. Activities of Japanese Self-government Guidance Sub-committee directors outside Mukden.

No.58 Album discribing the actual happening in Tsitsihar.

as to Haicheng see No.59 Album.

10. Would one meeting be sufficient for settling a big problem such as the establishment of a New State?

The so-called 4 bigs of the conference for the establishment of Manchoukuo are Chang Ching Hui, Tsang Shih Yi, Hsih Chia and Ma Chan Shan. Chang Ching Hui has been very notorious as a pro-Japanese Chinese

official. After the 18th Sept. 1931 big Chinese officials of Mukden either ran away like Chief-of-Staff Yung Tsen or were arrested as Governor Tsang Shih Yi. Chang Ching Hui, the chairman of the Harbin Special District, was in Mukden at the time. Had he had no close relationship with Japanese, he would have been arrested or fled as the other officials. Hsih Chia has lost his liberty ever since the 18th Sept. Ma Chan Shan, of course was conquered by the Japanese army and brought down by a Japanese aeroplane accompanied by the principal agitator Doihara(see No. 60 Album) and they were met at the Mukden aerodrome by Santaku, Chief-of-Staff of the Kwantung Army.

It was first decided to hold this conference in Changchun and later on it was announced that they were going to hold the preliminary conference in Mukden(probably because Gen.Honjo was in Mukden) and have the final session in Changchun. These 4 'bigs' were all in Mukden on the evening of 16th Feb. 1932. According to the special number of the "North Eastern Civilization half monthly" the conference took place on the evening of 16th Feb. and the decision in regard to the establishment of the New State was reached by 2 o'clock A.M. of the 17th Feb.(see No. 61 Album). If the whole thing were not fixed up previously how could one expect to finish such a big problem at one sitting. Furthermore, after these 4 "bigs" consulted Gen. Honjo(for the photo see No. 62 Album) the final session was no longer considered necessary. Again these 4 'bigs' had no authority whatsoever to represent the will of the 30 million people of the Three Eastern Provinces of China to decide on the establishment of a New State.

According to the special number of "The North Eastern Civilization half monthly" the declaration of the New State(see No. 63, 64, Album) issued by the Government of Manchukuo without any signatures was sent out from Chang Ching Hui's house on the 1st. of March at 10 A.M. The

Chief Executive and the various ministers of the Government of Manchoukuo were only installed on the 9th of March in Changchun, then who was responsible for the issuing of the declaration of the government of Manchoukuo which was made public on the 1st. March? Evidently it was a made-up plan by some one behind the scene, and it was merely put through Chang Ching Hui's hands.

11. Pu Yi and the Japanese military authorities.

In order to accomplish the establishment of the Manchu State the Japanese have attempted to induce Pu Yi, the ex-emperor of Tsing Dynasty, to act as Head. First of all he was offered the throne by the Japanese through Doihara to which he successfuly objected. Then he was offered the Executiveship of the New State. Though he declined many a time he could not but accept the post as puppet of the bogus government under strong coercion and strict custody of the Japanese. The presentations made (No.65 Album) by Pu Yi to General Honjo and H.E. Count Uchida of the S.M.R. Co. After the advent of the New State as reported in the Manchuria Daily News (March 22nd,1932 issued page 3) will explain for itself that the Japanese have taken an active part in the forming of the New State.

12. Japan and the celebration of Manchoukuo

a. In connection with the celebration of the New State the Kwantung Army Headquarters despatched some 20 aeroplanes for throwing pamphlets and slogans all over Manchuria. (See Nos. 66,67,68 Album)

b. Japanese leading the procession of Moukden citizen's demonstration. The procession of Moukden citizen's demonstration held on the 11th of March, 1932 was led by Tsuruhara(a Japanese, the brother of the Manager of Tsuruhara Pharmacy, whose address is No.2328 Naniwa Dori in the Japanese Concession, Moukden.)

c. Japanese acting as announcers of the New State celebration at Tsitsihar (No.69 Album)

13. Further evidences proving that the establishment of Manchoukuo was initiated and managed by the Self-government Guidance Dept.

After the New State has been brought into being the Self-government Guidance Department was dissolved. This will further explain the function of the Self-government Guidance Department. (For details see Nos. 70 & 71 Album)

14. Japanese behind the bogus government of Manchoukuo.

The fact that Shiyakaiseki (Hsieh Chieh Shih) a Formosan and a Japanese subject see No.72 Album and Kikui (a Japanese) are holding the portfolio of Foreign Minister and directorship of the General Executive Bureau of the government of the so-called Manchoukuo respectively would amply prove that the Japanese are behind the scene. The office of Kikui as Chairman of the Cabinet Meetings is tantamount to premiership.

15. Placing on record of the Japanese congratulatory messages in connection with the establishment of Manchoukuo.

As the Manchoukuo has come into being the Japanese have placed on record the minutes of the Inauguration Exercises in the Moukden Library. (See No.73 Album)

From the above quoted facts and evidences it might be indubitably inferred that the establishment of Manchoukuo was initiated and manipulated entirely by the Japanese. The reply "The Japanese will not participate in the movement for establishing a New State" from Baron Shidehara to the Chinese protest through the latter's minister to Tokyo can be regarded as absolutely untrue.

ADDENDUM

The following two evidences are late in coming but their mention will not be out of place.

1) Forbidding of meetings and formation of associations (See Proclamation No.74 Album)

2) The 3rd report on the progress of the work at the various districts published by sub-committee on Inspection of Self-government Guidance Department in Japanese, on the 15th of March of 7th year of Chiowa.

The above report includes the report from 31 districts of Moukden Province. Each district has reported along the following lines:

1) Administration
2) Finance
3) Education
4) Commercial and Industrial
5) Agricultural
6) Peace Preserving

Owing to lack of time this book has not been translated.

The Self-government Guidance Directors which has been detailed in the document to consist of a large majority of Japanese and of a small minority of Chinese who have been of a subordinate nature, though its dissolution had been officially announced it has never been carried out. It continues to direct and control administrative work of the magistrates of the various districts. A perusal of the report will convince one that the Japanese Authorities have not only interfered with the administration of the Government but also controlled it. (See Album No.75).

C O N C L U S I O N

Inconclusion, it may be remembered that over 95% of the population in Manchuria are Chinese. Chinese naturally want to be Chinese and will remain tobe so forever.

The world may be blindfolded for a time and Chinese may be handicapped for the present, but any settlement by force or fraud will sooner or later be followed by disaster. So for the peace and order of the world and for righteousness and justice, we earnestly invite your attention and impartiality in dealing with the present Sino-Japanese dispute.

Summary of the document.

Part 1. Proofs are hereby given:-

1. that according to the reports of the Japanese newspapers, the military authorities in Tokyo had determined to solve all the pending issues concerning Manchuria-Mongolia by force and mapped out the plan in black and white, "important" instructions were conveyed by Col. Doihara from Tokyo to the Kwantung Army, just two days prior to the incident(see album Nos. 2,3,4,5,).
2. that the occupation of many districts of strategical import were accomplished within a few hours.
3. that the occupation of Administration Building of the Provincial Government, the Board of Finance, the Board of Education and the Banks were carried out the next morning (See album Nos. 7 & 15).

All the above proofs support the fact that the incident of 18, September, 1931 was simply a carrying out of a premeditated aggressive plan on the part of the Japanese, therefore Japanese must be responsible for the violation of Warless Pact, Nine-Power Treaty and the Covenant of the League of Nations.

Part 2. Proofs are hereby given:-

1. That since the outbreak Japanese Authorities have appointed so many "advisers" (controllers) to various Chinese Government services whereby the Chinese administrations of various branches are literally controlled by the Japanese. (See No.35 Album).
2. That the Japanese have controlled the Chinese Banks by setting up strict regulations which have made the opening of Middle Schools and Higher Educational Institutions impossible and thrown all public roads into ruins. (See Album Nos. 15, 16,17 &18.)

3. That the Japanese have forced the Chinese Educational Authorities to alter Text Books and made the teaching of Japanese language in Chinese Schools compulsory (See Album Nos. 20, 21, 22, 23, 24, 25, 26,)
4. That the Japanese have taken possession of the Chinese various railways and mines and put them under the Japanese management (For the names see Nos. 7,8,18, 19, 20, 21 of the Directory in the Album No.1)
5. That the Japanese Gendamerie has taken control of the Chinese Police in Moukden (See Album No. 36)

The Japanese have taken possession of the most important part of Chinese industry, mines and etc. and have controlled nearly every administration, yet time and again Japan has declared to the world that he has no territorial designs in Manchuria and has never interfered with the Chinese Administration. The facts will speak for themselves.

Part 3. Proofs are hereby given:-

1. That the Japanese have forced Yu Chung Han to form a Self-government Guidance Dept., on the staff of which the Japanese were the sweeping majority. This organization was solely concerned with the establishment of the so-called Manchoukou (See Album Nos. 41, 1)
2. That the Japanese have bribed Chamber of Commerce of Moukden to join the demonstration for appealing to the Japanese Military Authority to drive the Chinese North-eastern Frontier Army out of west of River Liao,for this the Kuantung Headquarters has given Gold Yen 1500. as remuneration. (See Album No. 50)
3. That the people in the districts west of River Liao were holding New State Demonstrations under the force of the Japanese soldiers. (See photo Album No. 54)

4. That whereever there was the Manchoukou Movement the Japanese always took the lead. (See Album No.56)
5. That the Japanese compelled the Moukden Educationalists to issue a manifesto re the establishment of Manchoukuo, (See Album No.57)
6. That the Japanese aeroplanes have taken an active part in the distribution of pamphlets and other propaganda materials re Manchoukuo all over Manchuria. (See Album Nos. 66,67, 68)

According to the Japanese publication in the "North-eastern Civilization Half Monthly" the New State project was decided upon by a conference of the 4 "Bigs" at the house of Chang Ching Huei, then where were the chances for the people to voice their opinion on the mater? So the establishment of the so-called Manchoukuo, for which whosoever may be responsible, is surely no concern of the people of Manchuria.

On the other hand, all the evidences herewith provided tend to show that the Japanese have played a most conspicuous part in bringing into being the New State of Manchoukuo.

贰 证据汇编

（一）证据目录
（二）证据原件

（一）证据目录

1. 1931年9月18日以来，日本军事当局委派到中国东三省政府任职的日本人名录
2. 武装报复和币原的强硬态度
3. 视察军队并下达“值得关注”的指示
4. 给关东军和土肥原贤二的重要指示
5. 土肥原贤二在返回奉天途中的谈话
6. 日本兵在奉天雉堞城墙上
7. 日军占领奉天财政厅，建筑物上插着日本旗
8. 1931年9月19日日本关东军司令官本庄繁签署的布告
9. 1931年9月18日以来被日本兵射杀的无辜居民名单

10～14.被日本兵射杀的无辜居民

15. 日本兵把守东三省官银号
16. 本庄繁关于东三省官银号、边业银行重新开业的指示
17. 关于边业银行重新开业特别管理办法，注意出席管理办法起草会议人员名单
18. 东三省官银号重新开业特别管理办法
19. 辽宁省财政厅重新开业
20. 小学校教科用书临时删正表

21～24.显示一些教科书的删改情况

25. 标语口号：（所谓“新国家”）用日语教学
26. “新国家”教育方针
27. 关于土肥原贤二担任沈海铁路监事长职务的公函
28. 日本关东军司令部统治部关于重新任命沈海铁路副监事长的指令
29. 锦州使用日文电报体制代替中文体制
30. 邮件被日本审查员扣留
31. 被日本宪兵审查的信件
32. 辽宁奉天纺织厂被满洲棉纺厂（日本人控制）吞并
33. 本庄繁关于大赦的布告
34. 本庄繁关于任命奉天日本人“市长”和其他成员的布告
35. 原武被任命为吉林省政府总务厅厅长
36. 奉天当地中国警察佩戴印有日本宪兵队图章的臂章照片
37. 日本关东军司令部关于协助各地保安部招募新兵的指示
38. 渡边勇（Watahin）名片

39. XXX(原文件不清——译者注)关于日本人强迫他们签署解散地方保安维持会的声明
40. 川尻伊九(Kawashiri)名片
41. 自治指导部布告
42. 一张大海报,用的是典型日本式语句和措辞
43. 龙书卷
44. 一份传单(两首歌曲)
45. 《东北文化》半月刊"建国"纪念号
46. 红色条幅
47～48. 自治指导部信件和信封
49. 奉天某单位收到自治指导部派送的标语口号收条,以及书写在一块红布上的标语口号
50. "市长"赵欣伯转送日本关东军司令部给奉天商务总会1500元钱的酬谢款票据
51. "满洲人代表"向日本关东军司令部请求帮助建立"新国家"
52. 喇嘛代表拜访"市长"赵欣伯和日本关东军司令官
53. 本溪湖人向日本关东军司令部请愿建立"新国家"
54. 辽西地区"建国"促进大会游行。队伍两侧有日本兵扛着太阳旗,手握刺刀
55. 辽宁地区的游行现场出现太阳旗
56. 奉天群众集会照片,日本人占据前排座位
57. 奉天教育工作者在日本人强制下集会签署声明
58. 日本自治指导员在齐齐哈尔的活动
59. 日本自治指导员在海城的活动
60. 马占山将军参加"新国家"预备会议
61. 赵欣伯"市长"欢迎宴会和随后的会议
62. 张景惠、马占山、熙洽和臧式毅省长与本庄繁磋商的照片
63. 张景惠会见记者和对外宣布建立"新国家"宣言
64. 没有署名的"满洲国"政府宣言
65. 执政溥仪的代表拜访本庄繁将军和内田康哉
66. 日本飞机散发传单
67. 日本飞机在满洲上空散发传单
68. 安东庆祝会上来自新义州的飞机散发传单
69. 日本人在齐齐哈尔举行的庆祝典礼
70. 奉天自治指导部解散
71. 抚顺自治指导部指导员荣升
72. 关于谢介石详情
73. 关于"建国"祝贺记录委员会
74. 日本关东军司令长官关于限制集会和组织社团的布告
75. 奉天自治监察部于昭和七年三月十五日(用日文)发表第三份奉天省40个区(县)自治进步状况监察报告

Contents

No. 1. Directory of the names of Japanese appointed by Japanese military authorities to the Government of the Three Eastern Provinces of China since 18th Sept. 1931.

No. 2. Retaliation by force and Shidehara hardens his attitude.

No. 3. Inspecting of troops and "remarkable" instrustions given.

No. 4. Important Instructions to Kwantung Army and Doihara.

No. 5. Doihara's Remarks on his way back to Mukden.

No. 6. Japanese on the crenellated wall, Mukden.

No. 7. The occupation of Board of Finance, Mukden, with Japanese flag hoisted on the building.

No. 8. Lt.-Gen. Honjo's Proclamation on Sept. 19th 1931.

No. 9. List of innocent citizens shot by Japanese soldiers since 18th Sept. 1931.

Nos.10.11, 12, 13& 14 Innocent citizens shot by Japanese.

No. 15.Japanese soldier on guard of the Provincial Bank of the Three Eastern Provinces.

No. 16.Instructions re reopening of the Banks of Mukden by Lt.-Gen. Honjo.

No. 17.Special Regulations re reopening of Frontier Bank. Note the names of those people who present at the meeting for drafting of these regulations .

No. 18.Special Regulations re re-opening of the Provincial Bank of the Three Eastern Provinces.

No. 19.Re-opening of the Board of Finance of Liaoning Province.

No. 20.List of alterations and deletions of shool text-books.

Nos.21.22, 23, & 24showing some of the alterations in the text-books.

No. 25.Slogans: Teach in Japanese.(of the so-called New State)

No.26. Educational policy of the New State.

No.27. Notification of Col. Doihara re his assumption of office as the Managing Superintendent of the Mukden-Hailung Rail-way.

No.28. Instruction of the Controlling Department of Japanese Kwantung Army Headquarters re appointment of Vice-Super-intendent to the Mukden-Hailung Railway.

No.29. Japanese telegram system used at Chinchow in place of Chinese system.

No.30. Mail matters detained by Japanese censors.

No.31. Letters censored by Japanese Gendarmerie, Mukden.

No.32. Mukden Spinning and Weaving Works to be merged with Manchurian Cotton Mill, Liaoyang.(Japanese)

No.33. Lt.-Gen. Honjo's proclamation re amnesty.

No.34. Lt.-Gen. Honjo's notification re appointments of Japanese Mayor and other staff for Mukden.

No.35. Harataki appointed Chief of General Executive Bureau of Kirin Provincial Government.

NO.36. Photo of arm badge with stamps of Japanese Gendarmerie worn by Local Chinese Police in Mukden.

NO.37. Japanese Kwantung Army Headquarters recruiting soldiers for Peace Preservation Corps,for the Provincial Government of Liaoning Province.

NO.38. Satahin's visiting card.

NO.39. Mr. Lee occupyi signed statement re Chamber of Commerce meeting.

NO.40. Kawashiri's visiting card.

NO.41. Self-Government Guidance Dept. Proclamation.

NO.42. One of the Big Posters showing typical Japanese style of

writing and wording.

NO.43. Dragon Book.

NO.44. One of the pamphlets.

NO.45. Special number of "North-Eastern Civilization Half-Monthly"

NO.46. Red Scrolls.

Nos.47, & 48. Cover and Letter of Self-Government Guidance Department.

NO.49. Signed receipt re slogans despatched by Self-Government Guidance Dept. and the slogans written on a piece of red Japanese cloth.

No.50. Note from Mayor Chao to Chamber of Commerce re G.Yen 1,500 from Japanese military Headquarters.

NO.51. "Manchurian Representatives" appealing the Japanese Army Headquarters for establishment of the New State.

NO.52. Lama representatives calling on Mayor Chao and Commander in chief of the Japanese Kwantung Army.

NO.53. Penhsihu's appeal to the Japanese Kwantung Army Head-quarter for the establishment of New State.

NO54. Demomstration at west of River Liao(Liaohsi) for the establishment of New State with Japanese Sun flag hoisted and the point of the bayonet of Japanese soldiers.

NO.55. Demonstrarion at Liaoyang with Japanese flag hoisted.

NO.56. Photo of the "Pan-Fengtien Province" mass meeting, Ja-panese occupying the front seats.

NO.57. Signed statement re meeting of educators of Mukden held under Japanese coercion.

NO.58. Activities of the Self-Government Guidance directors at Tsitsihar.

NO.59. Activities of the Self-Government Guidance directors at Haicheng.

NO.60. Gen. Ma Chan Shan's participation in the New State preliminary conference.

NO.61. Mayor Chao's welcome dinner and the consequent conference.

NO.62. Photo of Generals Chang, Hsi and Ma and governor Tsang consulting with Lt.-Gen. Honjo.

NO.63. Chang Ching Hui's interview with pressmen and the issuing of declaration for establishment of New State.

NO.64. Declaration of the Government Manchoukuo without signature.

NO.65. Pu-yi's presentation to Lt.-Gen. Honjo and count Uchida.

NO.66. Japanese aeroplanes distributing pamphlets.

NO.67. Japanese aeroplanes flying and distributing pamphlets all over Manchuria.

NO.68. Celebration at Antung with Japanese aeroplanes from Shing-Gi-Siu to distribute pamphlets.

NO.69. Japanese acting as announcer of the New State at Tsitsihar.

NO.70. Dissolution of the Self-Government Guidance Dept. of Mukden.

NO.71. Promotion of the Directors of Self-Government Guidance Sub-Committe of Fushun.

NO.72. Particulars about Shiyakaiseki(Hsieh Chieh Shih)

NO.73. Committe on preparation of minutes re New State Inauguration Exercises.

NO.74. Proclamation of the Japanese Commander-in-chief re restriction of having meetings and movements.

NO.75. The third Inspective Report on theProgressive condition

Of the Self-Government at the 40 districts (hsien) in the Mukden Province.

Published by the Sub-Committee on Inspection of the Self-Government Guidance Dept., Mukden

March 15th, 7th year of Chiowa(Chao-Ho)

(Written in Japanese)

㈡ 证据原件

此处为《TRUTH（真相）》史料目录之后所列的证据图片，系统而翔实。其中包括大量的从日本人创办或者控制的报纸上摘录的信息，也有相关文件、布告、通知或者公示名单。有的是拍摄的相片，有的是真实的原件。其中可见很多残缺不全的实物，比如其中一个本庄繁的布告，已经残损，但“沈阳抗日爱国小组”在旁边附上了清晰的原文，这样细致而全面的展示，有足够的说服力。再如红色条幅，是原物折叠着收在证据材料里的。这些证据材料有些是从正面揭示日本发动“九一八”事变和策划伪满洲国的真相，有些则是从反面揭示事件的本质。比如歌曲“真痛快”“何等快乐”等，歌词充满愉悦的色彩，但实际上恰恰揭示了日本强奸东北民意的事实。

以下即为证据原件的影印部分。

DIRECTORY

of

The names of Japanese appointed by the Japanese military authorities to governments of the Three Eastern Provinces of China(as far as we can gather)since September 18th 1931.

No.1

1

1. Municipal Hall of Mukden.

a. Immediately after 18th Sept. 1931.

Mayor:
Doihara 土肥原賢二

Chief Secretary:
Tomimura 富村順一

Chief of general affairs:
Yiholani 庵谷忱

Chief of police force:
Tzruoka 鶴岡永太郎

Chief of finance dept.:
Mitztani 三谷末次郎

Chief of medical office of health:
Morida 守田福松

Chief of engineering & technical dept.:
Yoshikawa 吉川康

b. At present.

Advisor:
Kakano 中野琥逸

Assistant Advisors:
Goto 後藤英男
Fukuyama 福山哲四郎
Wosaka 尾坂一佐
Saku 佐久間信光
Takahashi 高橋豐彦
Shimada 島田吉五郎
Ikada 池田良榮

人名录

自从1931年9月18日以来，由日本军事当局委派到中国东三省政府任职的日本人名录（就我们所能收集到的）。

1. 奉天市政厅

a. 1931年9月18日后上任

市长：土肥原贤二

秘书长：富村顺一

总务局长：庵谷忱

警务局长：鹤岗永太郎

财务局长：三谷末次郎

卫生局长：守田福松

工程技术局长：吉川康

b. 现在

顾问：中野琥逸

助理顾问：后藤英男，福山哲四郎，尾坂一佐，佐久间信光，高桥丰彦，岛田吉五郎，池田良荣

2

2. **Provincial Government of Liaoning.**

Head of the General Executive Bureau:

Kanai 金井章次

Head of Police Bureau:

Mitztani(Head of Japanese Mukden Gendamerei) 三谷

Advisors:

Mazutomo 黑柳一勝

Kuroyanagi 升巴庫吉

3. **Bureau of Finance.**

Advisors:

Miura 三浦義臣

Irobe 色部貢

Oya 大矢信彥

Nakahama 中濱義人

4. **Japanese Committe members appointed by the Japanese Army to participate in the conference of reopening of Chinese Banks in Mukden after 18th Sept. 1931.**

Doihara (mayor) 土肥原賢二

Takeshita(Kwantung Army) 竹下義晴

Moritake (" ") 森武夫

Sato (" ") 佐藤勇助

Smitami (" ") 住谷悌

Kuma (" ") 久間猛

Nishichi (" ") 西一雄

Siudo (Executive of S.M.R.Co.) 首藤正壽

Irobe (Chaosien Bank) 色部貢

Morikoo (" ") 森公平

3

Oya (The Specei Bank of Yokohama) 大野篤雄

Toiya(Interpreter) 遠矢站吉

5. **Banks.**

a. Bank of the Three Eastern Provinces

Advisor:

Siudo 首藤正壽

Vice-Advisors:

Kezei 血井忠

Kawakami 川上壽元

Takeuchi 竹內德三郎

Fukuta 福田琢之

Sakei 酒輝為

Shibada 芝田研三

Kurozaki 黑崎貞雄

Mizawa 三澤意雄

Yano 矢野貞元

b. Frontier Bank

Advisors:

Sakei & others. 酒井輝馬

6. **Commission on North Eastern Communication.**

Advisors:

Murakami 村上義一

Kanai 金井章次

Yamakuchi 山口十助

Sato 佐藤

Furuyama 古山勝夫

Kadano 门野正次

2. 辽宁省政府

总务厅厅长：金井章次

警务厅厅长：（奉天日本宪兵队长）三谷

顾问：黑柳一胜，升巴库吉

3. 财政厅

顾问：三浦义臣，色部贡，大矢信彦，中滨义人

4. 1931年9月18日后，参加奉天中国银行重新开业会议，日本军方委派的日本委员

市长：土肥原贤二

关东军：竹下义晴，森武夫，佐藤勇助，住谷悌，久间猛，西一雄

南满洲铁道株式会社理事：首藤正寿

朝鲜银行：色部贡，森公平

正金银行：大野笃雄

通译：远矢站吉

5. 银行

a. 东三省官银号

顾问：首藤正寿

副顾问：血井忠，川上寿元，竹内德三郎，福田琢之，酒辉为，芝田研三，黑崎贞雄，三泽意雄，矢野贞元

b. 边业银行

顾问：酒井辉马及其他人

6. 东北交通委员会

顾问：村上义一，金井章次，山口十助，佐藤，古山胜夫，门野正次，竹森清，甲裴寿光，小岛义雄，山本澄清，吉雄贞一郎，小笠原福藏，小泽开策，滨本一人，山口重次

7. 沈海铁路公司

总监：土肥原贤二

(现在经营总监)河本大作

副总监：森田成元

秘书：井上，中岛

总务部顾问：万泽正敏

候补：田中整

工程部顾问：崛井元一，高野

候补：井上忠良

会计部顾问：风间福太郎

候补：浑川屋定

交通部顾问：池原文亲

候补：早川出，大桥正次

电报指令：正德

警务部顾问：渡濑二郎

候补：河田次彬，吉川

8. 奉天—山海关铁路

顾问：山口，古山

会计：小岛，吉永

其他：山本，谷闲，古闲，小泽，川野，川寺，大关，育马，加藤，荒木，野田，木尾川，堀江，森下，甲裴，村森，藤村，道山，神力，河野

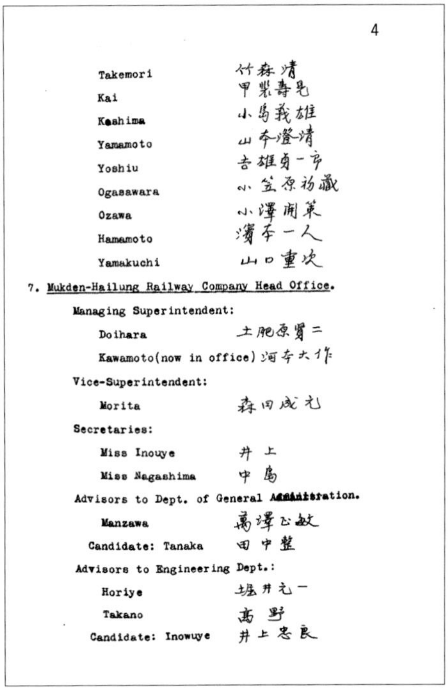

4

Takemori 竹森清
Kai 甲斐壽見
Koshima 小島義雄
Yamamoto 山本隆清
Yoshiu 吉雄貞一郎
Ogasawara 小笠原初蔵
Ozawa 小澤開策
Hamamoto 濱本一人
Yamakuchi 山口重次

7. Mukden-Hailung Railway Company Head Office.

Managing Superintendent:
Doihara 土肥原賢二
Kawamoto(now in office) 河本大作
Vice-Superintendent:
Morita 森田成元
Secretaries:
Miss Inouye 井上
Miss Nagashima 中島
Advisors to Dept. of General Administration.
Manzawa 萬澤正敏
Candidate: Tanaka 田中整
Advisors to Engineering Dept.:
Horiye 堀井元一
Takano 高野
Candidate: Inowuye 井上忠良

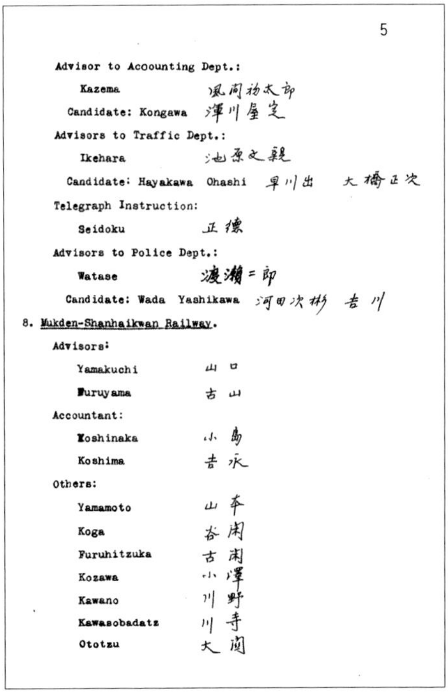

5

Advisor to Accounting Dept.:
Kazema 風間福太郎
Candidate: Kongawa 渾川屋定
Advisors to Traffic Dept.:
Ikehara 池原文親
Candidate: Hayakawa Ohashi 早川出 大橋正次
Telegraph Instruction:
Seidoku 正德
Advisors to Police Dept.:
Watase 渡瀬二郎
Candidate: Wada Yashikawa 河田次彬 吉川

8. Mukden-Shanhaikwan Railway.

Advisors:
Yamakuchi 山口
Furuyama 古山
Accountant:
Koshinaka 小島
Koshima 吉永
Others:
Yamamoto 山本
Koga 谷閑
Furuhitzuka 古閑
Kozawa 小澤
Kawano 川野
Kawasobadatz 川寺
Ototzu 大関

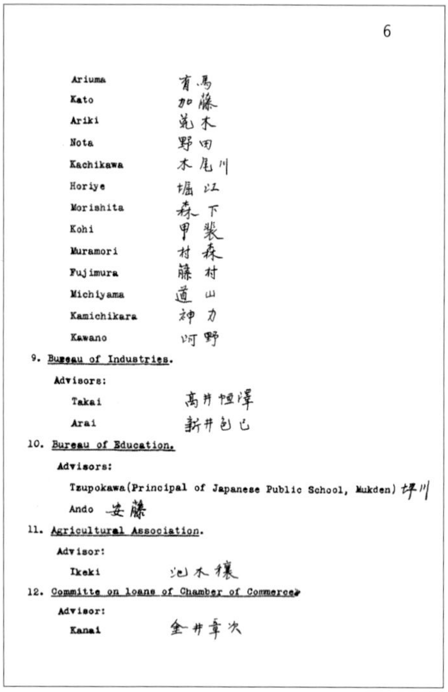

Ariuma 有馬
Kato 加藤
Ariki 荒木
Nota 野田
Kachikawa 木尾川
Horiye 堀江
Morishita 森下
Kohi 甲斐
Muramori 村森
Fujimura 藤村
Michiyama 道山
Kamichikara 神力
Kawano 河野

9. Bureau of Industries.
Advisors:
Takai 高井恒澤
Arai 新井色已

10. Bureau of Education.
Advisors:
Tzupokawa(Principal of Japanese Public School, Mukden) 坪川
Ando 安藤

11. Agricultural Association.
Advisor:
Ikeki 池木穰

12. Committe on loans of Chamber of Commerce.
Advisor:
Kanai 金井章次

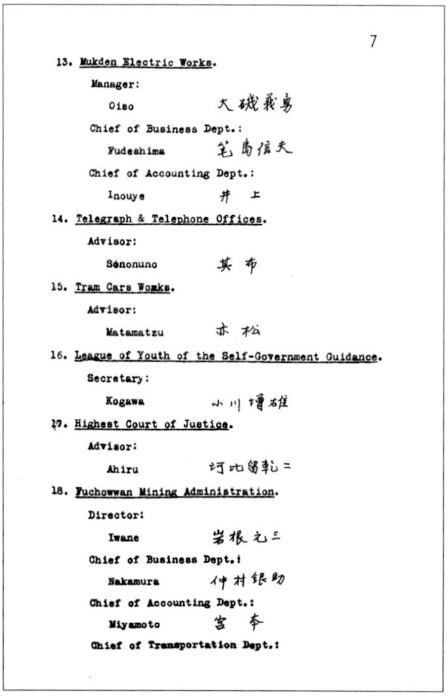

13. Mukden Electric Works.
Manager:
Oiso 大磯義勇
Chief of Business Dept.:
Fudeshima 筆島信夫
Chief of Accounting Dept.:
Inouye 井上

14. Telegraph & Telephone Offices.
Advisor:
Sonoņuno 其布

15. Tram Cars Works.
Advisor:
Matamatzu 赤松

16. League of Youth of the Self-Government Guidance.
Secretary:
Kogawa 小川増雄

17. Highest Court of Justice.
Advisor:
Ahiru 河比留乾二

18. Fuchowwan Mining Administration.
Director:
Iwane 岩根元三
Chief of Business Dept.:
Nakamura 仲村銀助
Chief of Accounting Dept.:
Miyamoto 宮本
Chief of Transportation Dept.:

9. 工业厅顾问：高井恒泽，新井色已

10. 教育厅顾问：坪川，安藤

11. 农业协会

顾问：池木穰

12. 商业厅借贷委员会

顾问：金井章次

13. 奉天电厂

经理：天矶义勇

业务处长：笔岛信夫

会计处长：井上

14. 电报电话局

顾问：其布

15. 电车厂

顾问：亦松

16. 自治指导部青年团

秘书：小川增雄

17. 最高法院

顾问：河比留干二

18. 孙家湾(Fuchowwan 音译)矿业管理局

局长：岩根元三

业务处长：仲村银助

会计处长：宫本

运输处长：弓滕

工程处长：内滕

19. 八道壕(Pao-ta-hao 音译)矿业管理局(东北矿业管理局)

局长：武谷信吉

业务处长：荒卷敏治

工程处长：大岛教一

矿务处长：滕一雄，松本，滨州

机电处长：工藤昌元

视导员：宗贞佐太郎，松田上原

检察员：立石宽一

库房长：深西清八

矿厂长：山之口必伟，江口记

20. 台安(Hsi-An 音译)煤矿管理局

监督：河本大作

助理监督：安田

奉天办事处：山本废治

21. 营口煤矿临时代办

顾问：村田耕作，松本隆夫

22. 自治指导部

顾问：(关东军政治部长)中野琥逸，中西敏宪

总务部长：结城清太郎

成员：原口总八

调查委员会主任：中西敏宪

成员：户藏胜人

调研委员会主任：笠木良朋

成员：服部氏，少地恭生，小川增雄，记伊一

指导委员会主任：牧野克己

检查委员会主任：和田劲

成员：永井宽，大石义夫

训练部长：中野琥逸，川尻伊九

8

Yumi, uchi 弓勝

Chief of Engineering Dept.:

Uchiguchi 内藤

19. Pao-ta-hao Mining Administration(North-eastern Mining Administration)

Director:

Takatane 武谷信吉

Head of Business Dept.:

Aramaki 荒巻敏治

Head of Engineering Dept.:

Oshima 大島教一

Head of Mining Dept.:

Fuchichi 滕一雄

Matzmoto 松本

Hamakani 濱州

Head of Electric Engineering Dept.:

Takumiyuchi 工藤昌元

Inspectors:

Munetadashi 宗貞佐太郎

Matzuta 松田上原

Surveyor:

Tachishi 立石寛一

Head of Storehouse:

Fukanishi 深西清八

Head of Mining Works:

Yamanokuchi 山之口必偉

Yekuchi 江口記

9

20. Hsi-An Coal Mining Administration.

Superintendent:

Kawamoto 河本大作

Assistant Superintendent:

Yasda 安田

Office in Mukden

Yamamoto 山本廢治

21. Provisional agents of Chin-Kou Colliery.

Advisors:

Murada 村田耕作

Mazumoto 松本隆夫

22. Self-Government Guidance Dept.

Advisors:

Nakano(Head of Political Dept. of Kwantung Army)中野琥逸

Nakanishi 中西敏憲

Chief of General Administrative Dept.:

Yuki 結城清太郎

Member:

Haraguchi 原口總八

Chief of Sub-Com. in Investigation:

Nakanishi 中西敏憲

Member:

Tokura 戶藏勝人

Chief of Dept. of Social Affairs:

Kasaki 笠木良明

Members:

Fukupu 服部氏

Kochi 少地泰生

Kokawa 小川增雄

Kei 記伊一

Chief of Sub-Com. on Guidance:

Makino 牧野克己

Chief of Sub-Com. on Inspection:

Wata 和田勁

Members:

Nagaye 永井寛

Oishi 大石義夫

Chief of Dept. of training in Self-Guidance:

Nakano 中野琥逸

Kadashiri 川尾伊九

23. <u>District-Self-Government Directors</u>.(so far as we can gather)

Haicheng: Kamada 鎌田政明

Kohayashi 小林克

Hsifeng : Ii 蝟井原義

Taonan : Uyeta(chief of railway police)

Istuhara(Advisor to Taonan-Anganghsi Railway) 上田一稚

Ishihara(Advisor to Tao-nan-Ang-angsi Railway) 石原重高

Liaoyuan: Nakawaza

Fushun : Takaku 高久

Nakamura 中村

Ansai 安齋

Yanauy 山上

Kaiyun : Tokoi 蛸井泉義

23. 区自治指导员(就我们所能搜到的)

海城：镰田政明，小林克

西丰：猬井原义

洮南：Uyeta(铁路警长)，上田一稚(洮昂铁路顾问)，石原重高(洮昂铁路顾问)

辽源：中泽

抚顺：高久，中村，安斋，山上，

开原：蛸井泉义

昌图：多多木，铃木冰铇

24. 奉天保安队

司令：和田劲

副司令：远藤清一郎

步兵分队：中野，山下，吉塚

骑兵分队：永尾

炮兵分队：三原

军务部：野牧

医药部：佐藤

顾问：吉村

秘书：远藤

25. 伪满洲国政府

总务厅长官：菊井氏

“外交部长”：谢介石

Changtu : Tata 多多木

Stzki 鈴木冰鉋

24. <u>Chief of Peace Preservation Corps of Mukden</u>.

Commander:

Wada 和田勁

Vice-Commander:

Yeudo 遠藤清一郎

For the Infantry Detachment:

Nakano 中野

Yamashida 山下

Yoshitzka 吉塚

For the Cavalry Detachment:

Nakao 永尾

For the Artillery Detachment:

Mihara 三原

For the Military Dept.:

Yabaka 野牧

For the Medical Corp:

Saito 佐藤

Advisor:

Yoshimura 吉村

Secretary

Yeudo 遠藤

25. <u>The Government of the so-called Manchoukuo</u>.

Head of the General Executive Bureau:

Kikui 菊井氏

Foreign Minister:

26. 吉林“省政府”

总务厅长官：武原

27. 长春“市政厅”

总务厅长官：桥口

社会部：和田

商业部：平野

财政部：岩

28. 齐齐哈尔电厂

顾问：高元渐，竹内正义

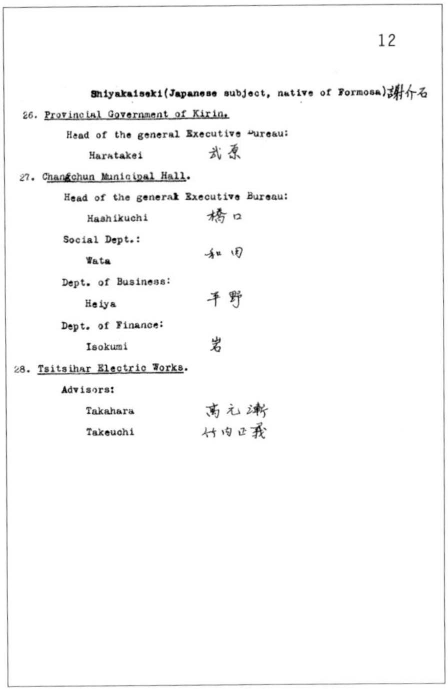

12

Shiyakaiseki(Japanese subject, native of Formosa)謝介石

26. Provincial Government of Kirin.

Head of the general Executive Bureau:

Haratakei 武原

27. Changchun Municipal Hall.

Head of the general Executive Bureau:

Hashikuchi 橋口

Social Dept.:

Wata 和田

Dept. of Business:

Heiya 平野

Dept. of Finance:

Isokumi 岩

28. Tsitsihar Electric Works.

Advisors:

Takahara 高元漸

Takeuchi 竹内正義

附录：日本新闻报刊编辑人员

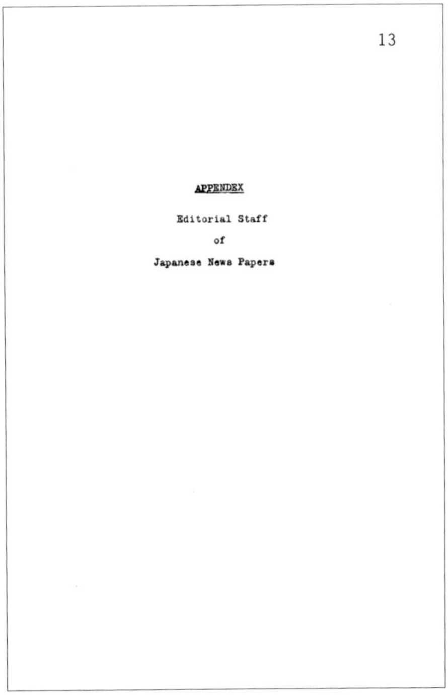

13

APPENDEX

Editorial Staff

of

Japanese News Papers

英文满报

老板兼编辑：Z．滨村

业务经理：R．千叶

新闻编辑：R．柳泽

发行人：Z．滨村

印刷：R．千叶

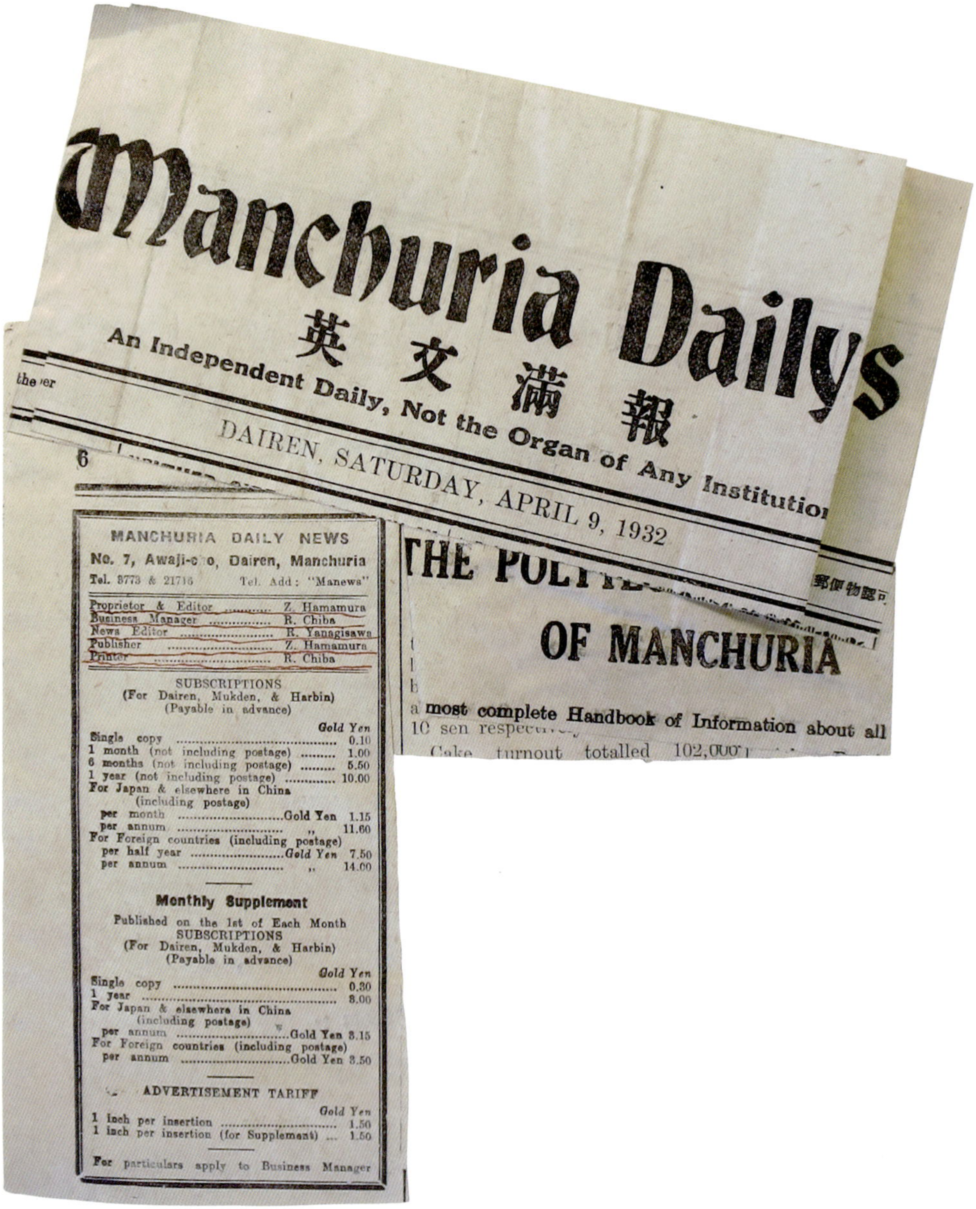

Manchuria Dailys
英文滿報
An Independent Daily, Not the Organ of Any Institution
DAIREN, SATURDAY, APRIL 9, 1932

THE POLI...
OF MANCHURIA

a most complete Handbook of Information about all
10 sen respect...
Cake turnout totalled 102,000...

MANCHURIA DAILY NEWS
No. 7, Awaji-cho, Dairen, Manchuria
Tel. 3773 & 21716 Tel. Add: "Manews"

Proprietor & Editor .... Z. Hamamura
Business Manager .... R. Chiba
News Editor .... R. Yanagisawa
Publisher .... Z. Hamamura
Printer .... R. Chiba

SUBSCRIPTIONS
(For Dairen, Mukden, & Harbin)
(Payable in advance)

	Gold Yen
Single copy	0.10
1 month (not including postage)	1.00
6 months (not including postage)	5.50
1 year (not including postage)	10.00
For Japan & elsewhere in China (including postage)	
per month	Gold Yen 1.15
per annum	,, 11.60
For Foreign countries (including postage)	
per half year	Gold Yen 7.50
per annum	,, 14.00

Monthly Supplement
Published on the 1st of Each Month
SUBSCRIPTIONS
(For Dairen, Mukden, & Harbin)
(Payable in advance)

	Gold Yen
Single copy	0.30
1 year	3.00
For Japan & elsewhere in China (including postage)	
per annum	Gold Yen 3.15
For Foreign countries (including postage)	
per annum	Gold Yen 3.50

ADVERTISEMENT TARIFF

	Gold Yen
1 inch per insertion	1.50
1 inch per insertion (for Supplement)	1.50

For particulars apply to Business Manager

满洲报

西片朝三，久留宗一，石桥文三郎，藤田秀助，铁井八郎，武田南阳

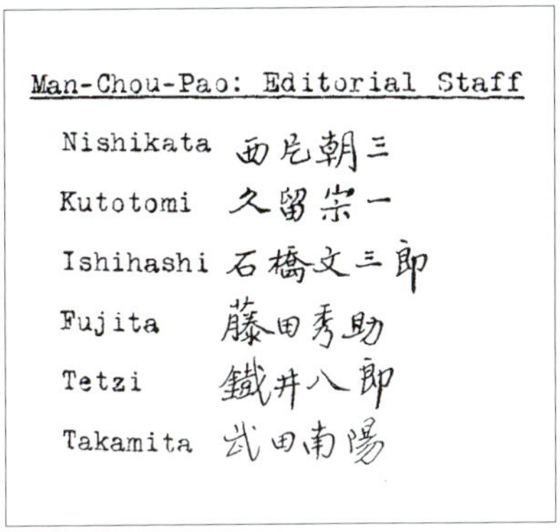

Man-Chou-Pao: Editorial Staff

Nishikata 西片朝三
Kutotomi 久留宗一
Ishihashi 石橋文三郎
Fujita 藤田秀助
Tetzi 鐵井八郎
Takamita 武田南陽

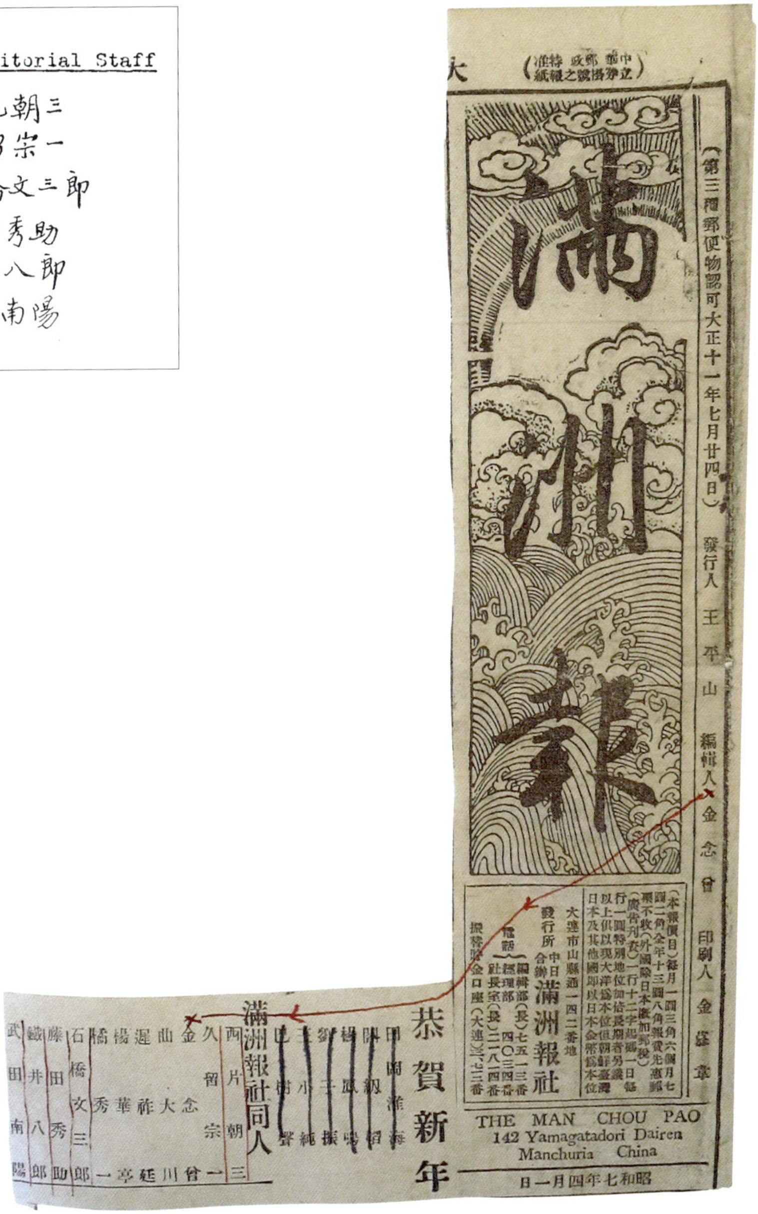

（中華郵政特准立券掛號之報紙）

滿洲報

（第三種郵便物認可大正十一年七月廿四日）發行人 王平山 編輯人 金念曾 印刷人 金［illegible］章

（本報價目）每月一圓三角六個月七圓二角全年十三圓八角報費先惠郵票不收（外國除日本)加郵稅）（廣告刊費）一行十二字起碼一日每行一圓特別地位加倍長期者另議以上俱以現大洋爲本位但朝鮮臺灣日本及其他國卽以日本金幣爲本位

大連市山縣通一四二番地

發行所 中日合辦 滿洲報社

電話 編輯部（長）七五一三番 經理部 四〇三四番 社長室（長）二八四番

振替貯金口座（大連）三、三三番

THE MAN CHOU PAO
142 Yamagatadori Dairen
Manchuria China

昭和七年四月一日

恭賀新年

滿洲報社同人

田岡淮海 [illegible] [illegible] [illegible] [illegible] [illegible] 西片朝三 久留宗一 金念曾 曲大川 遲祚廷 楊華亭 橋秀一 石橋文三郎 藤田秀助 鐵井八郎 武田南陽

盛京时报

发行人：佐原笃介

编辑：菊池贞二

印刷：东光明

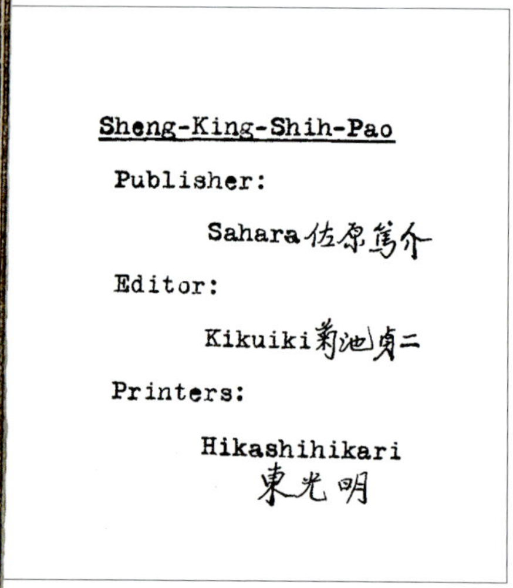

奉天公报

发行人：若月太郎

编辑：渡边

印刷：东兼一

奉天公報

發行人 若月太郎
編輯人 渡邊滿洲夫
印刷人 東兼一
發行所 瀋陽商埠地十一緯路十四號
奉天公報社
電話 本社日四四八六番 工場四七〇三

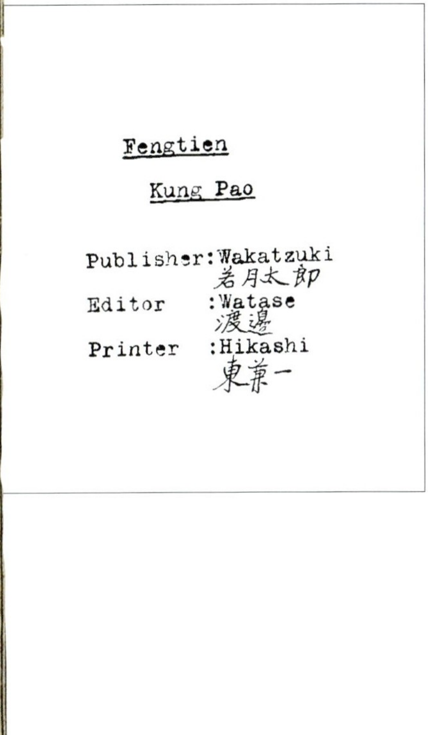

Fengtien
Kung Pao

Publisher:Wakatzuki 若月太郎
Editor :Watase 渡邊
Printer :Hikashi 東兼一

The Manchuria Daily News

英文滿報

An Independent Daily, Not the Orof Any Instituti

tered at the I.J.P.O. Newspaper DAIREN, SATURDAY, SEPBER 12, 1931 (正十年二月七日第三種郵便物認可)

Retaliation by Force

Important Consultation Attended by Doihara

Tokyo, Sept. 11 (Dentsu)—Friday morning, Vice-Chief Ninomiya of the General Staff, War Vice-Minister Sugiyama, Supt. Nakada of War Affairs Office and Col. Doihara (Resident Officer Mukden, summoned to the Capital) conferred in the Vice-Minister's room for a couple of hours to discuss tangible steps for retaliation by force. Col. Doihara is seeing Chief Gen. Kanaya of the General Staff this evening to explain what retaliation steps are concretely got up.

Shidehara Hardens His Attitude

Tokyo, Sept. 11 (Dentsu)—War Minister Minami called on Foreign Minister Shidehara later this afternoon and let the latter know of the Army's firm resolution to seek a solution by force regarding the Butchery Case, because the Chinese side showed too little sincerity. Views were then exchanged as to how to put in execution the intended retaliation plan. The solution of all other pending issues and Japan's plan on the disarmament question were also talked over. The interview closed at 7 p.m.

To all appearances, the Foreign Minister seems to have hardened his attitude further.

The Younger Sets Want a Quick Settlement

have agreed on the inevitability to seek a solution by force. They have further agreed to see all the pending issues thoroughly solved by urging their seniors, since all the anti-Japanese stunts including the Butchery Case recurring thickly in Manchuria and Mongolia have sprung out of these pending question left unsolved.

The meeting was wound up at 10 p.m.

No.2

The Manchuria Daily News

《英文满报》

标题　武装报复

副标题　土肥原贤二出席重要磋商

段落标题　年轻同道要迅速移民

No.3

The Manchuria 英文滿 [Daily News]

An Independent Daily, Not the Org[an]...

DAIREN, TUESDAY, SEPTEM[BER]...

Registered at the I.J.P.O. as a Newspaper

No. 5853

Only English Daily in South Manchuria

Established in 1908

Monthly Supplements Published

Best Equipped Printing Establishment in Manchuria

(第三種郵便物認可)

SINGLE COPY: 10 SEN

Remarkable Instruction by Commander-in-Chief of Kwantung Army

To Japanese Railway Guard

To be More Thorough in Safeguard of Railway Area

Commander-in-Chief S. Honjo of the Kwantung Army, Port Arthur, got to Changchun by train on the afternoon of the 13th and inspected the Brigade Headquarters, the Regimental Barracks, the Gendarmery, the Military Hospital, and the Railway Guard.

When Lt.- Gen. Honjo had inspected Headquarters of the Japanese Railway Guard, at Kungchuling, earlier in the day, the General gave to the Commanding Officer of the Railway Guard an instruction of impressive nature reading to the following effect:—

We must be very careful, seeing how recently the Chinese outlaws are taking to bolder operations, sometimes interfering with railway traffic and menacing the Railway Area. These disturbers of peace and order in the Railway Area in defiance of the Japanese authority should be shown no quarter, but be suppressed, so that the safety of railway travel may be safeguarded, together with the security of the residents in the Railway Area.

Acting on the above instruction, the Japanese Railway Guard, in dealing with the outlaws in the Railway Area, are believed to take more drastic steps.

标题　关东军总司令给日本铁道守备队“值得关注”的指示

副标题　彻底加强铁路专属区安全警卫

anchuria Daily News
英文滿報
dependent Daily, Not the Organ of Any Institution
DAIREN, WEDNESDAY, SEPTEMBER 16, 1931 (大正十年二月七日第三種郵便物認可

Important Instructions to Kwantung Army & Doihara

Reported Contents Thereof

Those to Kwantung Army Taken by Doihara

Tokyo, even date (Dentsu)—Under orders of War Minister Minami, Col. Doihara (Resident Officer, Mukden) put off his departure by one day till last night. In accordance with the decisions reached at the meeting among the exponents of the War Ministry and the General Staff Office on Tuesday, instructions of positive nature were given the Colonel by the War Minister through Vice-Minister Sugiyama at 4.30 yesterday afternoon at the War Ministry. Then, the Colonel took the night express back for Mukden, as reported elsewhere.

(2) The Army's intentions and policy to be communicated to the Northeastern authorities concerned.

(3) How to carry himself in dealing with outsiders.

(4) What to do if the Chinese side honestly owns up to the guilt or if it denies it.

(5) What course to follow in case of the Army being driven to demand a solution by force.

(6) His indirect support to be given in the soultion of the pending issues in Manchuria-Mongolia.

There are several other directions regarding the Colonel's official functions.

In the instructions to Lt.-Gen. Honjo, the Army's attitude and the Government's intentions towards the solution of the Butchery Case and all the other pending questions are made explicit. To quote a few most important items:—

(1) Points of negotiations with Mukden military authorities to be handled by Kwantung Army, in connection with the Butchery Case.

(2) Steps to be taken in case of a solution by force being compelled.

(3) Measures for protection of Japanese residents and maintenance of peace and order in the event of a solution by force being undertaken.

(4) Kwantung Army's attitude and policy towards the intended solution of all pending issues.

From the above mentioned items of instructions given the Kwantung Army and Colonel Doihara, it may be seen that the Imperial Army indicates its fixed determination concerning Manchuria and Mongolia, allowing a wider scope of authority to the Commander-in-Chief of Kwantung Army and the Resident Officer, Mukden.

No.4

标题　给关东军和土肥原贤二的重要指示

文中下画线部分　(3)一旦用武力解决，保护日本侨民和维持和平与秩序的措施。

(4)人们可以看到帝国军队解决"满蒙"问题的坚定决心。

The Manchu aily News
英 文
An Independent Daily, No y Institution
istered at the I.J.P.O. as a Newspaper DAIREN, THURSDAY, S 31 (大正十年二月七日第三種郵便物認可)

Doihara's Remarks on His Way Back to Mukden

His Functions Clearly Defined

Kozu, Sept. 16 (Mannichi special)—When interviewed on the train, en route back to Mukden, Col. Doihara, Resident Officer, Mukden, had the following to say:—

As the charge of the Nakamura Butchery Case was entrusted to the Foreign Ministry, how much I should have to do with the Case remained vague, and this point has been made clear as the result of a consultation with the Army and the Foreign Ministry. On my return to Mukden, I shall be able to lay my own views before Consul-Gen. Hayashi and to attend the sessions of the negotiations, if necessary.

There is a report that the Chinese side has admitted the truths of the Butchery Case, but there is no relying on that. All will be made clear on my return to Mukden. As the Army has mapped out in black and white what to do, Gen. Yung-chen's statement matters little.

While I am in no position to divulge what the Government and Army's intentions to dispose of all pending issues are, I can assure you that the Government and the Army are perfectly at one in their views.

On my way back to Mukden, I am to see Lt.-Gen. Honjo in command of the Kwantung Army to convey to the General the instructions from the War Ministry. On arrival at Mukden, I am interviewing first of all Gov. Tsang and Chief of Staff Yung-chen to communicate to them Tokyo Government's intentions. I shall be back there about the 20th.

No.5

标题　土肥原贤二在返回奉天途中的谈话

副标题　他的职责明确规定

文中下画线部分　我回到奉天的途中，一切问题都搞清楚了，因为要军队做什么，已经形成书面计划。

同时，我不能泄露政府和军方部署的解决所有悬而未决的问题的措施。我能向你们保证，政府和军方的观点是完全一致的。

nchuria Daily News

英文滿報

ndent Daily, Not the Organ of Any Institution

Registered N, MONDAY, SEPTEMBER 21, 1931　（大正十年二月七日第三種郵便物認可）

JAPANESE ON THE CRENELLATED WALL, MUKDEN

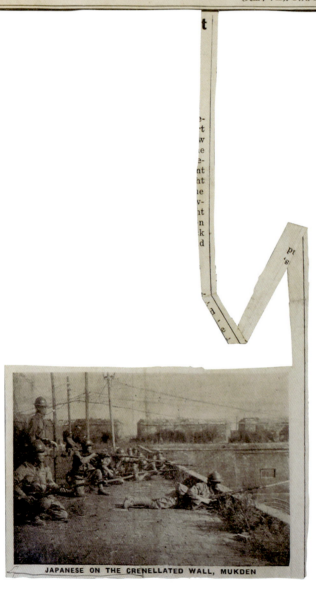

No.6

日本兵在奉天雉堞城墙上(图片)

No.7

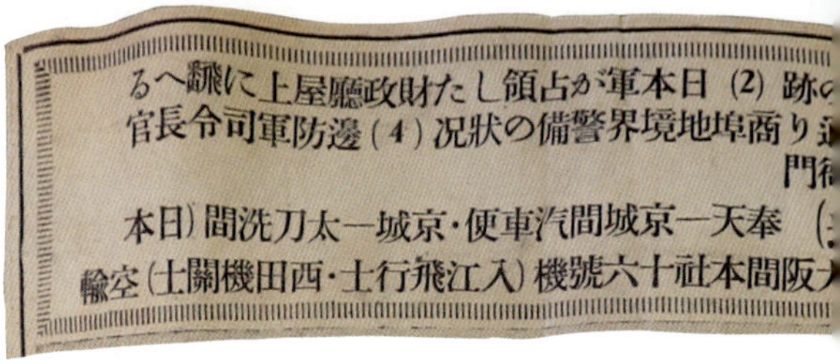
跡の（2）日本軍が占領した財政廳屋上に翻へる
通り商埠地境界警備の状況（4）邊防軍司令長官
門衛
奉天一京城間汽車便・京城一太刀洗間（日本
大阪本社間十六號機（入江飛行士・西田機關士）空輸

东京日日新闻 1931 年 9 月 20 日出版的号外《日支交战画报》上，附有 1931 年 9 月 19 日拍摄的照片。

照片 2 显示　日本军队占领的奉天财政厅建筑物上插着日本旗。

注意　本庄繁将军招摇卖弄地宣布：1931 年 9 月 18 日，日本军事当局采取的行动，仅仅是惩处那些被推定为破坏南满铁路的中国士兵。那为什么日本人次日还要占领中国政府财政厅，(本庄繁的话)能掩盖得了(“九一八”事变)是有蓄谋的侵略吗？

SINO-JAPANESE WAR PICTORIAL

Published by Tokyo Daily News.
date of issue 20th Sept. 1931.
The pictures herewith, were photographed on the 19th Sept.,1931.

picture 2 showing
The occupation of Board of Finance,Moukden with Japanese flag hoisted on the building.

N.B. The action taken on the 18th Sept., 1931 The Japanese Military Authority, as ostentatiously proclaimed by Lt.General Honjo was only punitive to these Chinese soldiers who were supposed to damage the S.M.R. why should the Japanese occupy the Chinese Civil Government Board of Finance, the next day, save with intentional aggression?

日支交戰畫報

十九日本社特派員撮影

明治廿五年三月八日（第三種郵便物認可）

東京日日新聞

昭和六年九月二十日（日曜日）

編輯兼印刷發行人 相馬基
大阪每日新聞社東京支店
東京市麹町區有樂町一丁目十二番地三號
東京日日新聞發行所

號外

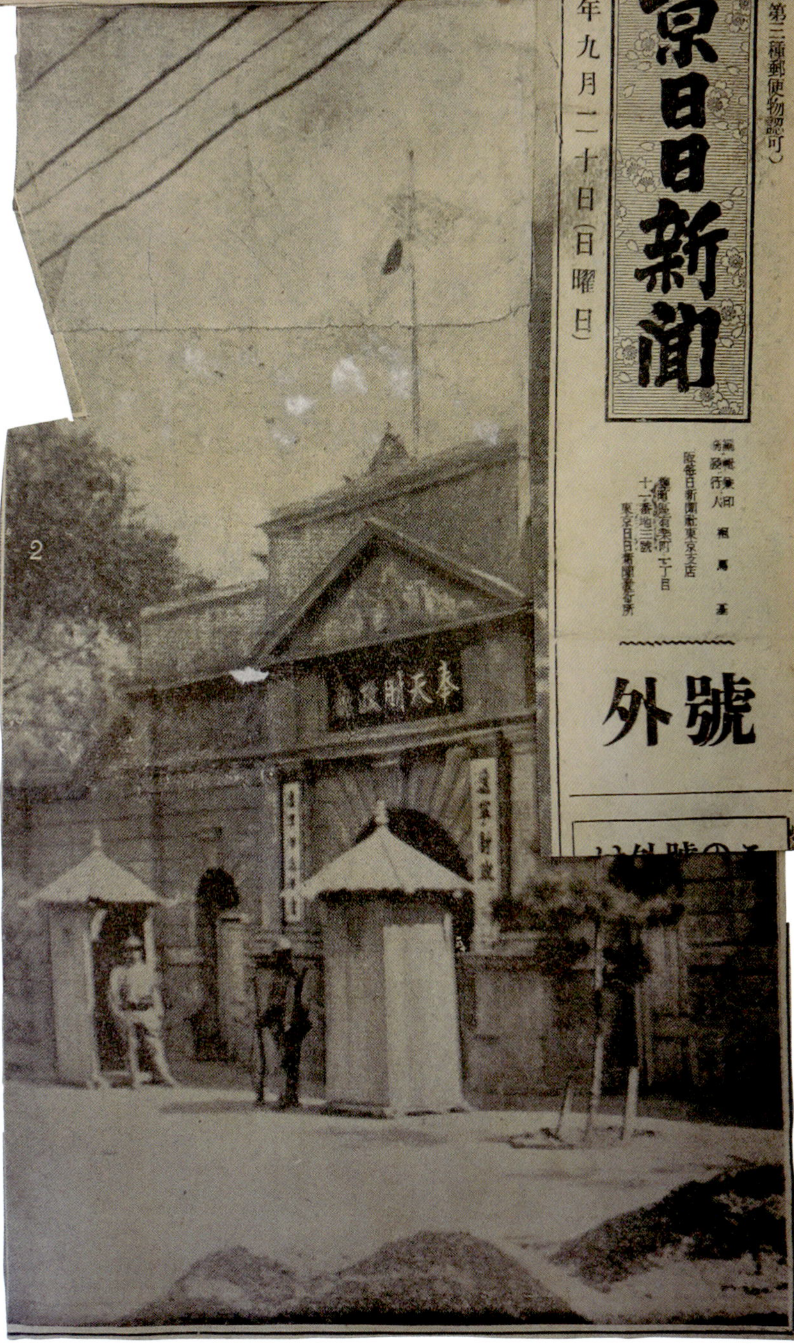

No.8

日本关东军司令官本庄繁签署的布告(1931年9月19日)。

Proclamation of the Japanese Commander-in-Chief

On the 18th of Sept. of the 6th year of Chiowa(Chao Ho) at 10.30 P.M. One group of the North-East Defence Army of the Republic of China exploded our South Manchuria Railway in the neighbourhood of the North Barracks situated North-east of Moukden. In the wake of the explosion they attacked our railway guards. These two facts testify that they were agggressive and wanted to be the offenders. On looking back we would recollect that the South Manchuria Railway was secured legally through treaties by our Empire and it belongs to us. We would not allow any country to lay a finger upon it. Now we have encounted its explosion and the attack on the guards by the North-East Troops, which acts clearly signify that they wanted to challenge us to war.

On observing the recent tendency of events in the North-East we would see that there have been many invading acts of our interests and within its territory there are many anti-Japanese activities, which could not be due to outburst of temparary exciting emotions as its cause, but to the customary careful tacts which hold International Laws and Justice in contempt. From the two above stated pre-planned acts of the North-East military authorities we might infer that they could do all kinds of things in others' disfavour. If we allowed this pride of theirs to go on to be left unpunished now, the result of the future might be beyond our emagination. These violent acts were not done by the masses of China but by a practice of aggression-cherishing military authorities.

In view of the fact that our duty has been to protect the railway and sustain our obtained interests and in view of the necessity for the maintenance of the prestige of our Imperial forces, we could do nothing but deal with this incident radically without any hesitation.

What we want to punish is the military authorities of the North-East. All the suffering of the people I shall consider carefully. I have

emphatically instructed all my subordinates to maintain the welfare and take care of the life and property of the people. You people of the North-East are requested to be self-respecting and unwearied and carry on your business as usual. Do not be panick and escape. I may add that in case anybody intentionally inferferring with the movement of our troops, the person shall be dealt with in a drastic fashion. I hereby seriously make this proclamation to the public.

Signed
Honjo

Commander-in-Chief of the Great
Japanese Kwangtung Army.

19th of Sept. of the 6th year of
Chiowa(Chao Ho)

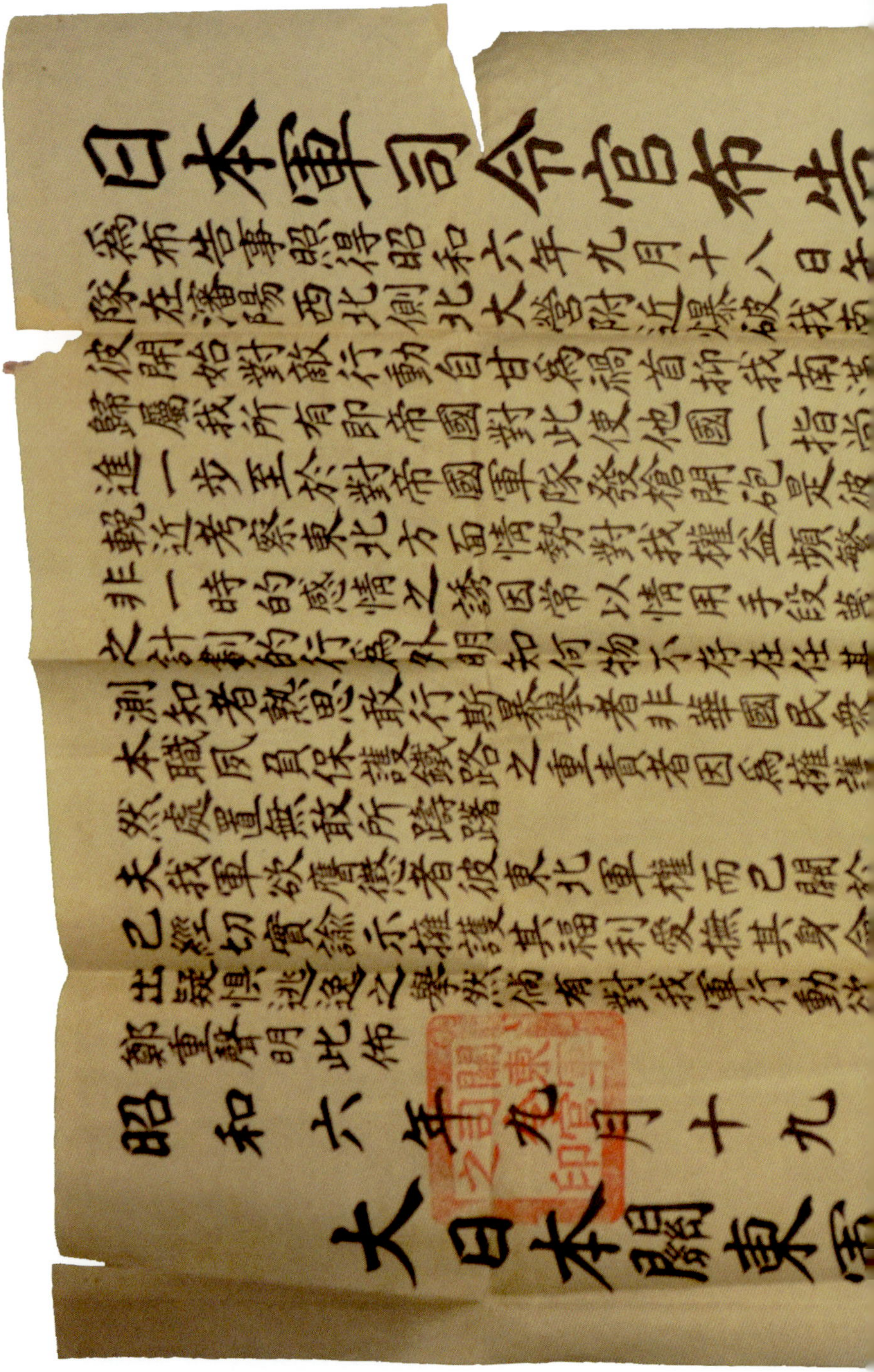

日本軍司令官布告

爲布告事照得昭和六年九月十八日午
隊在瀋陽西北側北大營附近爆破我南
彼開始對敵行動自甘爲禍首抑我南滿
歸屬我所有即帝國對此使他國一指尚
進一步至於對帝國軍隊發槍開砲是彼
軌近考察東北方面情勢對我權益頻繁
非一時的感情之誘因常以情用手段
之計劃的行爲外明知何物不存在任其
測知者熟思敢行斯暴擧者非華國民衆
本職夙負保護鐵路之重責者因爲擁護
然處置無敢所躊躇
夫我軍欲膺懲者彼東北軍權而已關於
已經切實諭示擁護其福利愛撫其身命
出疑懼逃逸之擧然倘有對我軍行動欲
鄭重聲明此佈

昭和六年九月十九

大日本關東軍

關東軍司令官之印

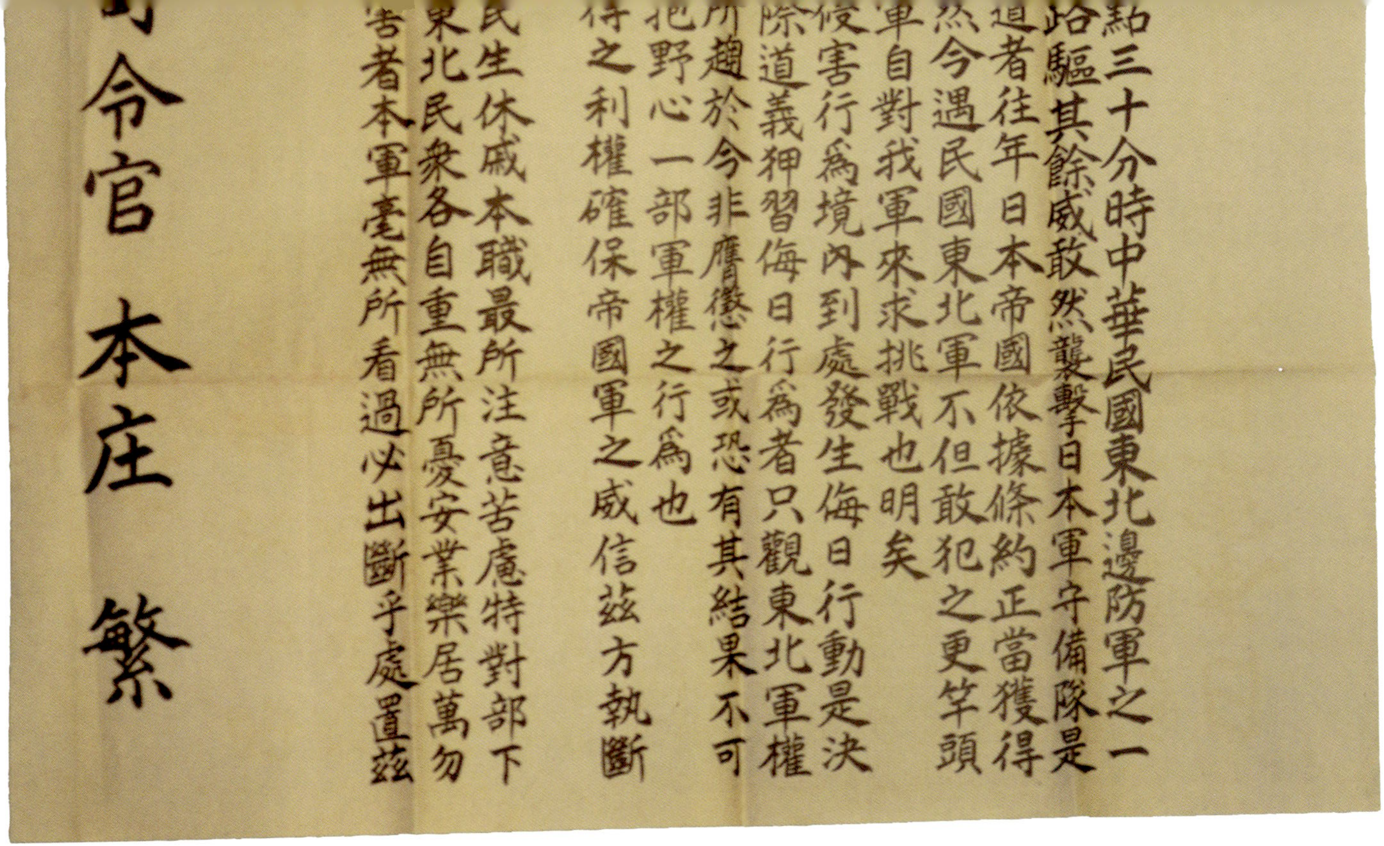
點三十分時中華民國東北邊防軍之一
路驅其餘威敢然襲擊日本軍守備隊是
道者往年日本帝國依據條約正當獲得
然今遇民國東北軍不但敢犯之更竿頭
軍自對我軍來求挑戰也明矣
侵害行爲境內到處發生侮日行動是決
際道義狎習侮日行爲者只觀東北軍權
所趨於今非膺懲之或恐有其結果不可
抱野心一部軍權之行爲也
待之利權確保帝國軍之威信茲方執斷
民生休戚本職最所注意苦慮特對部下
東北民衆各自重無所憂安業樂居萬勿
害者本軍毫無所看過必出斷乎處置茲

司令官 本庄繁

下面为国际友人倪斐德致李顿的信中所言，“由于可能陷入更严重的，以致不可预期的后果，这本‘图像册’有几页不得不被删除”的证据。共6组，从No.9～14。

No.9

No.10

原文及参看说明 No.29 被删除。

See list No.29

No.11

原文及参看说明 No.37 被删除。

See list No.37

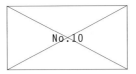

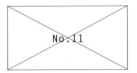

No.12

原文及参看说明 No.33 被删除。

See list No. 33

No.13

原文及参看说明 No.38 被删除。

See list No.38

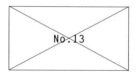

No.14

原文及参看说明 No.36 被删除。

See list No.36
(still in)

THE MANCHURIA DAILY NEWS Monday, September 21, 1931

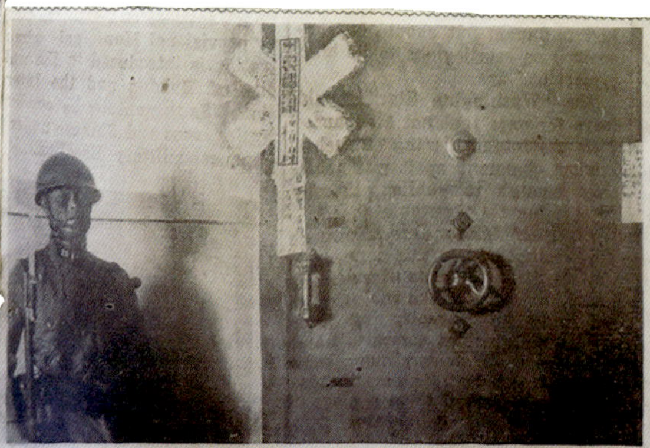

THE VAULT OF NORTHEASTERN PROVINCIAL GOV'T. BANK, MUKDEN WITH ITS IMMENSE TREASURE

No.15

藏有巨额财富的奉天东三省官银号地下库，被贴上封条并由日本兵站岗把守。

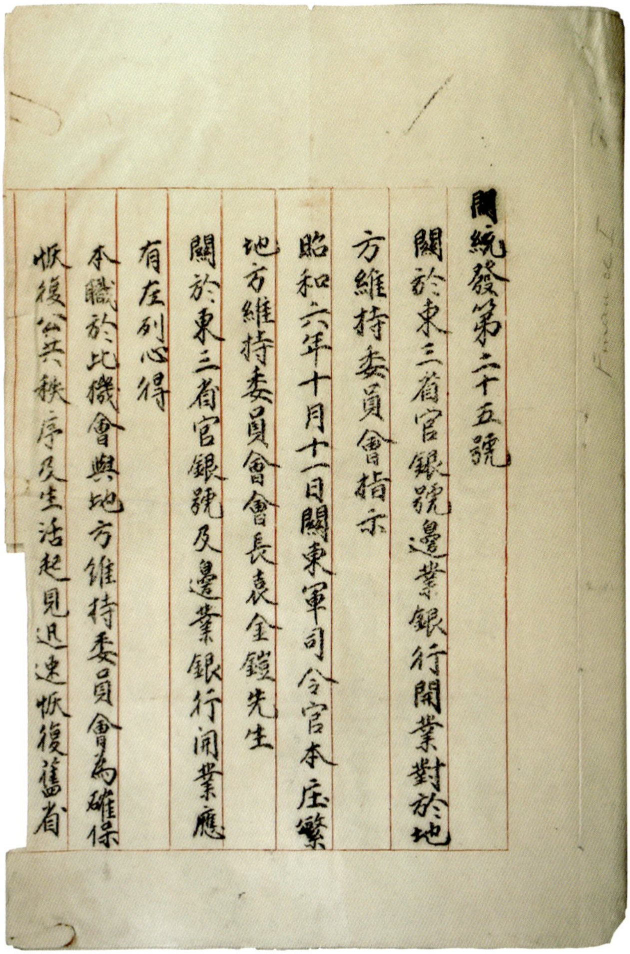
關統發第二十五號
關於東三省官銀號邊業銀行開業對於地
方維持委員會指示
昭和六年十月十一日關東軍司令官本庄繁
地方維持委員會會長袁金鎧先生
關於東三省官銀號及邊業銀行開業應
有左列心得
本職於此機會與地方維持委員會為確保
恢復公共秩序及生活起見迅速恢復舊省

No.16

关统发第 25 号指令

关于东三省官银号、边业银行开业对于地方维持委员会指示

日本关东军司令官本庄繁和地方维持委员会会长袁金铠联名签署。

政府之財政而確實施地方維持是為至盼

一日本軍準據陸軍法規慣例規則第四十三條為恢復確保公共秩序及生活而認可東三省官銀號之營業開始以圖一般金融上之便宜

二當東三省官銀號業務執行時根據陸軍法規規則第五十三條確保日本軍之利益又根據同第四十三條為恢復確保公共秩序及生活應盡一切之手段

三日本軍為達到前項之目的須派數名監理官前往監督上項監理官須由東三省官銀號招聘日側人員而任以顧問或諮議不惟此項招聘者且日軍中不時亦可派遣官吏前往監察東三省官銀號業務

四日本軍認為必要時無論何時可以停止東三省官銀號營業之全部或一部

五地方維持委員會如欲造東三省官銀號業務執行候補人員簿時須受日本軍之認可

六 東三省官銀號本身如對日本軍有敵對行
為或敵對意思之取引或如此行為者取
引亦不行
七 關於東三省官銀號之業務執行如地方維
持委員會與業務担當者指示時須先受
日本軍之認可
八 東三省官銀號對各地分號務必不許存多額
之資金
九 關於邊業銀行準用上記東三省官銀號之規定

此件为“关统发第25号指令”的英文稿。

ORDER NO.25

(Controlling Department of Japanese Kwantung Army Headquarters) Order is hereby given to the Local Peace and Order Maintenance Committee concerning the re-opening of the Provincial Bank of the Three Eastern Provinces and the Frontier Bank.

By HONJO

Commander-inChief of the Japanese Kwantung Army

Yuan Chin Kai

Chairman of Local Peace and Order Maintenance Committee.

Attention is called to the articles mentioned below re the reopening of the Provincial Bank of Three Eastern Provinces and Frontier Bank. The above signed earnestly hope that in view of restoring public order and livelihood of the people the financial condition of the former provincial government shall soon be reestablished as to carry out the maintenance of local states.

(1) The Japanese force following the customary military law, article No. 43, for the purpose of restoring and guaranteeing public order and livelihood, consents to the reopening of the Provincial Bank of the Three Eastern Province so as to make it convenient to the money market.

(2) When the Bank is opened for business it shall, according to the military law, article No.53, guarantee the advantages of the Japanese Army and shall, according to the Military law, article No.43, restore absolutely guaranteed public order and livelihood necessary to every day life.

(3) The Japanese Army, for the purpose of fulfilling the above aims, must sent supervising officials to the Bank to supervise matters and these supervisors must be invited from among the Japanese people and be made advisers or councilors by the Provincial Bank of the Three Eastern Provinces; not only these invited ones but also the Japanese Army Corps may send officers at any time to the bank to inspect the bank's business. (~~These advisers and councillors must be paid by the bank concerned~~)

(4) The Japanese Army Corps, when seeing necessary, may stop at any time partly or completely the business of the Provincial Bank of the Three Eastern Provinces.

(5) When the Local Peace and Order Maintenance Committee gets ready to make the roll of candidates of administrative officers for the

Provincial Bank of the Three Eastern Provinces, it must be recognized by the Japanese Army Corps.

(6) The Provincial Bank of the Three Eastern Provinces itself can by no means be allowed to have any enemy action or thought toward the Japanese Military Corps.

(7) Concerning business administration any order from the Local Peace and Order Maintenance Committee and the business administrators of the Provincial Bank of the Three Eastern Provinces, must be first recognized by the Japanese Army Corps before it is issued.

(8) The Provincial Bank of the Three Eastern Provinces must not allow its branch offices at various places to keep large sums of money.

(9) The above regulations apply equally well to the Frontier Bank.

No.17

边业银行管理办法

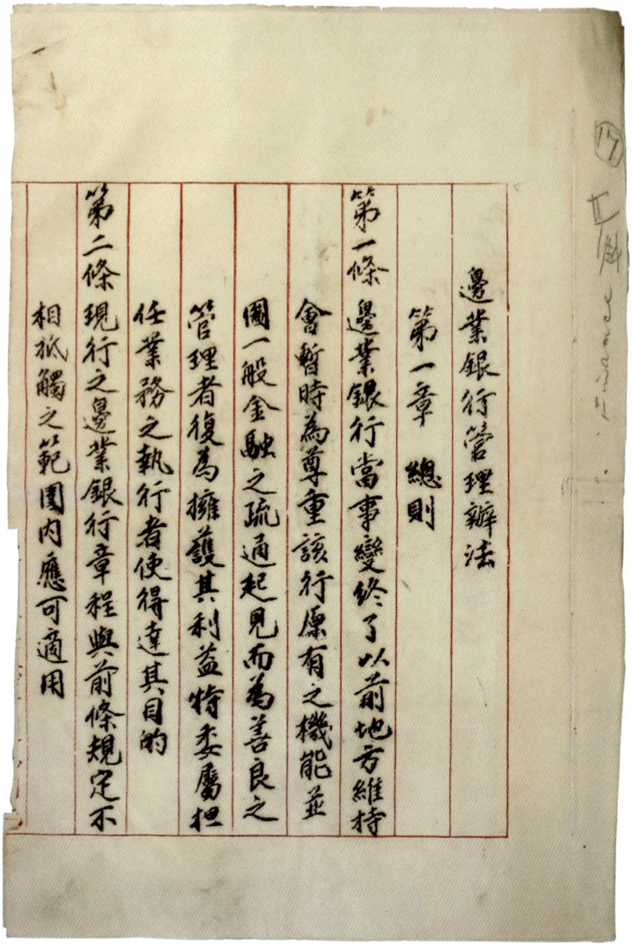

邊業銀行管理辦法

第一章 總則

第一條 邊業銀行當事變終了以前地方維持會暫時爲尊重該行原有之機能並圖一般金融之疏通起見而爲善良之管理者復爲擁護其利益特委屬担任業務之執行者使得達其目的

第二條 現行之邊業銀行章程與前條規定不相牴觸之範圍內應可適用

第二章

第三條 公金辦法設左列之限制

一原有官署存款暫行停止支付

二此後辦理官署存欠款項皆由邊業銀行以新帳計算

第四條 普通存款之支付暫設左開之限制

一存款者如有貸款時[illegible]先得以存款劃抵

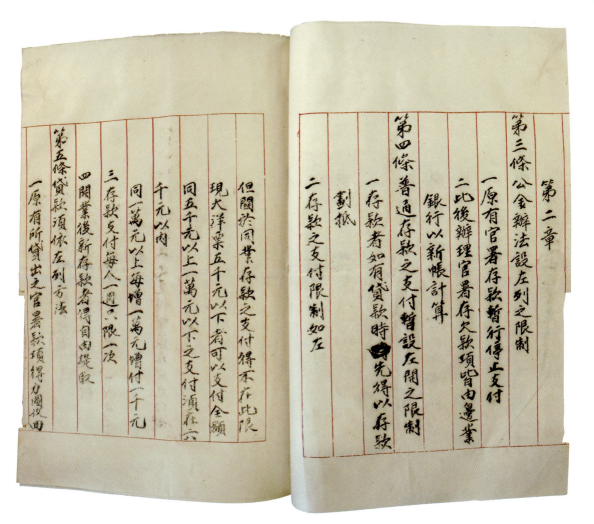

二存款之支付限制如左

但關於同業存款之支付得不在此限

現大洋票五千元以下者可以支付全額

同五千元以上一萬元以下之支付須在六千元以内

同一萬元以上每增一萬元增付一千元

三存款支付每人一週只限一次

四開業後新存款者得自由提取

第五條 貸款須依左列方法

一原有所貸出之官署款項得在國稅回

二新貸款除於必不得已者外不准出貸

三對於各分行之新貸須由總行許可

四對於附屬營業之占款宜漸次整理

第六條 辦理滙兌須依左列方法

一辦理滙兌只以商業交易及個人正當
用途為限

二開業後在滿鐵沿線外之各分行有
大宗滙款時須經總行之許可

第三章 紙幣

第七條 未發行之紙幣須嚴封保管但因紙幣
破損有發行之必要時不在此限

第八條 已發行額以上再新發紙幣時須有確
實之發行準備

第九條 兌換方法暫依左列之限制

一兌換所只設城內一處 二兌換限度
每人每日以現大洋五十元為限 三現大
洋百元以上禁止攜出瀋陽市外

附則

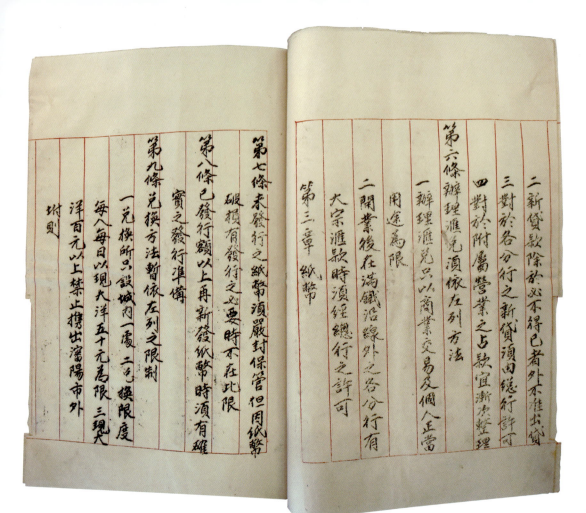

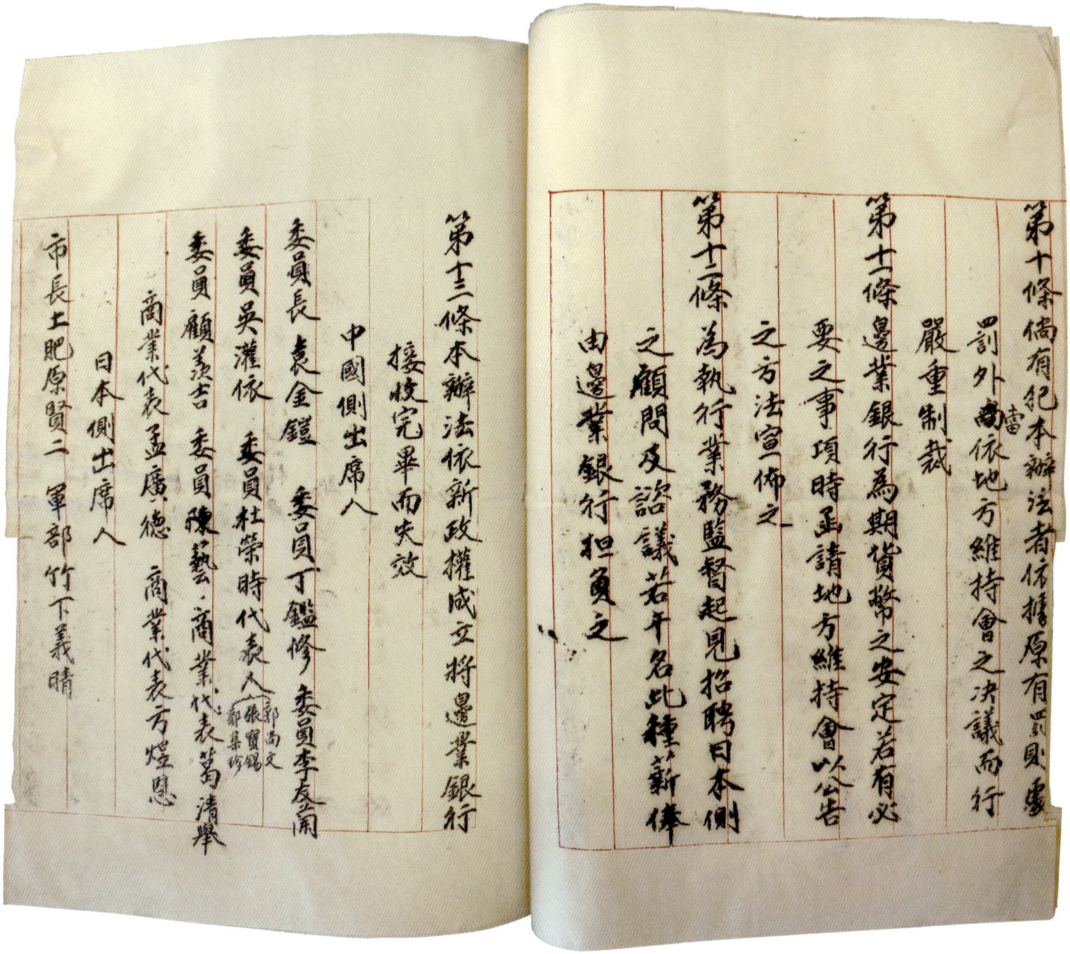
第十條 倘有紀本辦法者依據原有罰則處罰外當依地方維持會之決議而行嚴重制裁

第十一條 邊業銀行為期貨幣之安定若有必要之事項時亟請地方維持會以公告之方法宣佈之

第十二條 為執行業務監督起見招聘日本側之顧問及諮議若干名此種薪俸由邊業銀行担負之

第十三條 本辦法依新政權成立將邊業銀行接收完畢而失效

中國側出席人

委員長 袁金鎧 委員丁鑑修 委員李友蘭

委員吳灌依 委員杜榮時代表人（郭尚文 張寶錫 鄧渠珍）

委員顧羨吉 委員陳藝 商業代表葛清舉

商業代表孟廣德 商業代表方煜恩

日本側出席人

市長土肥原賢二 軍部竹下義晴

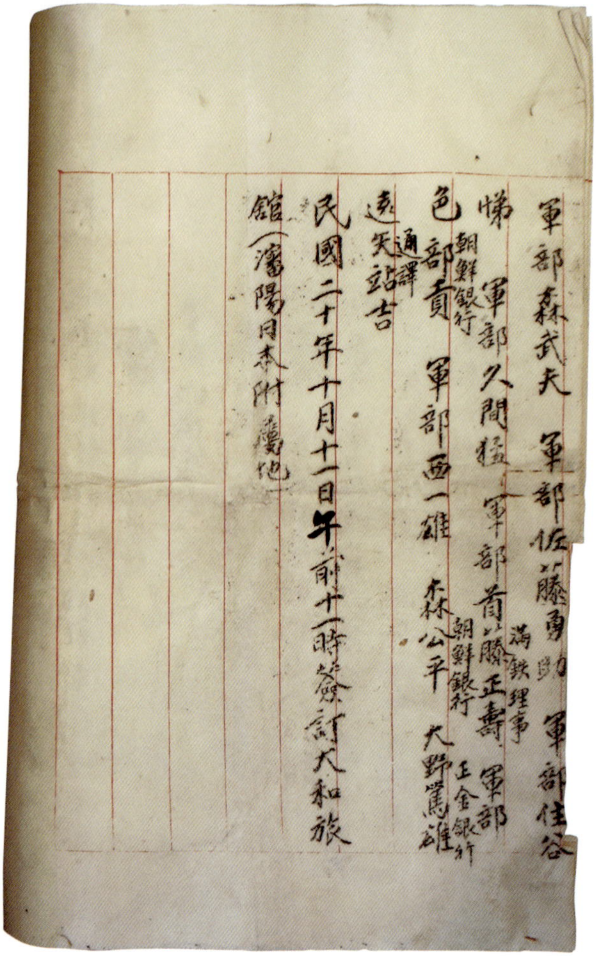
軍部森武夫　軍部佐々藤勇助（满铁理事）　軍部住谷悌　（朝鲜银行）軍部久間猛　軍部首藤正壽　軍部色部貢　軍部西一雄　森公平（朝鲜银行）　大野篤雄（正金银行）　遠矢諮吉（通譯）

民國二十年十月十一日午前十一時簽訂大和旅館（瀋陽日本附屬地）

此件为“边业银行管理办法”的英文稿。

REGULATIONS FOR THE OPERATION OF THE FRONTIER BANK

Section I. General rules.

Article 1. before the settlement of the present incident the local Peace and Order Maintenace Committee have for respecting the original functioning of the bank, facilitating the circulation of money in the market, enabling proper administration of the bank and protecting its advantage, entrusted the administrators with the carrying out of the following rules.

Article 2. the present regulations of the bank will avail except those which are contradictory to article 1.

Section 2. Business

Article 3 Concerning restrictions on public funds.

1. Public funds heretofore deposited are to be temporarily retained and not to be paid.
2. Hereafter, public funds, when deposited, shall be written in a new account book.

Article 4 Concerning restrictions on ordinary deposits.

1. Depositors when found to be debtors to the bank their debts shall be paid first out of their deposits.
2. Deposits may be drawn under the following conditions:

The above rule does not apply to fellow-bankers. Depositors of below $5,000 Mex may be allowed to draw the entire sum at once but those who have deposits of above $5,000 and below

$10,000 are allowed to draw only $6,000 while those having more than $10,000 are allowed to draw only $1,000 per $10,000 (namely: depositors of $20,000 may draw $7,000 of $30,000, $8,000, etc.)

3. Depositors may be allowed to draw once a week.

4. New depositors may draw as they please.

Article 5. Concerning Loans

1. Use every means possible to take back all moneys lent out to government organization heretofore.
2. Do not lend out any more money hereafter unless for the sake of necessity.
3. All branch offices must get the General Bank's consent before any loan is made.
4. All advanced money for subsidiary business shall be cleared up gradually.

Article 6. Concerning remittances

1. Remittances are only allowed to merchants who carry on trade transactions with each other and to individuals who have rightful uses of the sums they send.
2. All the branch offices, which are located outside of South Manchuria Railway Zone, are temporarily required to get the General Bank's consent in regard to remittance of large amount of money.

Section III Money notes

Article 7. All unissued bank-notes shall be sealed up and kept separately. If new bank-notes are required to be issued

so as to take the place of worn-out bank-notes, it is not limited by this rule.

Article 8 Appropriations shall be made before-hand when it is nesessary to issue new bank-notes.

Article 9 Concerning Exchange (1) An exchange station shall be establishe d in the city. (2) Each person is allowed to exchange only 50 silver dollars per day. (3) To carry more than 100 silver dollars out of Moukden is banned.

Appended notes: Article 10 Any one, who violates any of the above rules and regulations, is liable to be find and punished according to the formerly established rules and regulations besides the severe penalty which is to be decided by the Local Peace and Order Maintenance Committee and be inflicted on the violator.

Article 11 The bank, when seeing anything necessary for stabilizing its notes, shall request the Local Peace and Order Committee to inform the public by notification.

Article 12. For the administration & supervision of its business, the bank shall invite certain number of Japanese advisors of Councillors whose salaries are to be paid by the bank.

Article 13. The above rules and regulations shall be null and void when the new government is established and takes back the Fron.Bank.

Members present at the Joint Meeting:

Chinese: Yuan Chin Ka'i, Chairman, Ting Chien Hsiu, Li Yu Lan, Wu Kuan Yi, Tu Jung Shih (represented by Messrs. Kuo Shang Wen, Chang Pao Hsi, Kuo Chi Chen) Meng Kuang Te, Trade Representative.

Feng Yu En, Trade Representative.

Japanese:

Doihara, Mayor of Moukden.

Takeshita (Kwantung Army)

Moritake " "

Sato " "

Smitami " "

Kuma " "

Nishichi " "

Siudo (Executive of S.M.R. Co.)

Irobe (Bank of Chosen)

Morikoo " "

Oya (Yokohama Specie Bank)

Toiya (Interpreter)

The above was signed on the 11th of October, the 20th Year of Republic of China at 11 o'clock in the Yamato Hotel, Japanese Concession, Moukden.

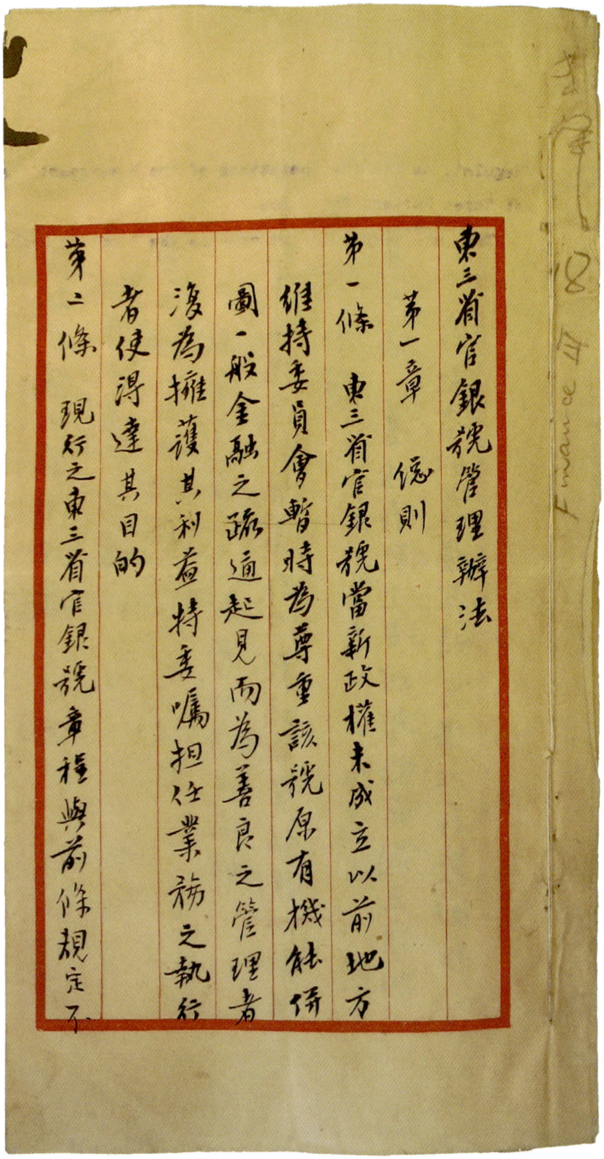

東三省官銀號管理辦法

第一章 總則

第一條 東三省官銀號當新政權未成立以前地方維持委員會暫時為尊重該號原有機能俾圖一般金融之疏通起見而為善良之管理者後為擁護其利益特委囑担任業務之執行者使得達其目的

第二條 現行之東三省官銀號章程與前條規定不

No.18

东三省官银号管理办法

与边业银行极其相似。

Regulations for the operations of the Government Bank of Three **Eastern Provinces.**

They are very much the same as the Frontier Bank.

相抵觸之範圍內應可適用

第二章　營業

第三條　公金辦理設左列之限制

一　原有官署之存款暫行停止支付

二　此後關於官署存欠款項皆由官銀號以新帳計算

第四條　普通存款之支付暫設左開之限制

一　存款者如有貸款時先得以存款劃抵

二　存款支付之限制如左

但關於同業之存款支付得不在此限

現大洋五千元未滿者可以支付全額同五千元以上一萬元未滿之支付須在六仟元以內同一萬元以上每增壹萬元增付壹仟元

三　存款支付每人一週只限一次

四　開業後新存款可得自由存放提取

第五條　貸款須依左列方法

一 原有貸出之官署款項須力圖收回

二 新貸款除於必不得已者外不准出貸

三 對於各分號之新貸款須經總號之許可

四 對於附屬營業之占款宜漸次整理

第六條 辦理匯兌須依左列方法

一 辦理匯兌以商業交易及個人正當用途者為限

二 開業後於滿鉄沿線外之各分號若有大宗匯款時暫須經總號之許可

第三章 紙幣

第七條 未發行之紙幣須嚴封保管

但因紙幣破損有發行新紙幣必要時不在此限

第八條 已發行額以上再新發行紙幣時須有確實之發行準備

第九條 兌換方法暫依左列之限制

一　兑換所只設城内一處

二　兑換限度每人每日以現大洋五十元為限

三　現大洋百元以上禁止携出瀋陽市外

附則

第十條　倘有犯本辦法者依按原有罰則處罰外當依地方維持委員會之決議而行嚴重制裁

第十一條　官銀號為期貨幣之安定若有必要之事項特函請地方維持會以公告方法宣佈之

第十二條　為執行業務監督起見招聘日本側之顧問及諮議若干名此種薪俸由官銀號負担之

第十三條　本辦法依新政權成立將東三省官銀號接收完畢時失效

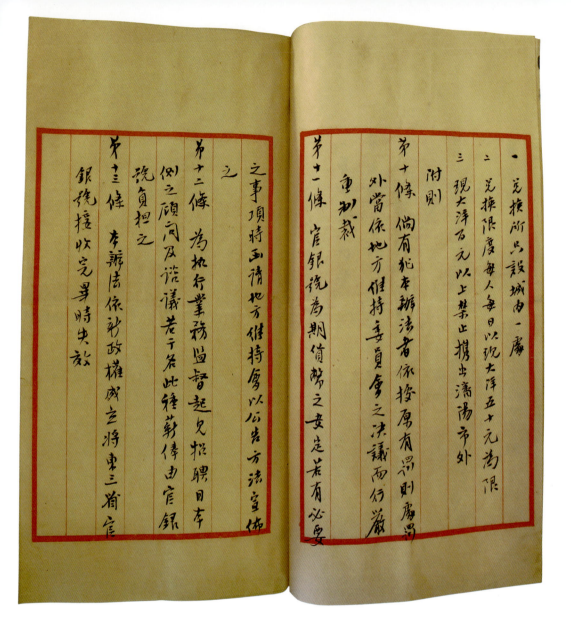

No.19

<u>标题</u>　辽宁省财政厅于9月19日开始配备日本顾问和秘书后重新运行

<u>文中下画线部分</u>　日本顾问和秘书管理财政事务的主张，应受到财政厅的完全尊重。

The Manchuria Daily News
满 英 文
An Independent Daily, Not the Orga...
DAIREN, TUESDAY, OCTOBER 20,
Registered at the I.J.P.O. as a Newspaper
(大正十年二月七日第三種郵便物認可)

Board of Finance of Liaoning Province

Reopened on the 19th

With Japanese Adviser & Secretaries

On the 19th inst., as previously reported, the Finance Board of Liaoning Province was reopened on the provisional regulations outlined as under:—

General Rules

Art. 1 The Local Peace & Order Committee, with a view to restoring and safeguarding the public peace and order and the people's living, seeing the necessity to revive the Provincial Board of Finance, has laid down the provisional regulations for accomplishing the above object.

Organization & Scope of Authority

Art. 2. The Director of the Board of Finance shall be selected by the Local Peace & Order Committee.

Art. 3. The organization and the scope of authority of the Finance Board shall remain as before for the present, what changes are deemed necessary being confined to the minimum.

Art. 4 The Local Peace & Order Committee, with the object of perfecting the working of the financial administration, <u>shall engage a number of Japanese adviser and secretaries whose opinions to be duly respected by the Board in administering financial affairs.</u>

Financial Readjustment

Art. 5 The Local Peace & Order Committee shall organize the Financial Readjustment Committee to take up the plan of how to reorganize the taxation system, how to compile the estimates, etc., the new Committee comprising:

Japanese representative, the representives of Local Peace & Order Committee, Municipal Office, General Guild, and Agricultural Guild, Superintendents, of Finance Board, and Advisers & Secretaries, although the Guilds' representatives are to take part in the meetings considering the taxation system.

Art. 6 The Director of the Finance Board on consulting with the Local Peace & Order Committee shall issue such notices as are deemed necessary for the present purposes, subject to the approval of the Japanese Army, prior to giving them effect.

Art. 7 The Local Peace & Order Committee, when the provisional regulations of the Board of Finance have been got up, shall apply to the Japanese Army for its consent to reopening the Board to business, and shall take steps to actually open it with despatch.

No.20

小学校教科用书临时删正表

TEMPORARY LIST OF CORRECTIONS AND DELETIONS RE PRIMARY & SECONDARY SCHOOL TEXT BOOKS.

1. Primary Schools.

a) Ethical Readers.

"New school system citizen readers" published in the 12th year of Republic of China. by Chung Hwa Book Co.
Third volume: the two characters "National Flag" in the first lesson to be replaced by "School Banner".
Sixth volume: 12th, 13th and 14th lessons to be omitted.
Seventh volume: 8th, and 14th lessons to be omitted.
Eighth volume: 1st, 2nd, & 3rd lessons to be omitted.

b) Chinese Readers

"New school system Chinese Readers" published in the 12th year of Republic of China by the Commercial Press.
First volume: 50th lesson to be omitted.
Fifth volume: 1st lesson to be omitted.
Eighth volume: 1st lesson and last paragraph of the 4th lesson to be omitted.

2. Higher Primary Schools

a) Ethical Readers

"New School system Citizen Readers" published in the 12th year of the Republic of China by the Chung Hwa Book Co.
Second volume: from 11th lesson onwards, all to be deleted.
Third volume: 7th, 8th and 11th lessons to be suspended.
Fourth volume: 1st, 2nd, 3rd and 4th lessons to be suspended
14th lesson to be deleted.

b) Chinese Readers

"New school system Chinese Readers" published in the 13th year of the Republic of China by Commercial Press.
Third volume: 49th & 50th lessons to be deleted.
Fourth volume: 42nd, 44th & 45th lessons to be deleted.

c) History Text Books

"New school system History Lessons" published in the 13th year of the Republic of China by the Commercial Press.
Volume 2: 3rd paragraph of 1st lesson to be deleted.
4th, 16th and 17th lessons to be deleted.
From 20th lesson to the end to be suspended.
" 3: Last two paragraphs of 14th lesson to be omitted.
2nd paragraph of 15th lesson to be omitted.
From 19th lesson to the end to be suspended.

Volume 4: 4th lesson to be suspended.
From 19th lesson to the end to be suspended.

d) Geography Lessons

"New school system Geography Text Books" published in the 13th year of the Republic of China by Commercial Press.
Volume:1:1st, 2nd, 3rd, and 3rd paragraph of 7th lessons to be omitted.
" 3: 2nd paragraph of 7th lesson, 12th, 13th, 14th and 19th lessons to be omitted.
With the exception of the above subjects the authotities of the schools may choose their own text books on other subjects but any material that is not in harmony with the new regime should be removed.

Appended Notes:

1) Besides the above corrections and deletions the teachers may correct or omit, at his own discretion, any wording that is not in harmony with the new regimes as discovered during teaching.
2) In all text books the characters "we" and "our nation" which are not up to date the teacher may correct them as encountered.
3) In the teaching of History & Geography the teachers may use some supplementary local material.
4) As to "Higher Primary School Citizen Reader" there are the plain Chinese style and the literary style. The former is preferable, but in case it is lacking the literary style may be adopted.

3、高小歷史科　採用新學制新撰歷史教科書（民國十三年商務印書館出版）

第二册　第一課第三節刪除第四課第十六課第十七課均刪除由第二十課起以後均停授

第三册　第十四課末二節刪除第十五課第二節刪除由第十九課起以後均停授

第四册　第四課暫停授由第十九課起以後均停授

4、高小地理科　採用新學制新撰地理教科書（民國十三年商務印書館出版）

第一册　第一課第二課第三課及第七課之第三節均刪除

第三册　第七課之第二節又第十二課第十三課第十四課第十九課均刪除

除修身國語史地等科外其餘各科用書由各該校隨意採用但須刪去排外材料

備註

1、除表列刪正者外如教員教授時發現字句間仍含有排外意味者得隨時酌量改正之

2、各科書內關于各種制度與名詞以及我們我國等字樣有與時勢不合者得由教員隨時訂正之

3、教授史地時應由教員隨時補充鄉土教材

4、高小公民課本有語體文言二種以採用語體爲原則如無語體原本時得採用文言

小學校教科用書臨時删正表

（一）初小部

1、初小修身科　採用新學制適用新小學教科書公民課本（民國十二年中華書局出版）

第三册　第一課國旗二字暫改爲校旗

第六册　第十二課第十三課第十四課均删除

第七册　第八課第十四課均删除

第八册　第一課第二課第三課均删除

2、初小國語科　採用新學制國語教科書（民國十二年商務印書館出版）

第一册　第五十課删除

第五册　第一課删除

第八册　第一課删除又第四課末一節删除

（二）高小部

1、高小修身科　採用新學制適用新小學教科書公民課本（民國十二年中華書局出版）

第二册　由第十一課起以後均删除

第三册　第七課第八課第十一課均暫停授

第四册　第一課第二課第三課第四課均暫停授第十四課删除

No.21

原“新小学公民课本”第一册第2页。

旧教科书显示中华民国国旗悬挂在学校门口。

Old School Text Book:

Showing the national flag of China,hung at the door.

No.22

删改后“新小学公民课本”第一册
第 2 页。

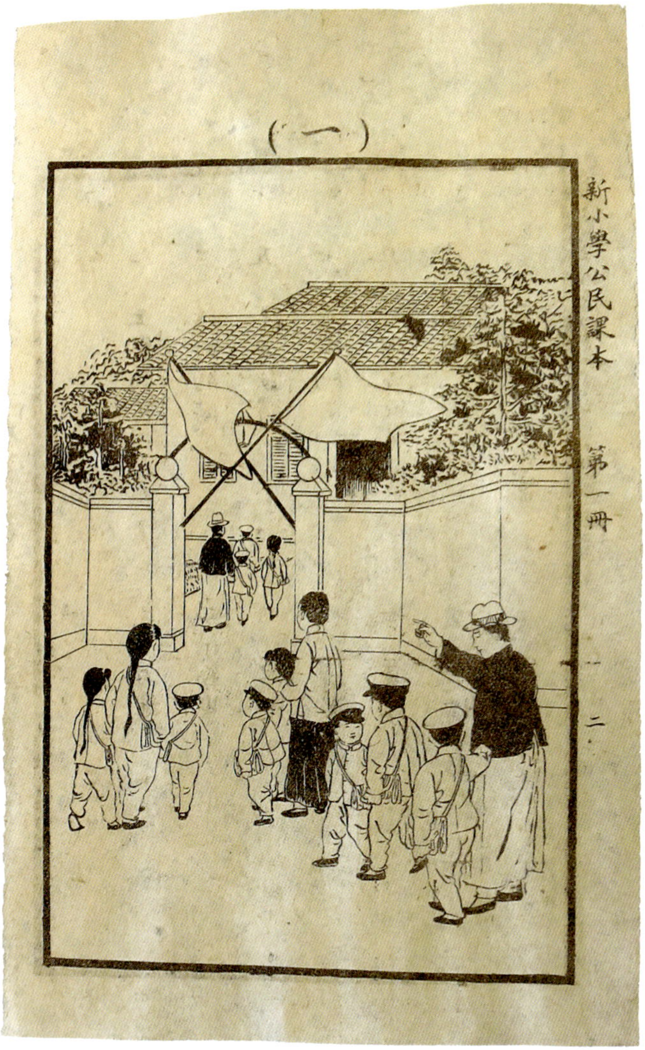

New School Text Book:

Showing in the place of the NATIONAL FLAG of China there is WHITE FLAG!

新教科书显示原来悬挂中华民国国旗的位置悬挂的是白旗。

No.23

原“新小学公民课本”第三册第3页。

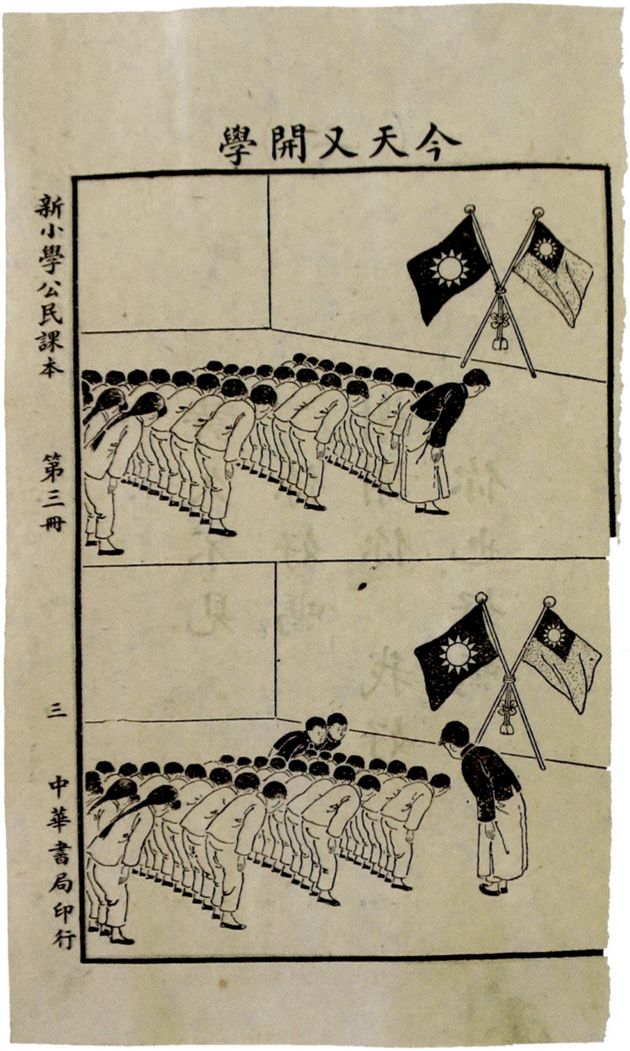

旧教科书显示悬挂的是中华民国国旗。

Old Text Book:

Showing the NATIONAL FLAG of China hung in the front.

No.24

删改后“新小学公民课本”第三册
第 3 页。

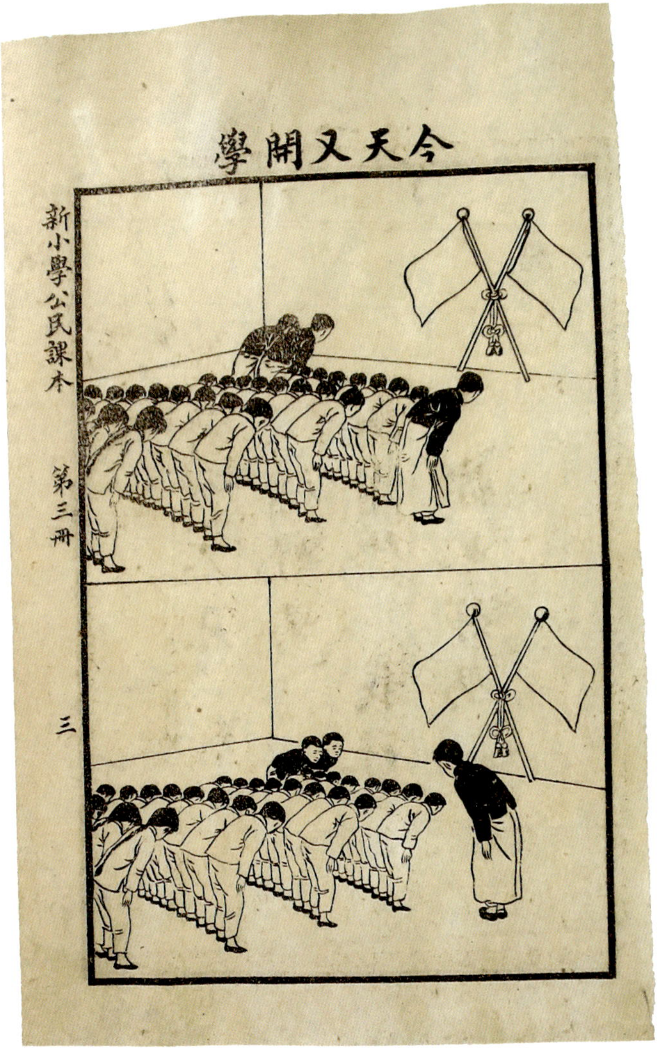

New School Text Book:

Showing in the place of the National Flag of China, there is WHITE FLAG!

新教科书显示原来悬挂中华民国国旗的位置悬挂的是白旗。

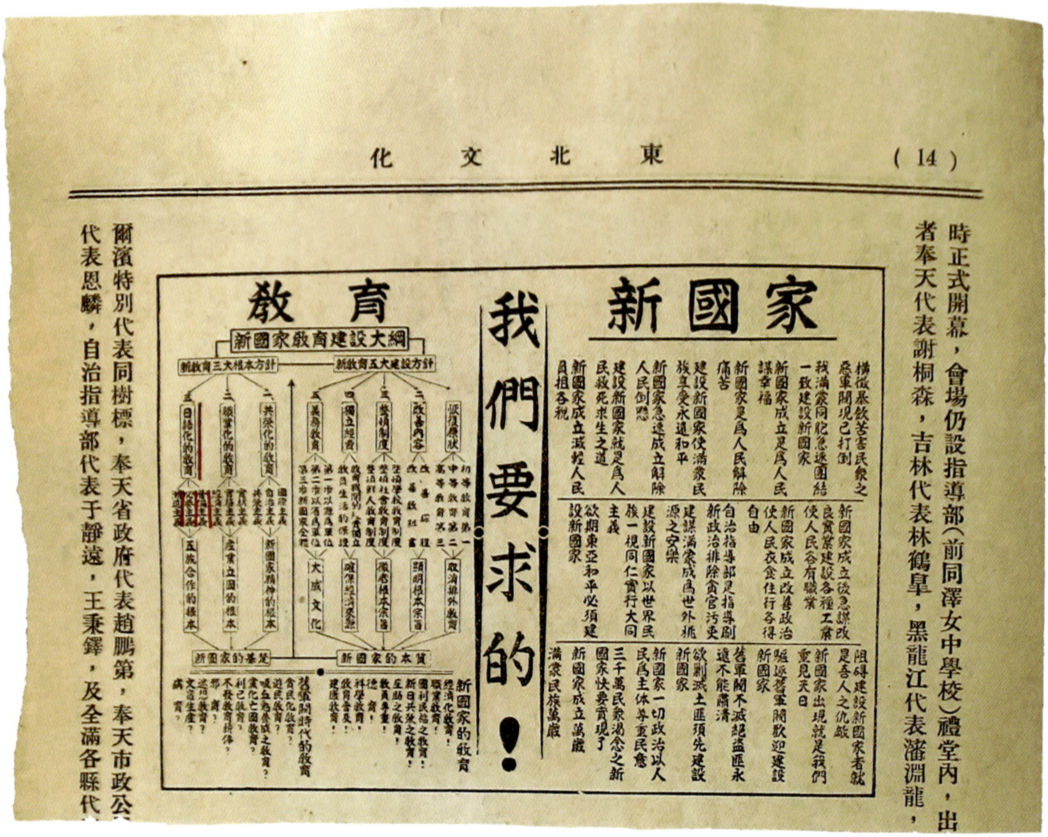

東北文化 （14）

時正式開幕，會場仍設指導部（前同澤女中學校）禮堂內，出
者奉天代表謝桐森，吉林代表林鶴臯，黑龍江代表瀋淵龍，

新國家

橫徵暴斂苦害民衆之惡軍閥現已打倒
我滿蒙同胞急速團結一致建設新國家
新國家成立是爲人民謀幸福
新國家是爲人民解除痛苦
建設新國家使滿蒙民族享受永遠和平
新國家急速成立解除人民倒懸
建設新國家就是爲人民救死求生之道
新國家成立減輕人民負担各稅

新國家成立後急謀改良實業建設各種工業使人民各有職業
新國家成立改善政治使人民衣食住行各得自由
自治指導部是指導刷新政治排除貪官污吏
建設滿蒙成爲世外桃源之安樂
建設新國家以世界民族一視同仁實行大同主義
欲期東亞和平必須建設新國家

阻碍建設新國家者就是吾人之仇敵
新國家出現就是我們重見天日
驅逐舊軍閥歡迎建設新國家
舊軍閥不滅絕盜匪永遠不能肅清
欲剷滅土匪須先建設新國家
新國家一切政治以人民爲主体尊重民意
三千萬民衆渴念之新國家快要實現了
新國家成立萬歲
滿蒙民族萬歲

我們要求的！

教育

新國家教育建設大綱

新教育五大建設方針
一、恢復原狀：初等教育第一　中等教育第二　高等教育第三 → 取消排外教育
二、改善內容：改善課程　改善教科書 → 闡明根本宗旨
三、整頓制度：整頓學校教育制度　整頓社會教育制度　整頓個人教育制度 → 徹底根本宗旨
四、獨立經費：教育經費獨立　教員生活的保障 → 確保經濟來源
五、義務教育：第一步以縣爲單位　第二步以省爲單位　第三步新國家全體 → 大成文化
新國家的本質

新教育三大根本方針
一、共榮化的教育：國際主義　自治主義　共榮主義 → 新國家精神的根本
二、職業化的教育：實業主義　實務主義　經濟主義 → 產業立國的根本
三、日語化的教育 → 五族合作的根本
新國家的基礎

新國家的教育
經濟化教育！
職業教育！
國利民福之教育！
新日共榮之教育！
互助之教育！
教員專重！
德育！
科學教育！
教育普及！
建康教育！

舊軍閥時代的教育
貪民化教育？
愚民教育？
吸血鬼養成之教育？
貴化亡國教育？
利己教育？
不發教育精神？
邪育？
迷信之教育？
文言生產？
病育？

爾濱特別代表同樹標，奉天省政府代表趙鵬第，奉天市政公
代表恩麟，自治指導部代表于靜遠，王秉鐸，及全滿各縣代

《东北文化》上刊登的粉饰“新国家”的文章和《“新国家”教育建设大纲》。

Slogans　　"TEACH IN JAPANESE:"

"Make it unversal!"
"Make it compulsory!"
"Make it go steadily but progressively!"

标语　“用日语教学”“普及日语”“必修日语”“巩固发展日语”

No.26

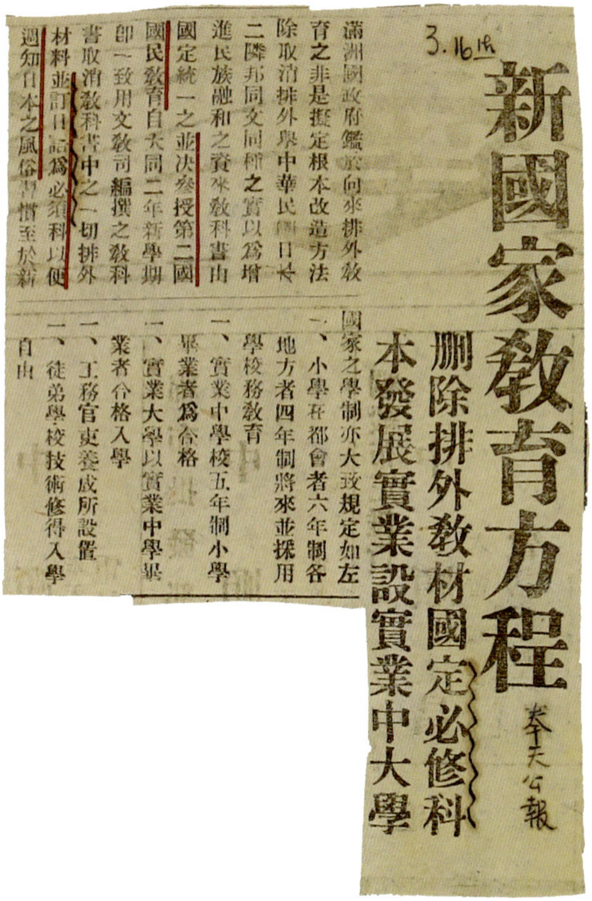

3.16th

新國家教育方程

删除排外教材國定必修科
本發展實業設實業中大學

奉天公報

滿洲國政府鑑於向來排外教育之非是擬定根本改造方法除取消排外學中華民國日本二隣邦同文同種之實以爲增進民族融和之資本教科書由國定統一之並決參授第二國國民教育自大同二年新學期即一致用文教司編撰之教科書取消教科書中之一切排外材料並訂日語爲必須科以便週知日本之風俗習慣至於新國家之學制亦大致規定如左

一、小學在都會者六年制各地方者四年制將來並採用學校務教育

一、實業中學校五年制小學畢業者爲合格

一、實業大學以實業中學畢業者合格入學

一、工務官吏養成所設置

一、徒弟學校技術修得入學自由

EDUCATIONAL POLICY OF THE NEW STATE:

----- ---------"The national education of a second nation" shall be taught in addition to the national education of the New State. The Japanese language shall be made compulsory subject in order to acquaint the scholars with the Japanese customs and habits----

(Fengtien Kung Pao March 16th, 1932, issue)

"新国家"教育方针

……除了"新国家"国民教育以外还要接受"第二国国民教育"。为了使学者认识熟悉日本风俗习惯，要将日语作为必修课……

(《奉天公报》，1932 年 3 月 16 日发行)

No.27

关于土肥原贤二及丁鉴修任职公函

沈海铁路公司公函：兹通知，我等经沈海铁路保安维持会选举为监事长暨会长，履行从前总经理和协理的职责，业于本月12日分别就职。望周知，函请查照为荷，此致

监事长　土肥原贤二　签名

会　长　丁鉴修　签名

中华民国二十年十月十四日

（沈海铁路保安维持会官方封印）

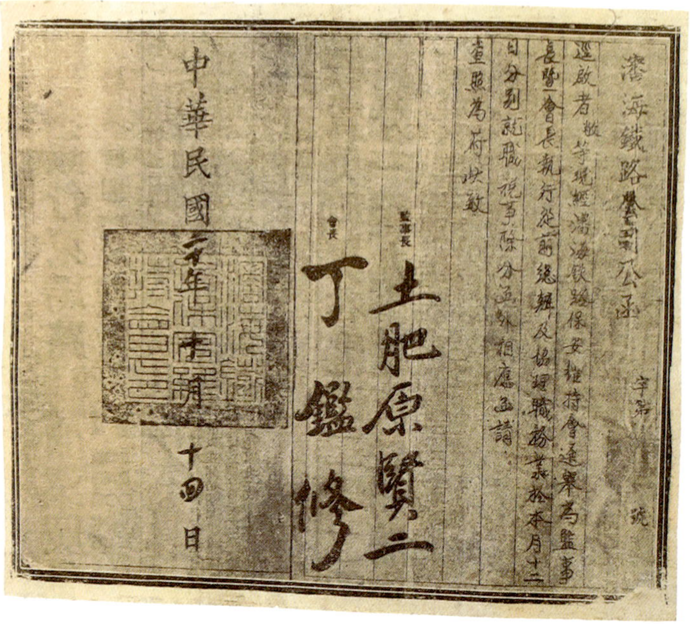

瀋海鐵路公司公函　字第　號

逕啟者敝等現經瀋海鐵路保安維持會選舉為監事長暨會長執行從前總經理及協理職務業於本月十二日分別就職除分函外相應函請

查照為荷此致

監事長　土肥原賢二

會長　丁鑑修

中華民國二十年十月十四日

OFFICIAL NOTIFICATION
RE
THE ASSUMPTION OF OFFICE
BY DOIHARA & TING CHIEN HSIU

We hereby inform you that the authorities of Peace Preservation Association of the Moukden - Hailung Railway have elected us as Managing Superintendent & Chairman to execute the duties of the former General Director & Assistant-Director respectively and we assumed our respective offices on the 12th inst. Besides making it known to the public, you are notified to the same effect.

Signed DOIHARA
Managing Superintendent.
TING CHIEN HSIU
Chairman

The 14th of Oct. of the 20th year of Republic of China.
(with the official seal of the Peace Preservation Association of Moukden-Hailung Railway)

---- The Moukden-Hailung Railway Co. has been instructed by the controlling Department of the Japanese Kwantung Army Headquarters that for the purpose of altering the system of management the title of councillor will be discarded & replaced by Assistant Supervisor, which post is to be occupied by Morita------.
(Manchou Pao Jan. 27th, 1932. issue)

No.28

沈海铁路会长以下原有监事长一人，参事一人，参与监事长之事务。沈海铁路奉关东军统治部训令，为改变规章计，将参事名目取消，改为副监事长，以森田代之充任云。

(《满洲报》，1932 年 1 月 27 日发行)

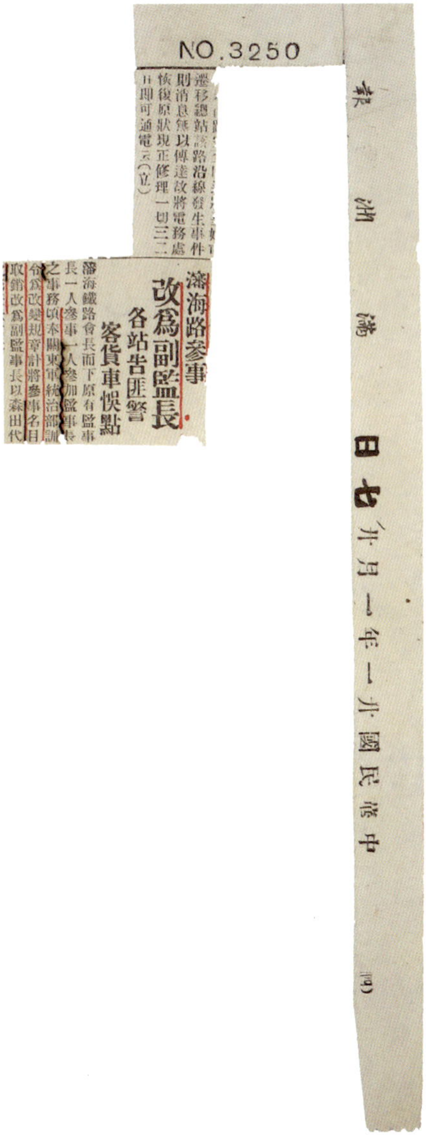
NO.3250

遷移總站該路沿線發生事件則消息無以傳達故將電務處恢復原狀現正修理一切三二日即可通電云(立)

瀋海路參事改爲副監長

各站告匪警客貨車悞點

瀋海鐵路會長而下原有監事長一人參事一人參加監事長之事務頃奉關東軍統治部訓令爲改變規章計將參事名目取銷改爲副監事長以森田代

報洲滿 日七廿月一年一廿國民華中 (刊)

No.29

一封来自锦州的通过日语电报系统发送的电报

一份由锦州发给奉天的电报，通过日语电报系统发送并盖有日本电报局的章。锦州电报局向来使用中文，但自日本人占领后已被日本人接办，所用的中文被日文代替。

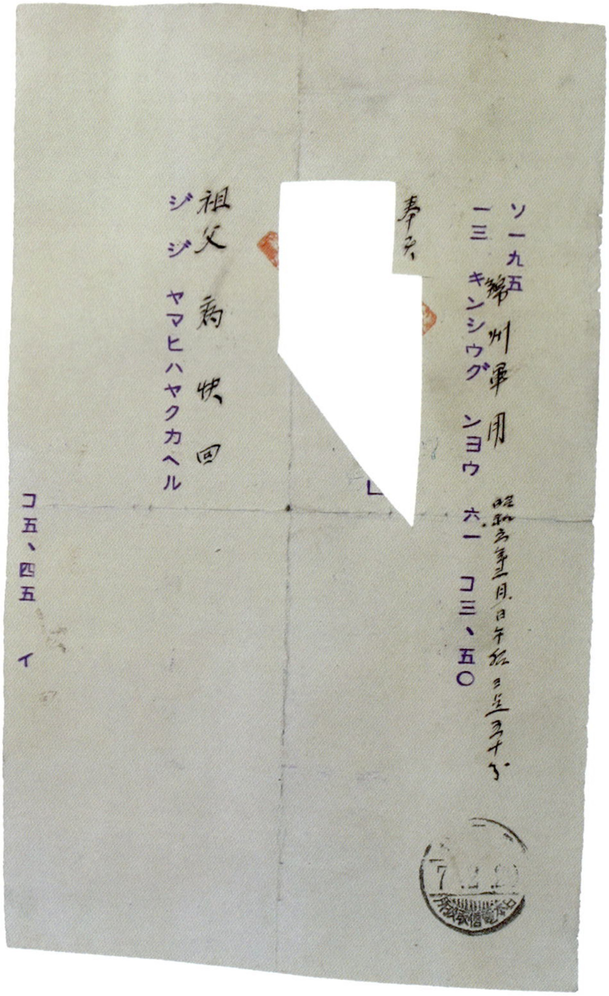

Japanese Telegram system from Chinchow

A telegram from Chinchow to Moukden, transmitted through Japanese telegraph system & with Japanese telegraph office stamp. Chinchow Telegraph Office used to be Chinese but has been taken over by Japanese since they occupied that place.

No.30

日本审查员扣留的邮件

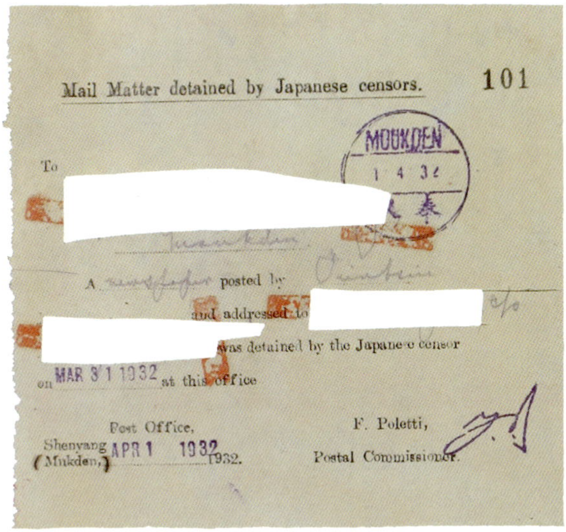

Mail Matter detained by Japanese censors. 101

MOUKDEN 1 4 32 奉

To

Mukden

A newspaper posted by Tientsin

and addressed to c/o

was detained by the Japanese censor

on MAR 31 1932 at this office

Post Office,
Shenyang (Mukden,) APR 1 1932 1932.

F. Poletti,
Postal Commissioner.

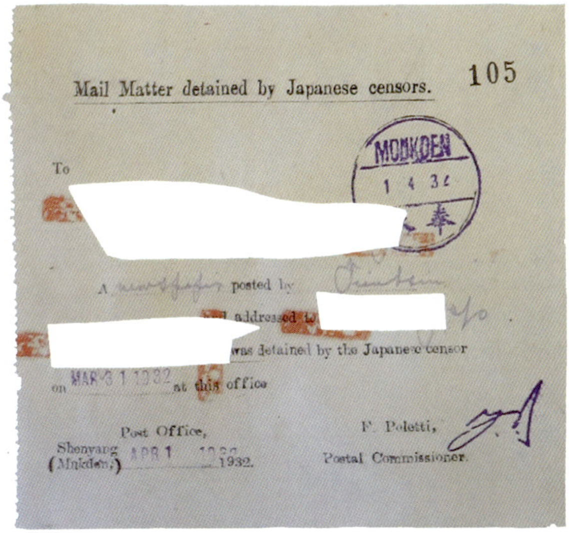

Mail Matter detained by Japanese censors. 105

MOUKDEN 1 4 32 奉

To

A newspaper posted by Tientsin

and addressed to c/o

was detained by the Japanese censor

on MAR 31 1932 at this office

Post Office,
Shenyang (Mukden,) APR 1 1932 1932.

F. Poletti,
Postal Commissioner.

No.31

LETTERS CENSORED BY JAPANESE GENDARMERIE

These above two letters bearing the stamps of the Japanese Gendarmerie, Mukden, on which the words:
"Censored by Japanese Gendarmerie" are shown.

被日本宪兵审查的信件

上面两封信带有奉天日本宪兵队印章，印章上显示有“日本宪兵队检阅济”字样。

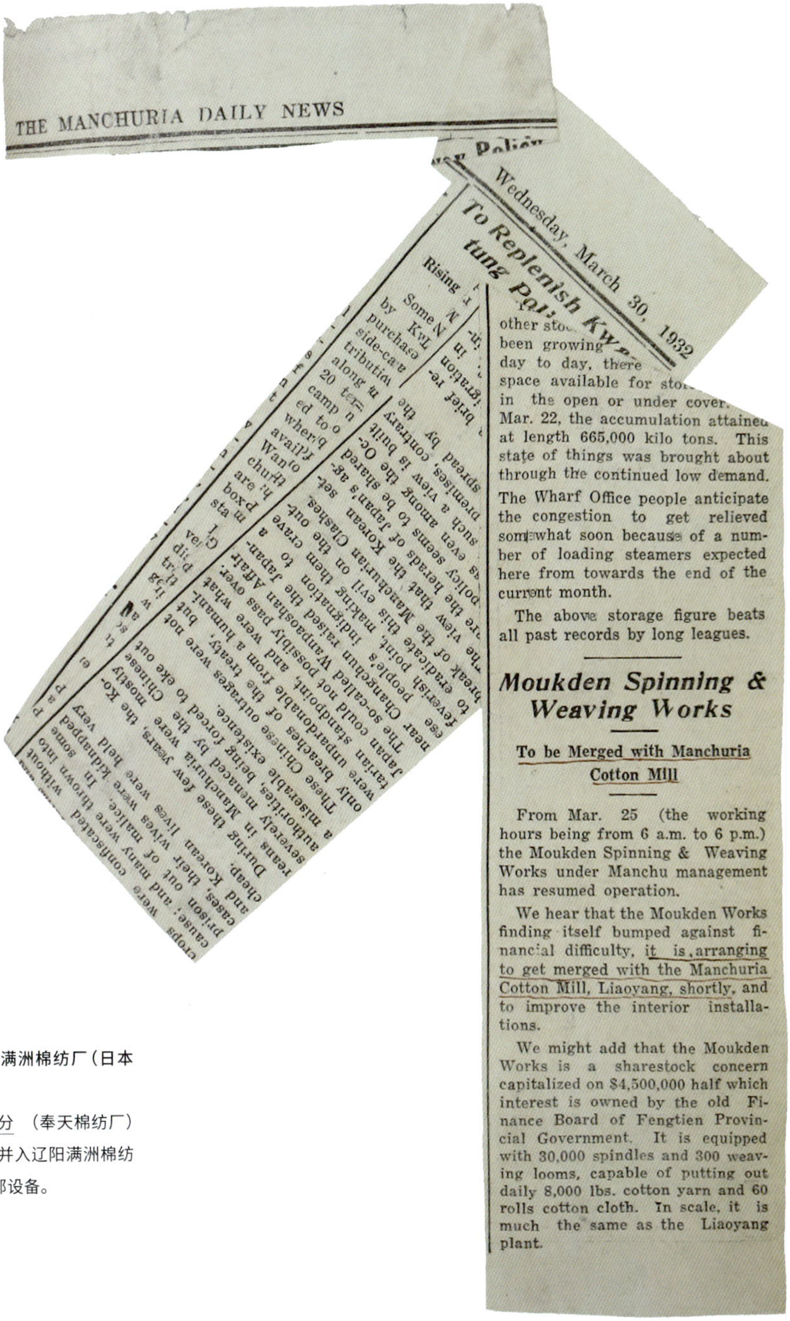

THE MANCHURIA DAILY NEWS

Wednesday, March 30, 1932

To Replenish Kw…

…other sto… been growing… day to day, there… space available for stor… in the open or under cover. … Mar. 22, the accumulation attained at length 665,000 kilo tons. This state of things was brought about through the continued low demand.

The Wharf Office people anticipate the congestion to get relieved somewhat soon because of a number of loading steamers expected here from towards the end of the current month.

The above storage figure beats all past records by long leagues.

Moukden Spinning & Weaving Works

To be Merged with Manchuria Cotton Mill

From Mar. 25 (the working hours being from 6 a.m. to 6 p.m.) the Moukden Spinning & Weaving Works under Manchu management has resumed operation.

We hear that the Moukden Works finding itself bumped against financial difficulty, it is arranging to get merged with the Manchuria Cotton Mill, Liaoyang, shortly, and to improve the interior installations.

We might add that the Moukden Works is a sharestock concern capitalized on $4,500,000 half which interest is owned by the old Finance Board of Fengtien Provincial Government. It is equipped with 30,000 spindles and 300 weaving looms, capable of putting out daily 8,000 lbs. cotton yarn and 60 rolls cotton cloth. In scale, it is much the same as the Liaoyang plant.

奉天纺织厂被满洲棉纺厂（日本人控制）吞并

文中下画线部分 （奉天棉纺厂）目前正被安排并入辽阳满洲棉纺厂，并改善内部设备。

No.33

本庄繁大赦布告

大日本军司令官　本庄繁

昭和六年九月二十三日

PROCLAMATION RE AMNESTY.

The undersigned has observed that an innumerable number of the innocent people of Fengtien have all along these years been oppressed and tortured by the officials and militarists and imprisoned. Now this place has been fully occupied by the Japanese Imperial Troops, and order and peace will soon be restored. Acting on the old maxim "Rescue the innocent and punish the guilty", and in order to carry out a part of the good administration, those pitiable prisoners will be released and sent back to enter upon their respective business afresh. In case any of the released fails to appreciate the mercy and commits crimes again, he will be severely dealt with without further pardon when the case is reported. The public is hereby notified to this effect.

By order

HONJO

Commander-in-Chief of the Japanese Forces.

Sept.23, the Six year of Chiowa.

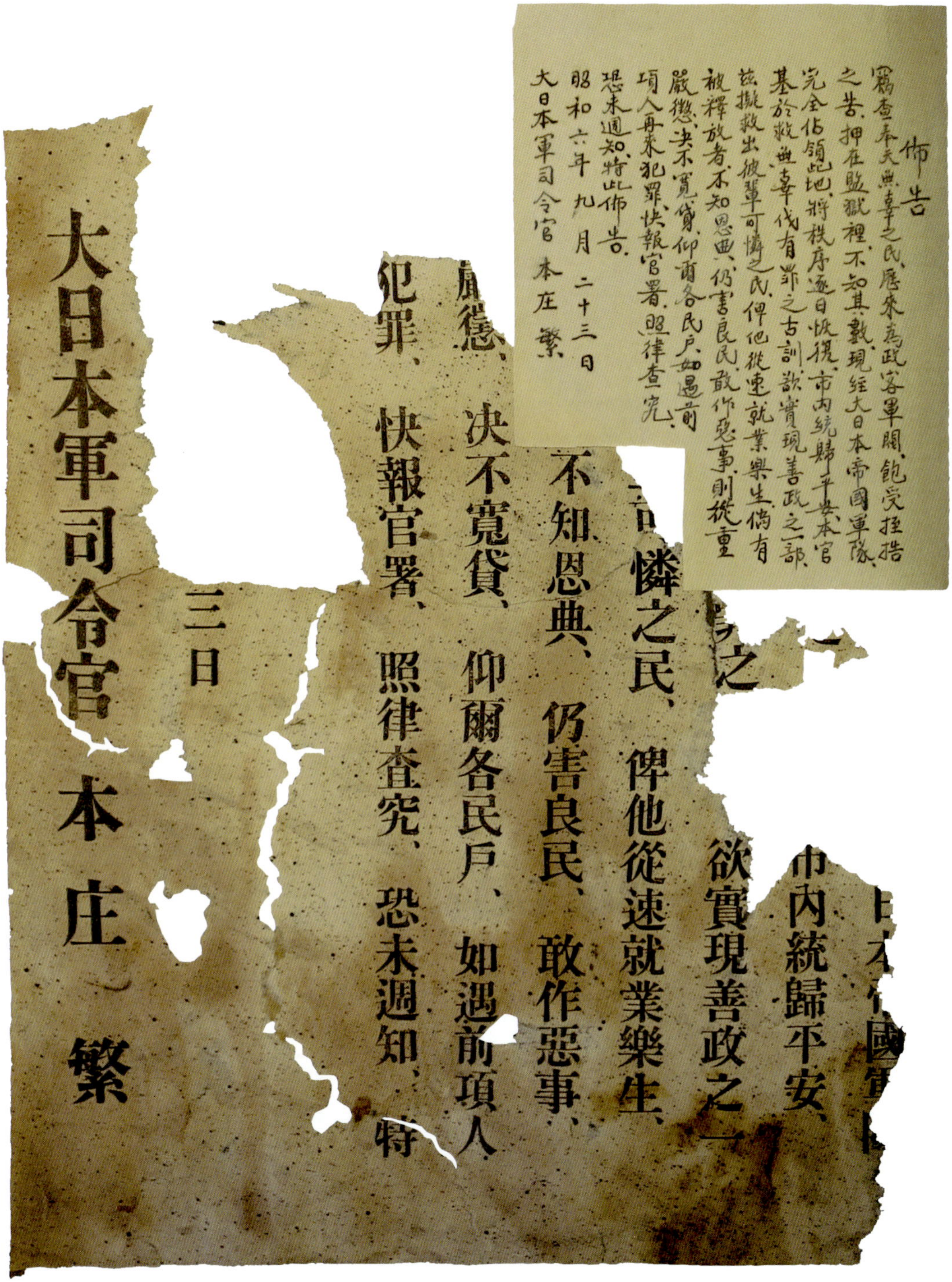

佈告

竊查奉天無辜之民、歷來為政客軍閥、飽受[illegible]之苦、押在監獄裡、不知其數、現經大日本帝國軍隊、完全佔領此地、將秩序逐日恢復、市內統歸平安、本官基於救無辜伐有罪之古訓、欲實現善政之一部、茲擬救出彼輩可憐之民、俾他從速就業樂生、倘有被釋放者、不知恩典、仍害良民、敢作惡事、則從重嚴懲、決不寬貸、仰爾各民戶、如遇前項人再來犯罪、快報官署、照律查究、恐未週知、特此佈告。

昭和六年九月二十三日

大日本軍司令官 本庄繁

日本帝國軍隊

市內統歸平安、

欲實現善政之一

之

憐之民、俾他從速就業樂生、

不知恩典、仍害良民、敢作惡事、

嚴懲、決不寬貸、仰爾各民戶、如遇前項人

犯罪、快報官署、照律查究、恐未週知、特

三日

大日本軍司令官 本庄 繁

No.34

关东军司令官本庄繁委任奉天市日本人市长及其他成员布告

关东军司令官本庄繁
昭和六年九月二十日

Lt.-General Honjo's notification re appointments of Japanese Mayor and other staff for Mukden

1. In view of the condition of the vicinity of Mukden city and the furthering of the welfare of both Chinese and Japanese officials and civilians from the 20th of Sept. of the 6th year of Chiowa(Chaoho), there will be appointed Japanese and Chinese officials administering the provisional municipal affairs in the specified areas under the direction of the military authorities.

2. The boundaries of the specified areas are to include the inside of the Mukden city and the commercial settlement. The Japanese concessions is to remain as it was.

3. The municipal affairs are to be administrated in the Municipal Hall, which is located on the main street inside the small west gate.

4. The scope of the municipal affairs includes all matters related to the Mukden city except affairs specially pointed out .

5. The following members are the principal staff:

Mayor: Doihara   Secretary to Mayor:Tomimura
Chief of general affairs: Yihotami
" " police force : Tzruoka
" " finance dept. : Mitztami
" medical office-r : Morida
" of the engineering & technical dept.: Yoshikawa

In addition to the above main staff there may be appointed Chinese & Japanese as cooperated members

6. The other details will be announced later.

Signed: Honjo,Com.-in-chief of Jaoanese Kwantung Army

20th Sept. of 6th year of Chiowa(Chaoho)

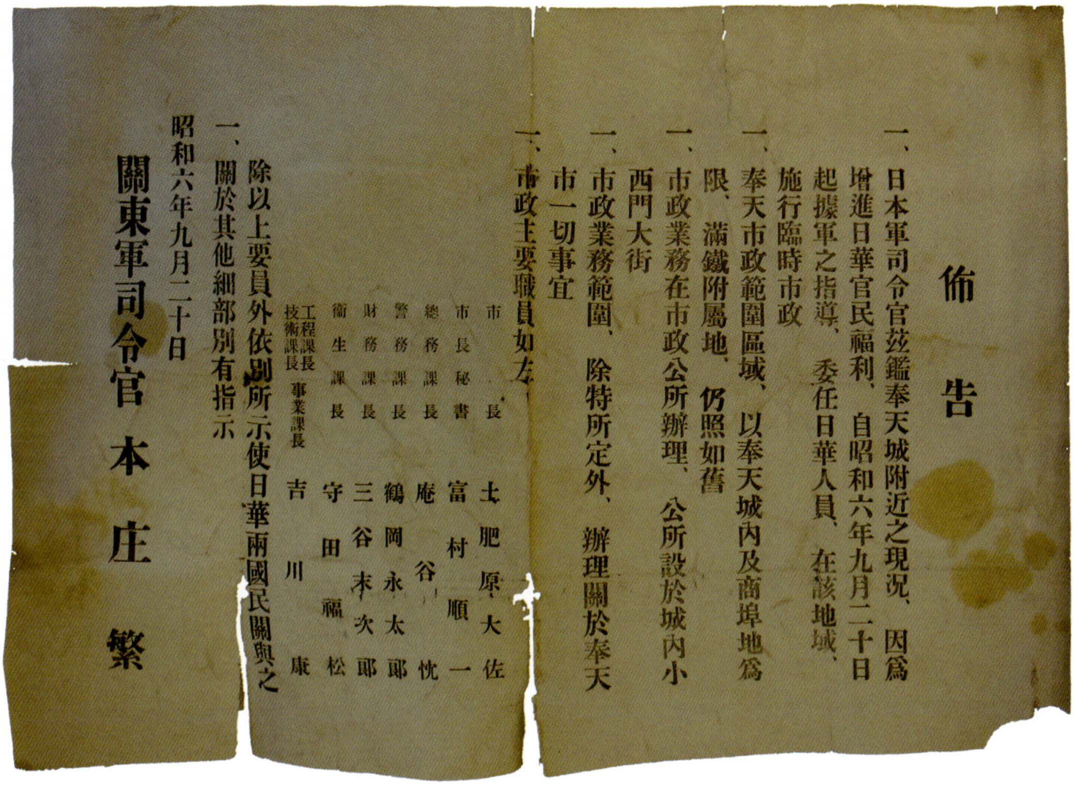

佈告

一、日本軍司令官茲鑑奉天城附近之現況、因爲增進日華官民福利、自昭和六年九月二十日起據軍之指導、委任日華人員、在該地域、施行臨時市政

一、奉天市政範圍區域、以奉天城內及商埠地爲限、滿鐵附屬地、仍照如舊

一、市政業務在市政公所辦理、公所設於城內小西門大街

一、市政業務範圍、除特所定外、辦理關於奉天市一切事宜

一、市政主要職員如左

市長 土肥原大佐

市長秘書 富村順一

總務課長 庵谷忱

警務課長 鶴岡永太郎

財務課長 三谷末次郎

衛生課長 守田福松

工程課長 技術課長 事業課長 吉川康

除以上要員外依別所示使日華兩國民關與之

一、關於其他細部別有指示

昭和六年九月二十日

關東軍司令官 本庄 繁

No.35

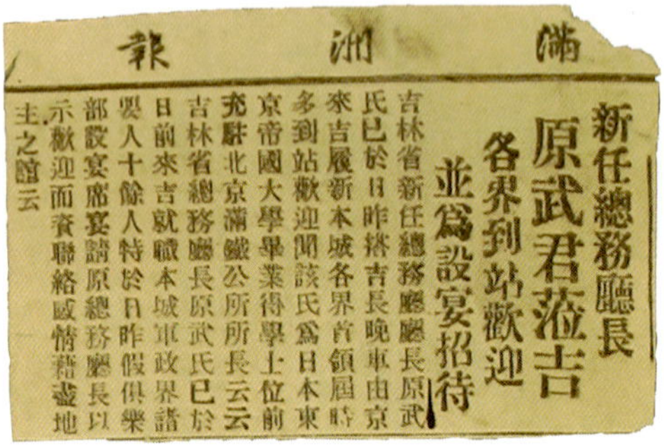

滿洲報

新任總務廳長
原武君蒞吉
各界到站歡迎
並爲設宴招待

吉林省新任總務廳廳長原武氏已於日昨搭吉長晚車由京來吉履新本城各界首領屆時多到站歡迎聞該氏爲日本東京帝國大學畢業得學士位前充駐北京滿鐵公所所長云云

吉林省總務廳長原武氏已於日前來吉就職本城軍政界諸要人十餘人特於日昨假俱樂部設宴席宴請原總務廳長以示歡迎而資聯絡感情藉盡地主之誼云

There has been appointed a new chief Haratakei(Japanese) for the general executive bureau of Kirin Province. (Manchupao)

新委任日本人原武为吉林省总务厅厅长。(《满洲报》报道)

No.36

Photo showing
Chinese Police
wearing the
badge.

PHOTO OF POLICE ARM BADGE

Photo of Arm Badge worn by the police of Moukden. Stamp of Japanese Gendarmerie at its centre illustrated.

照片显示奉天警察佩戴的臂章，其中央印有日本宪兵队图章。这个臂章于1932年4月15日上午被移除。

This badge was removed on the morning of the I5th, April I932.

No.37

给各区(县)的
第811号命令
和
对自治指导部的指示

-:○:-

[摘要]按日军司令部指令,和田与毛户将去公主岭和其他区(县)为保安队招募新兵,敦促各区(县)给予协助

1932年1月7日草拟

1932年1月8日封印发送

省长:臧式毅　签名

顾问:金井(日本人)签名

秘书长:曹鹏悌(音译)签名

<u>发给各区(县)的</u>
<u>命令全文</u>

日军司令部指派的和田与毛户将去公主岭、梨树、昌图、铁岭、开原、奉天、抚顺、本溪湖、凤城、安东、海城、开平、阜新、营口和辽阳为保安队招募新兵。命令你们协助他们,并对他们的工作予以方便。

<u>发给自治指导部的</u>
<u>指示全文</u>

日军司令部指派的和田与毛户将去公主岭、梨树、昌图、铁岭、开原、奉天、抚顺、本溪湖、凤凰城、安东、海城、开平、阜新、营口和辽阳为保安队招募新兵。除指示各区(县)予以协助和方便外,我拜托你们按此指示行事。

Order NO. 811 for the various districts(Hsien)

and

note to Self-government Guidance Department

-:o:-

(abstract) to render assistance to Wada and Keda under the order of the Japanese Army Headquarters in recruiting men for peace preservation corps at Huaiteh and other districts(Hsien)

Drafted Jan. 7th, 1932.

Sealed and despatched Jan. 8th, 1932.

Signed(stamped): Governor: Tsang

" " Advisor: Kanai(Japanese)

" " Head Secretary: Chao Peng Ti

<u>Full text of the order for the districts</u>

Wada and Kedo under the order of the Japanese Army Headquarters will go to Huaiteh, Lishu, Changtu, Tieling, Kaiyun, Shenyang, Fushun, Penhsihu, Fenghuangcheng, Antung, Haicheng, Kaiping, Fuhsien, Yinkow, and Liaoyang, to recruit men for the peace preservation corps. You are instructed to assist them in their operation and give them facilities upon their arrival.

<u>Full text of the note to Self-government Guidance Dept.</u>

Wada and Kedo under the order of the Japanese Army Headquarters will go to Huaiteh, Lishu, Changtu, Kaiyuan, Tiehling, Shengang, Fushun, Penhsihu, Fenghuangcheng, Antung, Haicheng, Kaiping, Fuhsien, Yingkow, and Liaoyang, to recruit men for the peace preservation corps. Besides instructing the respective districts to give assistance and facilities I beg to inform you to that effect.

No.38

奉天城内宪兵队渡边勇名片

奉天城内宪兵队　渡边勇
日本电话：3685

强迫奉天商务总会签署事先写好的、要求建立“新国家”和解散当地保安维持会的请愿书的人，就是渡边勇。

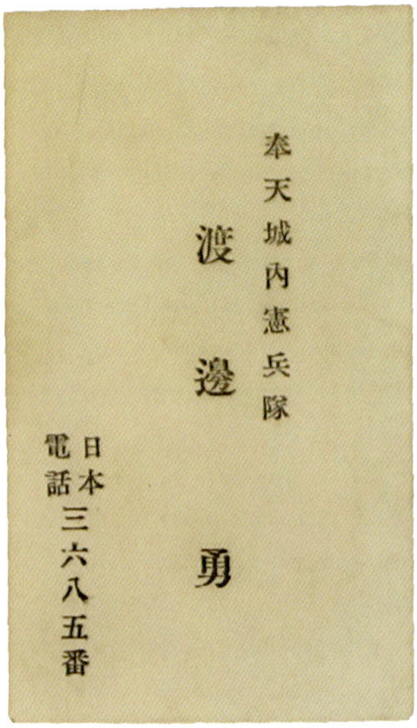

WATAHIN

Phone No.2685　　　　Gendamerie of Mukden City

This is the man who compelled the executives of the Chamber of Commerce of Mukden to sign the already drawn up written appeal that they wanted a new government established and the Local Peace and Order Maintenance Association dissolved.

The statement of one of the executives of the Chamber of Commerce, Mukden, re the fact that Japanese compelled them to dissolve the Local Peace and Order Maintenance Committee.

On December the 15th, 1931, Mayor Chao Hsin Po, acting on the order of Lt.-Gen. Honjo, called a meeting of Chamber of Commerce under the pretext of discusion on trade tax. But when the meeting begun he brought in some one hundred armed police actually with their guns loaded and ready for action togather with the Japanese gendarme, Watahin, forcing those present at the meeting to sign on an already written resolution prepared at the Municipal Hall. No body was allowed to go through the entrance at the meeting. The resolution is as follows:-

"The representatives of the gentries and marchants of Mukden unanimously resolved that the Local Peace & Order Maintenance Committee and all its subsidiary organs be asked to dissolve, and that Governor Tsang Shih Yi be earnestly invited to assume the Governorship of Liaoning Province."

After the resolution was signed, Mayor Chao Hsin Po compelled the audience to go with him to the Local Peace and Order Maintenanc Committee, accompanied by police, where Yuan Ching Kai was shown the resolution. Under such circumstance Yuan could do nothing but accept it. The Committee was consequently dissolved. Yuan was also urged to sign a statement to the effect in the name of the Committe that he agreed to its dissolution and the invitation of Governor Tsang to assume Governorship of Mukden Province. After the dissolution of the Committee was announced by Yuan Chin Kai he was urged by Mayor Chao to proceed to Governor Tsang's residence. Tsang who had been released 24 hours previously by Japanese Gendarmerie looke very sad when he was interviewed. Yuan Chin Kai and others shew him the former's statement re the dissolution of the Committee and the

No.39

奉天商务总会一位经理，关于日本人强迫他们解散地方保安维持会的声明

1931年12月15日，赵欣伯"市长"遵照本庄繁将军的指令，在讨论贸易税的托词下，召开商务总会会议。但当会议开始时，他带进一百多名荷枪的武装警察和准备一起行动的日本宪兵。渡边勇强迫与会者签署事先已在市政厅草拟好的决议。不准任何人进入会场。其决议如下：

奉天的绅士和商人代表们一致议决，要求解散地方保安维持会及其所有下属机构。并诚挚邀请臧式毅担任"奉天省省长"职务。

在决议签署之后，赵欣伯"市

appeal for his assumption of Governorship of Mukden Province. During the interview Governor Tsang was being under strict supervision by Japanese, Watahin and Yokoyama. Therefore he agreed and left the house with Yokoyama in a car.

The above is brief statement of what was actually happening on that day.

Signed

* 签名人物被挖掉。
——译者注

长”在警察陪同下，强迫与会者与他一起赶往地方保安维持委员会。在那里，这份签署好的决议被展示给袁金铠。在这种情况下，袁除了认可之外，不能做任何事情。委员会随之解散。袁也被要求在那个同意解散地方保安维持会并邀请臧式毅省长就任“奉天省省长”的声明上签字。在袁金铠宣布委员会解散以后，他在赵“市长”的催促下，来到臧省长寓所。当会见臧时，看臧的样子很悲戚黯淡。臧是在 24 小时前才被日本宪兵队释放的。袁金铠等人向臧展示了关于解散地方保安维持会和邀请他担任“奉天省省长”的声明。在此过程中，臧式毅一直处在日本人渡边勇和横山的严密监视之下。因此，他不得不点头，和横山一起坐车离开。以上就是那天发生的实际情况的简要声明。

签名：*

No.40

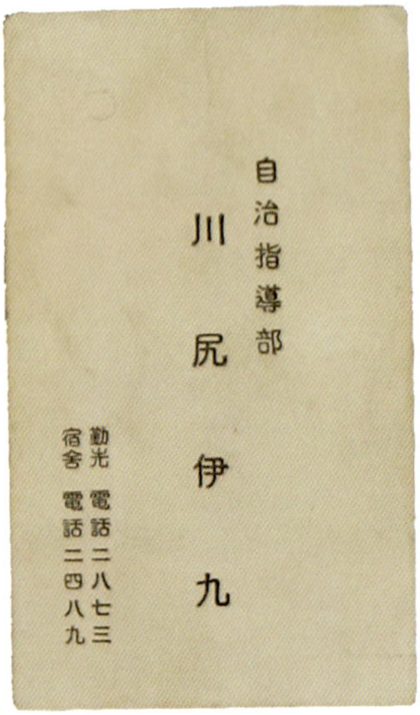

KAWASHIRI

Self-government
Guidance Dept.
Office Phone No.2873
Residence " No.2489

自治指导部川尻伊九的名片

自治指导部　川尻伊九
办公室电话　2873
住宅电话　2489

就是川尻伊九强迫奉天教育工作者发表了关于建立“新国家”声明。

This is the man who compelled the educators in Mukden to issue a manifesto re the establishment of the New State.

Self-Government Guiding Department, Moukden

Another Proclamation Addressed to 30,000,000 People

To Initiate Them into Privileges of Free Citizens

The Self-Government Guiding Department of Fengtien Provincial Government (President Yu-chung-han) distributed 50,000 copies of another proclamation addressed to the 30,000,000 people in the Northeast on the 7th inst., in order to pave the way to founding a new State in place of the old corrupt government of the warlords.

The same address reads in substance:—

Elders and Young People in the Northeast:

The present Northeast faces the need of developing quickly a great community movement in the shape of establishing a new independent State in Manchuria and Mongolia. You must feel a very keen interest and hope in what shape the new State is going to assume. An announcement is intended to be published on the subject before long, and in the meantime, you are asked to hold your patience.

You remember how your elders in whom you repose your confidence, organized the Self-Governing Offices to preserve peace and order immediately after the Sino-Japanese outbreak.

This Self-Government Guiding Department was founded at Moukden on Nov. 10. These two institutions are cooperating to promote the common welfare of the Province people. The Department is devoting its attention to preparing the Province people for the reorganization of the Prefectural Governments on a clean, commonsense basis, the two running along the same grooves, with a view to enforcing peace and order amidst the lingering state of chaos, and to perpetuate the growing well-being of the people.

Dec. 16 in the 20th year of the Chinese Republic (1931) was indeed a memorable day on which the Self-Governing Provincial Government, under President Yuan-chinkai, got dissolved and the new Fengtien Provincial Government was brought into existence under Lt.-Gen. Tsang-shihyi.

This Department is still preserved, persevering in its work to rouse the people's longings for a good, clean, and fair administration.

This Department sent out to over 20 of altogether 58 Prefectures (Liaoning Province having been renamed Fengtien Province) on Nov. 30 last in order to initiate the authorities concerned into the genius of the new administration. We are planning to cover the other Prefectures, and also, in course of time, other Provinces, too.

You should be up and doing.

The old warlords, who were your common enemy, are nearly extinct, making room for a new strong, wholesome rule.

By the new rule is meant the deliverance of the Northeastern people from the extortions and tyranny of the old corrupt reign. An ideal Paradise Land is in course of construction by our joint strenuous efforts. You are on the fairway to come by the freedom never yet enjoyed. For the military clan that bled you white and was given to accumulating selfish gain, always fighting for supremacy, in neglect of the people and their welfare, has disappeared.

The day of emancipation for the 30,000,000 people is not long to wait for. If there be any hypocrite amongst you, acting against the cause of the dawning Paradise Land in the Northeast, it behoves you all to oppose such hypocrite stoutly and without hesitation.

We will all put our shoulders to the consummation of our ideal by building up the new State on the basis of the spirit of self-government. Let us march with a steady heart and tread towards the racial harmony.

Many difficulties will loom up in our path, but we shall struggle onward along the high road of right and justice to complete the great mission of ours.

Young people of the Northeast:— You should serve as the plucky vanguard of the revolutionary movement, besides acting as an efficient factor in the Self-Government Guiding Department.

Let us work hard in cooperation on the following mottoes:—

(1) Maintenance of peace and order or elimination of hunghudze curse.

(2) Improvement of people's living or to encourage thrift and savings and to sever all connections with all extorting mediums.

(3) To undermine Chang-hsuehliang's government and his military clan.

(4) Fair, clean administration or to better pays of Prefecture officials and to stop the vicious practice of bribery.

(5) Revival of education or restoration of schools.

(6) Development of industry and communications or improvement of production and distribution systems; especially in rural district, sales of produce and purchase of necessaries to be made on a union basis.

(7) Publication of financial accounts.

(8) Economy in expenditure or reduction of taxes and troops.

(9) Treatment of all on equal footing or abolition of all racial discriminations.

The brethren of the Northwest: We will join our endeavours for the common aim. Let us shake off all the vices of the past and march on the high road to our goal by mutual trust and respect.

A chance, as offered at present, once let slip, will not be caught till the Greek calends.

Let us get solidly united in the establishment of the new State and in the regulation of life by the spirit of Self-Government.

January 1 in the 21st year of the Chinese Republic (1932).

No.41

标题　奉天自治指导部致三千万国民布告

(《满洲每日新闻》，1932 年 1 月 18 日报道)

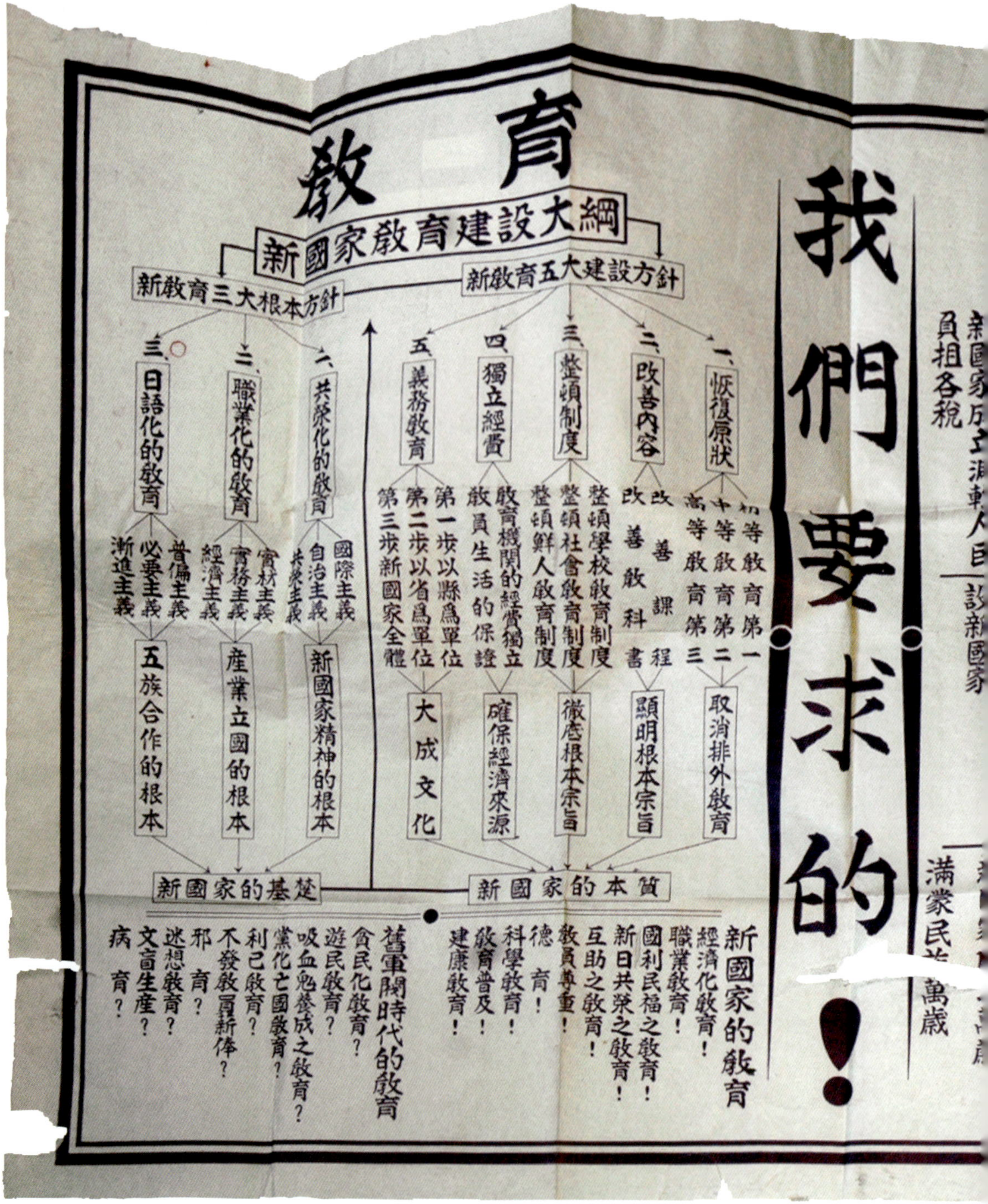

<u>ONE OF THE BIG POSTERS</u>

(The style of writing and wording is TYPICALY JAPANESE)

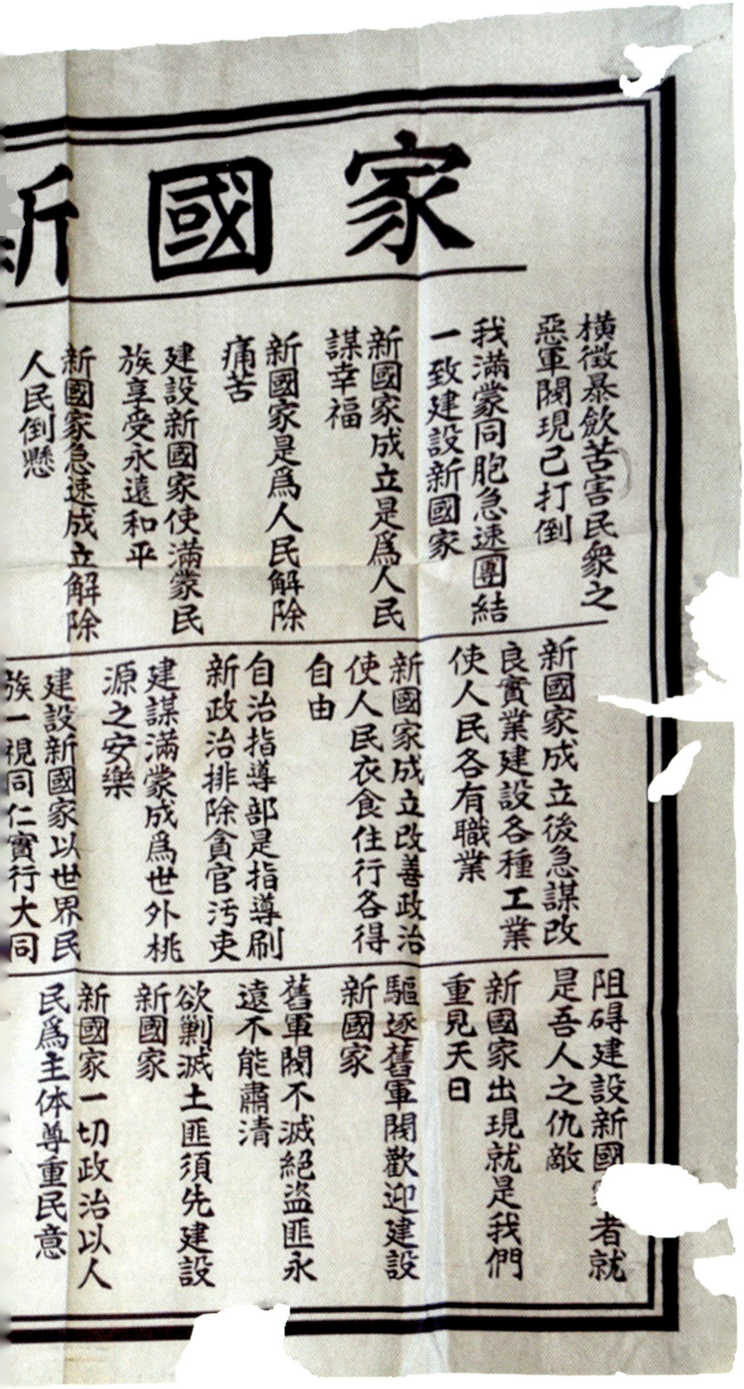

No.42

一张宣传东北“自治”的大海报。（语句与措辞是典型的日文模式。）

No.43

《“建国”庆祝纪念》龙书卷，自治指导部，大同元年三月十一日发行。

DRAGON BOOK

Issued on the 11th of March,1932. by the Self-government Guidance Dept.

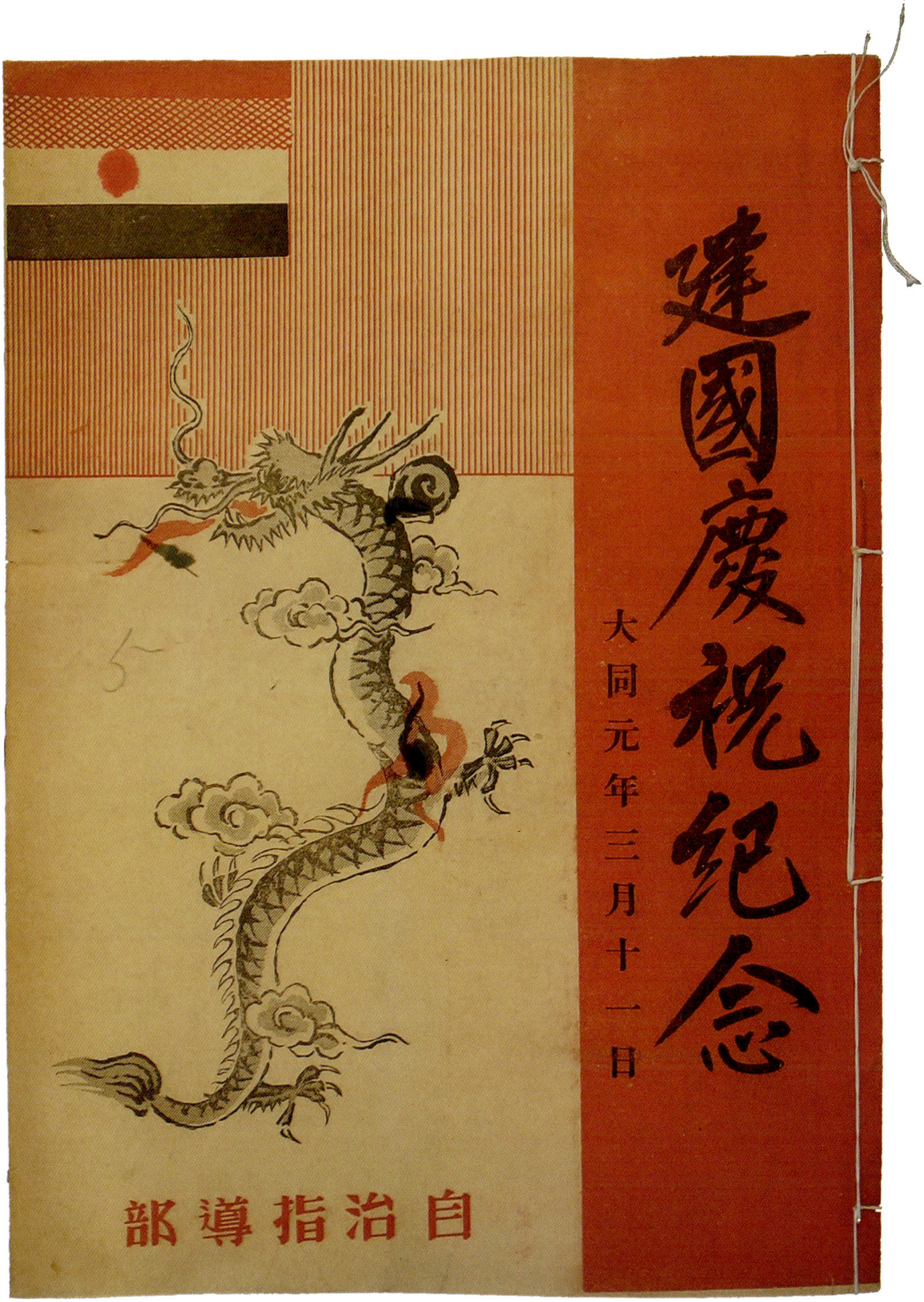
建國慶祝紀念
大同元年三月十一日
自治指導部

一、國號　滿洲國

二、國體　立憲共和國

三、首都　長春

四、元首之稱呼　執政

五、國旗　國旗爲方形、旗地四分之三爲黃色、左上角四分之一內均分赤、青、白、黑四色橫列之、旗地之所以爲黃者、黃色乃中國人之所好也、同時以表徵滿洲之意、左上角之四分之一橫畫赤色表示熱情、青色表示青春活潑、白色表示純眞公平、黑色表示堅忍不拔同時使其表現滿漢蒙其他之民族關係者也。

六、年號　大同

七、版圖　舊奉天省吉林省黑龍江省

八、面積　四、七六四、〇〇〇方里

九、人口　二七、九四七、五八三人

一

No.43

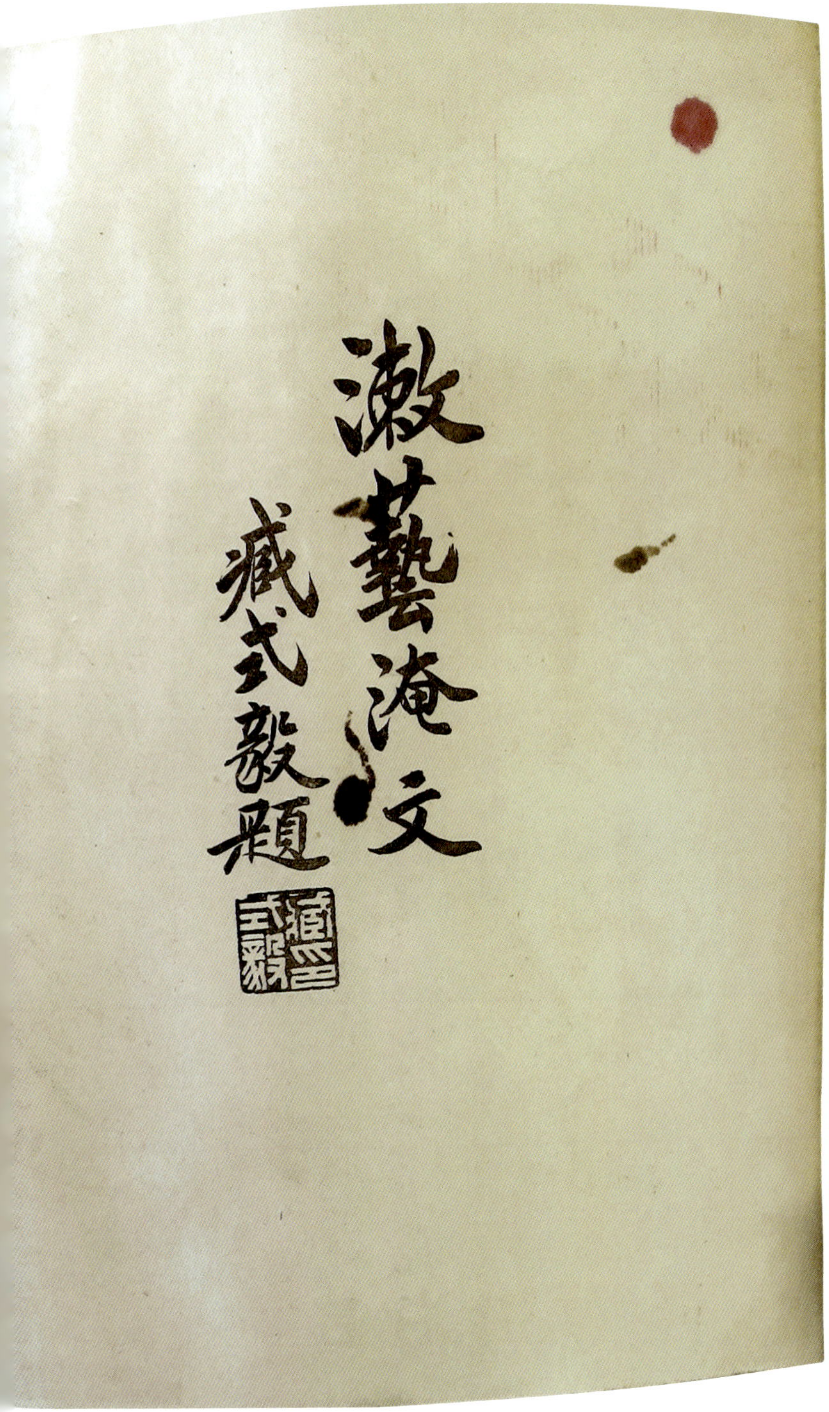

範圍之外勢必載胥及溺同歸於盡而已數月來幾經集合奉天吉林黑龍江熱河東省特別區蒙古各盟旗官紳士民詳加研討意志已趨一致以爲爲政不取多言只視實行如何政體不分何等只以安集爲主滿蒙舊時本另爲一國今以時局之必要不能不自謀樹立應卽以三千萬民衆之意向卽日宣告與中華民國脫離關繫剏立滿洲國玆特將建設綱要昭布中外咸使聞知竊維政本於道道本於天新國家建設之旨一以順天安民爲主施政必徇眞正之民意不容私見之或存凡在新國家領土之內居住者皆無種族之岐視尊卑之分別除原有之漢族滿族蒙族及日本朝鮮各族外卽其他國人願長久居留者亦得享平等之待遇保障其應得之權利不使其有絲毫之侵損竝竭力剷除往日黑暗之政治求法律之改良勵行地方自治廣收人材登用賢俊獎勵實業統一金融開闢富源維持生計調練警兵肅清匪禍更進而言教育之普及則當惟禮教之是崇實行王道主義必使境內一切民族熙々皡々如登春臺保東亞永久之光榮爲世界政治之模型其對外政策則尊信義力求親睦凡國際間舊有之通例無不敬謹遵守其中華民國以前與各國所定條約債務之屬於滿蒙新國領土以內者皆照國際慣例繼續承認其有自願投資於我新國境內創興商業開拓利源無論何國一律歡迎以達門戶開放機會均等之實際以上宣布各節爲新國家立國主要之大綱自新國家成立之日起卽當由新組之政府負其責任以極誠懇之表示向三千萬民衆之前宣誓實行天地昭鑒無渝此言

大同元年三月一日

滿洲國政府

建國宣言

相我滿蒙各地屬在邊埵開國縣遠徵諸往籍分併可稽地質膏腴民風樸茂迨經開放生聚日繁物產豐饒實爲奧府乃自辛亥革命共和民國成立以來東省軍閥乘中原變亂之機攫取政權據三省爲己有貙貔相繼竟將廿年很厲貪婪驕奢淫佚罔顧民生之休戚一惟私利之是圖內則暴斂橫征恣意揮霍以致幣制紊亂百業凋零且復時逞野心進兵關內擾害地方傷殘民命一再敗衄猶不悛悔外則蔑棄信義開釁鄰邦悉昧親仁之規專取排外爲事加以警政不修盜匪橫行遍於四境所至擄掠焚殺村里一空老弱溝壑饑莩載途以我滿蒙三千萬之民衆託命於此殘暴無法區域之內待死而已何能自脫今者何幸假手鄰師驅茲醜類舉積年軍閥盤踞秕政萃聚之地一旦廓而清之此天予我滿蒙之民蘇息之良機吾人所當奮然興起邁往無前以圖更始者耳惟是內顧中原自改革以還初則羣雄角逐爭戰頻年近則一黨專橫把持國政何曰民生實置之死何曰民權惟利是專何曰民族但知有黨既曰天下爲公又曰以黨治國矛盾乖謬自欺々人種々詐僞不勝究詰比來內鬨迭起疆土分崩黨且不能自存國何能顧於是赤匪橫行災祲洊告毒痛海內民怨沸騰無不痛心疾首於政體之不良而追思曩昔政治清明之會直如唐虞三代之遠不可幾及此我各友邦共所目睹而同深感歎者也夫以二十年試驗所得其結果一至於此亦可廢然返矣乃猶諱疾忌醫怙其舊惡藉詞民意從新未可遏抑然則縱其所之非寢至於共產以自陷於亡國滅種之地而不已今我滿蒙民衆以天賦之機緣而不力求振拔以自脫於政治萬惡國家

鄭孝胥氏略歷

氏乃清廷之重臣溥儀之師傅也七年間未能稍離其弟子之左右懇々訓育輒以孔孟之學老莊之道啓蒙王者之大義開導善政之歸趨溥儀雖慧徹先生何能有今日之大成乎

氏雖年逾古稀有三而其氣慨逾駕壯者考察氏平素生活對吾人深有所敎焉每晨黎明卽起親自作湯作羹朝飯畢若値天氣清朗則必散步一小時許歸則就机徐々硏墨作數十行書二十年間於玆矣未嘗稍怠一日自溥儀師不拘風天雪日早七時必赴癈帝處爲其講經論史氏之規律生活誠爲氏之健康法也今日溥儀既經民衆推爲滿洲國之元首想先生出廬大展經綸之日不遠矣此亦我三千萬民衆所翹望者也

于冲漢氏略歷

字雲章　遼陽人　年六十一歲

現任奉天自治指導部部長

氏天資聰穎。稟性英邁。淸代之秀才也。現任奉天自治指導部部長之職

由來我東北以武人爲勢力中心、蹶起之奉天派中、旣素誇軍閥萬能、而奉天舞臺之中堅人物、亦唯武人是尊矣故奉省從來雖善稱濟々多士。而文界之官僚政客。固未嘗多與之焉惟于氏與故去之王永江氏二人、我民衆等獨未嘗不視爲奉天舞臺上之雙壁時代之俊傑焉。蓋王氏之

溥儀氏略歷

由皇帝而平民之溥儀氏、現又被推爲滿洲國之第一次元首矣。

氏爲醇親王之王子、光緒帝之嗣太子三歲繼承大位、奉醇親王爲攝政王總理萬端。

斯時也、淸已頹衰、內憂外患不一而足、不久滅滿風潮波及全國、武昌革命、淸社遂屋其個人之政治生活僅三年耳。

退位之後、深居宮禁、民六夏張勳康有爲等倡言復辟、各省反對、未旬意敗。以十二齡之幼帝、成爲政爭之工具、識者不禁爲之有隱憂焉。

民十一年迎榮源之女爲妃、舉行大婚。

[illegible]爲師、而今王道之學、從英人喬斯頓習世界史、及胡適之新思潮、顧氏天資聰慧、不數年學業大進。

十三年秋、馮玉祥率軍包圍禁城、强制出宮、氏曾一入醇王府避難、遂卽逃至日本公使館、約八十餘日、頗受優待、至十四年二月、方秘密赴津。

氏深嫉歷年之戰亂、每談國內災頻仍禍、輒以不能自修致民罹災、希盡自責、其仁慈高風、有如斯者。

No.43

張景惠氏略歷

張景惠年六十一、奉天省臺安縣人、前清末葉、曾爲新民屯巡防隊營長、辛亥革命當時、以維持奉天治安有勞、民國二年、擢昇二十七師百五團團長、與張作相並稱爲張作霖之兩大股肱。以特殊因緣、三張有兄弟血盟之約、六年

昇族長、七年暫編第一師師長、出動湖南、撤退後、留駐京師、九年繼昇察哈爾督統、兼第十六師師長、十年張作霖就任蒙彊經略使時、復任北平代表、十一年春、第一次奉直戰當時、主張非戰論不克、遂任奉軍先鋒、出動於長辛店、戰事失利、致招張作霖反感、不得重歸奉天、以是舊派失脚、新派擡頭、以後暫留京津、徒事養晦、十三年漸與張作霖諒解、復任直隸政府全國國道籌備事宜督辦、十六年顧維鈞組閣時、代表奉天派、就任陸軍總長、同年六月張作霖就任大元帥、潘內閣成立之際、任實業總長、十七年兼自主委員會委員、同年六月從張作霖歸奉、途中遇難、負傷、學良時代、任哈爾濱特別區行政長官、事變直後、應付民心、遂宣言脫離舊政權矣。張氏爲人諄厚、此次將黑省長讓與馬占山之一舉、彼之高風亮節、亦可概見一班矣。

臧式毅氏略歷

臧君奉九、瀋陽縣人、民國初年、卒業於日本士官學校、品學兼優、頗爲當代人士所贊許、返國後 歷充奉天督軍署參謀、捭阖談鋒、建議獨多、張雨帥異常重視、卽引爲心腹、倚若長城、故大帥在北京時、任君爲東省留守總司令、其相信之深、於玆可見一班矣、當君留守總司令時、大江南北幾無一寸乾淨土、鋒火連天、勢若鼎沸、且東省所處之地位、勢若累卵、外迫强鄰、內伏奸宄、諸多棘手、動輒得咎、氏乃持以鎮靜態度、措施無不適宜、民安如堵、鷄犬不驚、論者謂氏有古名將之風、信非虛語、民國十七

任奉天省長與氏之充中東督辦、二者相提並論、其聲譽固早經謳歌於東北三省之官場矣。於斯已無須贅言然兩氏之於故去之張作霖氏也、終以意見不合之關係、皆相率歸臥故鄉、一時遂同爲在野之士矣。而今王氏已逝、惟氏則猶存、撫今思昔、不覺黯然、是以去歲九月、我東北雖逢時變、而我奉民生之得以維持現狀。終得賴於氏之用意周備而與袁金鎧氏等之共爲協力、有以致之也。

故在事變直後、爲恢復一切秩序計、如奉天地方治安維持會之施設、與繼此而起之自治指導部之成立等、皆氏之鞠躬盡粹、與有力焉、然氏每以衰老多病之軀、値大義當前、則奮勇爭先、惟恐人後、其爭札勉力、誓不顧身之概、固不減於當年、是以其志旣堅且決、其用心之苦、亦悲且壯矣、今值健國伊始、正謀民衆福利之秋、而氏則對於健國促進運動、及策畫民生所有一切上、尤爲晝夜疑思集慮、惟恐有失於萬一、是於所有之考案上、已煞費心血矣、故此次變後、其爲我東北民衆民生擘畫周密之苦、與爲東亞和平、邁進世界大同之用意之周且至、實開滿洲新建國之新紀元矣。

袁金凱氏略歷

六

袁金凱、字潔珊、年六十三歲、奉天遼陽人、性情溫和、行事高潔、詩文嫻熟、書法亦佳、爲奉天遼陽派之領袖、亦東北文治派之代表人物也。

前清貢生出身、曾充參政院參政、奉天督軍祕書長、奉天

代理省長、清史館編修、國民政府監察委員等要職。

九月十八日事變、當兵馬倥傯之際、率先組織地方維持會、並被推爲委員長、救濟難民、維持治安、不遺餘力。後於二十年十二月十六日、地方維持會解散、奉天省政府成立、乃改充省政府最高顧問、改良善政、建設新國、所有進行、未嘗稍懈也。

林督辦公署參謀長。

熙氏之爲人、運籌帷幄、智謀多略之士也、雖剛毅果斷之武人、實亦策略深遠之政政家也、當滿洲事變勃發、日本進軍吉林之時、彼則爇香迎於郊外、開懷胸襟、表示至誠、遂得救吉林省民免於戰禍矣、嗣後、彼卽與張學良張作相絕緣、宣言獨立、就任吉林新政府長官、彼誠爲滿洲獨立之蒿矢、與中央脫離之第一人也、彼之高明手腕、人所共知、彼之明智、早已窺破憾惡軍閥政治之民心之所歸趨、亦早察知全滿天地已彌漫之獨立風潮、彼氏之洞察力、可謂明且大矣。

熙氏今年四十八歲、童顏和靄、體軀威嚴、令人敬遠不置、誠君子也。

馬占山氏略歷

由於北滿大興之一戰、一躍而爲救國英雄、稱爲東洋拿破倫之馬占山、現已就任新國家黑龍江省省長矣、從前在中國方面、呼爲救國將軍之排日先鋒、今後一變而視爲賣國巨頭、在中國方面視之、固亦在所難免、而在馬氏自身視之、亦不過心境之一種變化耳、馬氏河北省潤縣人、嘗來滿洲、爲人天性精悍、富於智謀、前淸末季、曾爲蘭州把總、民國二年、從事吳俊陞、討伐蒙匪、頗有寄勞、就中於河南不蘭坡之討匪一役、以收撫蒙匪齊大拉把之功、尤爲聲振、民十旋昇爲吳俊陞第二十九師騎兵第五旅陳輔陞屬騎兵八團團長、住紮呼海方面、從事討伐赤色巴爾吉賛賊團、民十五年擢昇第五旅旅長、住紮海倫、民十六年、

奉軍入關、曾爲出征軍第十七師師長、未幾歸任黑河鎭守使、駐劄黑河、去栗事變、當時黑省省長萬福麟寄居北平、省內動搖、馬氏到哈策動、繼任龍江省府主席代理、向各方宣布對日主戰、恢復主權、以是大爲國人欽仰、大興一戰、隱退克山、對其去就、成爲一般人之注目焦點、嗣與新國家各首腦完成諒解、由張景惠之推薦、遂確定黑省省

年春張大元帥乘京奉車返瀋、行至皇姑屯、卒然遇變、是時東省大局、汲々可危、各界人氏甚形不安、氏乃從容不迫、布置極爲嚴密、滿城風雨、無形消散、三省人民、咸賴以安、旋任東三省兵工廠督辦、黽勉將士、力求整頓、於節儉經費之中、對公家應行之事、氏必實是求是、毫無遺誤、民國十九年、任爲遼寧省政府主席、接任以來、勵精圖治、政治整理、燦然一新、將來模範全國、可立而待也、氏持身清廉、不事產業、所謂文官不愛錢、氏實有焉、平居沈穆寡言、不苟言笑、其謙恭和藹之氣、尤令人望之生敬、即之生威也、奉天事變以來、氏繼袁氏出而維持治安、恢復省政府、以安民心、而圖勵治、此次建設新國家、氏已爲[illegible]人物、呼號奔走、不棄餘力、而東北三千萬民衆、亦仰若泰斗、將來造福新國家、誠不待言矣。

熙洽氏略歷

吉林省長熙氏、東省事變前、尚未活動於軍事政治之表面新舞臺、故鮮有知其名者、然自事變發生後、名聲遂大震矣、熙氏生於奉天省瀋陽縣、與臧氏同鄉、卒業於日本士官學校、係第八期騎兵科出身、故頗富於新智識、民國三年、隨朱慶瀾麾下、任黑龍江都督參謀、未幾、即轉任同省牧養廠長之職、五年七月、隨從朱氏、就廣東省長公署諮議、七年歸奉、復任東三省講武堂教育長、八年任東三省巡閱使署參謀處長、蒙彊經略使署長、十一年轉任保安總司令陸軍務處長、十三年五月又至張作相麾下、榮任吉

自治之大綱

自治指導部々長于雲章先生。關於自治之事。曾發表八項大綱。可謂精理名言。千古不磨。亟錄如後。供諸閱者。

一　順從民心、凡民心厭惡之事不辦。

二　培養民力、凡有妨害於民力之事皆去之。

三　一視同仁。凡居此地者。應互相尊重。斷不許互相輕蔑、務以信義相交。決不許有欺詐行爲。

四　廉潔政治、各行政官吏爲國家服務。務須養其身家。保其廉潔。人非至愚。孰不愛惜名譽。概因俸祿太少。不得已而有汚行。非其本心也。今後斟酌情形。必優與俸祿。所謂優待而法亦嚴也。

五　自治。二十餘年前。自治期成會本已成立。今後實行地方之自治。

六　嚴治盜匪、盜賊繁興。百業皆廢。務必嚴行剿滅。從新組織公安隊。凡以前之敗兵、鬍匪、游民、無賴、一概不募。分爲四等警士。與以精良之武器。(如銃機銃迫擊砲)優與月俸。而申明嚴罰。其會計則獨立之。往年曾國藩氏、全滅長髮賊。其募兵皆於山中及鄉僻招募。因其樸素誠實也。精兵主意。不要充數。此治標之法也。若能實業發達。使人民皆有衣食。誰肯以性命來作鬍匪則鬍匪自少矣。此治本之法也。

七　財政公開。設立審計員。(會計檢查)嚴行預算決算制度。

八　節儉收支。多年以來。每年之入款。多半費於兵事。而墜民於水火。今後決不養兵。使民得以休息。

全滿促進建國聯合大會宣言

頃間全滿民衆、解除束縛、相見一堂、討論建國大計、開從來未有之局、眞正民意、藉此表現、歡欣鼓舞、自不待言、惟於建國理由外間未必盡知、謹本公意、詳爲開陳、全滿民族、古稱肅愼、風俗禮教、殊於地方、歷祀數千、未之增改、有淸崛起興京、入主中夏、而於滿洲各地猶沿舊俗、未嘗强以齊同、是知政貴因時、文質異尙、削足適屨、窒碍必多、此基於民族歷史必須建國之理由一也。漢取遼東、唐滅高麗、夷爲郡縣、終致淪亡、良以榆關以東、地長如線、遠隔中土、別爲一區、漢唐盛時、能取而不能守、蓋由於比此基於地理關係必須建國之理由二也。往者扶餘建國於長春、渤海建國於寧安、女眞建國於阿城、滿洲建國於興京、其小者保聚一隅、傳祚數百、其大者肇基東土、進據中原、王業之興、已至三四、此基歷史成例必須建國之理由三也。比來內地多故、禍亂相尋、立國

長、地位而參加新政權之運動矣、然馬氏現處之心境其誰知而誰能知者乎、年四十八歲。

趙欣伯氏略歷

河北省宛平縣人、年四十五歲、曾任東北法學研究會會長、日本法學博士、住瀋陽市日站、現任奉天市長、兼東北最高法院院長

趙君欣伯、天津北洋大學畢業、民國六年、翩然到連、從事教育、數年以來、莘々學子、受其薰陶者、誠不乏人、嗣又東渡日本、留學於明治大學、畢業後、日本大學聘爲教授、民國十四年秋、著有刑法過失論文、洋々數萬言、名言精理、道前人之所未道、一經發表、聳動列國法曹界、卓著鴻論無不嘆服、是以通過帝國大學教授會議、呈請文部省授與法學博士之學位、民國十五年夏、張故大元帥聘爲法律顧問、東北法治基礎、委君建設、君感知遇之隆、創辦東北法學研究會、發行會報、又著關於憲民刑行政等法律書籍、著述宏富、以俾東北民衆均有法律之知識、並曾盡粹於法權收回之運動、東北監獄改良及各種制度、燦然一新、均賴君提議之力也、及張漢卿就任保安總司令、君仍爲顧問、並繼任東北法學研究會々長之職、君爲人沈靜、志趣高雅、迨至去歲、奉天事變、出當難局、就奉天市長之職、現仍榮膺艱巨、努力奉天治安之維持、而日來對於新國家建設、晝夜奔走、尤不遺餘力、洵爲東北時代人物中之中堅分子、將來作東北政法界領袖、微斯人其誰與歸。

進於此者請詳言之夫民爲邦本古有明訓民聽民視天且弗違奉天省者我一千六百萬民衆之奉天省也當局之趨向自當全省民意爲從違今我全省民衆之所渴望者非所謂新國家之建設乎非所謂善政之設施乎則當局自當本諸民意努力進行以副民衆之期望此請求之理由一也欲謀政治之進步宜求內部之統一欲立統一之基礎宜有新國家之建設此理至明無待詳言自新政權樹立以來與黨國政府脫離關係者非僅奉天省爲然也若吉江兩省若哈爾賓特別區莫不具有同樣之情形各區之內政外交軍事財政交通實業之亟待整理者奚止千端萬緒新國家成立之後則能提綱挈領主持有人一切設施胥得就理此請求之理由二也即就我奉天省現狀言之亦確有建設新國家之必要也若者爲滿人若者爲漢人若者爲蒙古人若者爲朝鮮人其來源不同其習俗亦異同處一域之內往々齟齬橫生且自海通以來獉狉日闢友邦人士接踵而來所處地位大非他者可比勢須於省府之上另設尊嵩之體制始爲人民增其崇仰爲友邦增其信賴此則新國家之建設大有不容或緩者矣此請求之理由三也我一千六百萬民衆以此三大理由置之胸臆爲時已久如鯁在喉茄而欲吐茲値東北行政委員會成立伊始主持得人全省民衆一致歡欣鼓舞認爲時機已熟各縣亦推舉代表翩然來集以全省民衆之意志爲建設新國家之請求茲於本年二月二十八日假省城裡大會場開全省民衆大會全場一致主建設新國家並議決事項以下

一、建設適合現勢之新國家並推舉民衆愛戴之元首
二、徹底剷除軍閥勢力及一切苛政
三、本善政王道主義爲設施新政之標準
四、融合東亞民族以堅立國之基礎
五、注重實業開發地方以殖新國之富源
六、提倡職業敎育以裕人民之生計

以上均爲全省民衆渴望之事項亦即全省民衆生命之所係用特鄭重提出請求剋期實現一息尙存此志弗懈天日在上實鑒此宣言致布明晉

大同元年二月二十八日　　以上

吉林省建國促進聯合大會宣言

伏讀東北行政委員會本月巧日通電宣言我國東北各省區脫離黨國政府完全獨立將軍閥一切苛政剷除力圖行政之改善是將撥雲霧而見青天曷勝雀躍溯自軍閥專政中央威令不行我滿蒙三千萬民衆日處於水深火熱之中呻吟痛苦之下任其宰割而無所告訴今幸我友邦奮其俠義驅惡勢力於域外是誠我民衆脫死回生之路剝極而復之機我吉林民衆飽經憂患建國熱誠豈肯後人願本民族自決之精神建此重整河山之偉業風發雲起蘄於共榮特佈宣言以示無二於二月二十五日各縣代表齊集省城並各法團各學校及慈善職業各團體同民衆等開吉林省聯合大會一致主張希望新國家早日實現主政有人掃清匪患革除苛政振興實業普及教育整頓圖法便利交通以謀民生幸福而保東亞和平全體議決特此公佈

大同元年二月二十五日

吉林省建國促進聯合大會

二十年、迄無寧日、加以軍閥割據苛政虐民、既處煮豆燃萁之中、將成玉石同焚之勢、載胥及溺、智者弗爲、不遠而復、往哲是與、此基於地方現狀必須建國之理由四也。再進一步言之、民爲邦本、古有明訓、民聽民視、天且弗違、全滿地方、旣以人民爲主體、全滿建設、自以民意爲從違、民意而在樹立新政府也、則政府以立、民意而在建設新國家也。則國家以成民衆所最愛戴之人、則推舉爲元首、民衆所欲設施之事、則發布爲政令、全滿民衆、意志已決、自應早奠新基、爲收拾人心之計、此又基於人民公意必須建國之重要理由也。以上五種理由、皆爲全滿地方所具之特因、亦爲我全滿民衆人々所欲言、茲於二月二十九日、在奉天省城開全滿促進建國聯合大會、根據上述理由、討論建國問題、並經議決、向東北行政委員會、提出請願、剋期建設新國家、推戴元首、並本善政王道主義、增進人民幸福、全滿一致詢謀僉同特此宣言敬希

公鑒

議　決　文

一、不問國體政體如何、須以民意爲歸。　二、推舉元首、以執國政。　三、減輕賦稅、以蘇民困。

四、勦靖匪患、以維民生。　五、開發實業、以厚資源。　六、普及教育、以開民智。

七、便利交通、振興地面。　八、敦睦邦交、永享和平。

通　　電

銜略均鑒、查東北各省自事變以來、人民失業、盜匪蜂起、姦淫掠奪、十室九空、生靈遭此塗炭、誠爲空前未有、推原其故、實因弊政未除、統治無人所致、現在地方秩序雖漸恢復、無如中樞乏人、仍難治理、近經體察各方情形與大局趨勢、亟應建設國家、掃除以前惡弊、頒布新猷、施行善政、東北鉅業既能開發、滿蒙基礎復得底定、自此三千萬民衆可享雍和之幸福、故此一致奮起、主張建國披誠通電、諸維

公鑒

大同元年二月二十九日

全滿促進建國聯合大會

奉天全省民衆大會宣言

我奉天省一千六百萬民衆苦於軍閥之淫威惡稅之暴歛已二十年於玆矣一旦根本剷除還我自由其爲欣幸非可言喻且自新政權樹立以來如勵行自治減輕稅捐肅清盜匪等項設施悉本善政愛民主義着々進行若非當局極端主持友邦盡力協助曷克臻此全省民衆感戴同深雖然倘有

法也工商人平時祇知營利謀生臨時祇能閉門興嘆政治之知識與經驗均無所有其治亂興衰亦聽之命運耳本月二十五日哈爾濱道裏道外民衆在南崗公共禮堂開市民大會公推市政局鮑市長主席慶祝新政權並致開會辭詳晰說明東北行政委員會之原委新政權如何樹立新國家如何建設工商等始恍然新國家政權之所從出也新政權者工商等生命財產之藉資保障也新政權既樹立則兵匪不再擾亂租稅可望減輕實業可望發展教育可資改良要非新國家成立曷克臻此故工商等對於新國家之成立極表熱烈歡迎質言之與謂爲歡迎新國家之成立無寧謂爲歡迎工商等之生命財產之有保障也同時並決議二項如左

（一）建國須尊重文治勿再使軍閥專制

（二）建國須尊重眞民意勿如從前之作共和假面具

哈爾濱工商等之希望如此爲鄭重宣言

關於自治之意見

自治指導部長于部長關於自治之事。除已發表八項大綱外。又有重要意見如左。

一、以善政主義爲目標、使人民實受其利益、避免繁雜新奇之論、務須尊重地方習慣、風俗、人情、爲適宜之措置。

二、自治之規則及法令、起初務要簡淨明白、循序善誘、以防流弊 蓋近年以來、關於自治之事、南京政府之法令、紛若牛毛、由縣政府以達於區村、人民應接之不暇、皆置之不看、甚或投棄墻隅、況言實施乎、蓋不察地方之實情、務爲空遠新奇之論調、削足適履、紙上談兵、於事何濟、人民皆引爲笑柄也。

三、地方自治之事、多年以來、大體已具、不過受內亂之軍事影響、未能切實施行耳、爲今之計、只要切實復活舊制、不爲空論人民已受其福祉矣。

四、自治之事、務使人民自己運用、至於指導部則扶持之、善誘之、官吏失態則彈劾之、官吏之擧措、則監察之、自治部之限度於此爲止、若事事出以干涉辦法、則成爲變相之官治、人民且感其脅迫、如是、非徒無益、而又害之矣。

五、爲增進人民福祉、而爲詳細之規定、現在似不必要、應取隨時漸進修增主義、似爲得法。

六、自治之事、若由選擧而成、甫脫軍閥、又入政黨、以致法治之體形、政黨之政治、此則絕對不敢贊成、蓋由民元以至民九、還擧之種種腐敗弊害、實所目覩、至今談虎色變、猶有餘怖焉。

七、務願造成安樂國土、至於法律也、條令也、此不過一時之手段材料耳、若實行王道主義、必須使人民日出而作、日入而息、鑿井而飮、耕田而食、不識不知、順帝之則、到此程度、始可云安樂國土、此語雖舊、而其意義則萬古常新、乃形容盛世之景象

八、當此百端刷新之日、基礎最爲要緊、務使人民皆得衣食住相當之安適、務使財富勿聚於少數人之手、勿爲少數人所享用、以免貧富之懸隔太甚、愚意自治之要點在此、自治之注意亦應在此。

中華民國二十年十二月一日

黑龍江全省民衆大會建國促進宣言

蓋聞伊古開國創基者首重民隱以施惠發仁而爲德繼察時勢以因地制宜而爲政德政既彰庶政百僚無不循規蹈矩國焉不立一如拘執已見不審民心之向背不順潮流之趨向罔卹民隱一意孤行事豈有不亡者如袁世凱自私自利洪憲急身可爲殷鑒現在東北政局既變天與機會猛然覺醒而十餘年軍閥蹂躪酷吏剝削相繼沒落正宜喚起民衆速謀自立而自立步驟應樹建國方法以安基礎當求善良方法以利民生然而安基礎利民生者則必改定國體選任賢能者始查東北地帶居滿蒙一大部分當地土著性行渾噩十數年來受新育之薰漸思想逐漸增高極思自救幸際上年之變更悟前非實與人民新生命之機會是以全民喁々望治深盼有德政者出而擔當國是拯災黎於水火奠邦家於磐石今當肇造之始建設尤宜審察以現代潮流之趨向應採用責任內閣之共和政體以總統爲一國元首集權中央以便統治內閣總理以下置各部長均係閣員分任各政廢除省別劃道市縣爲三級實行軍民分治軍政人材俾得各展其長賢者留否去嚴覈勤惰賞罰分明上無偏私之見下無倖進之心集思廣益俾臻治理而現清平賦稅官輕人民負擔使之心快教育應在督促普及以儲人材訴訟貴乎詳審速結俾免纏訟悉採列邦之善盡革從前之弊抱定門戶開放機會均等本諸親善主義與民更始共慶昇平更有請者且江省幅員遼濶宜注重開闢地利如山川礦質木材應設專局治理以重林礦如荒地未開由官家接濟民人設法促墾以興農業如齊黑嫩漠嫩海等處應築鐵路既利運輸且關國防如銀行應分設中央銀行儲貸商民以活金融庶幾市少游惰之民野無遺賢之士國有統治之主官無尸位之職從此期建新邦得免假擾略貢芻言以備擇納即祈卓裁

決議

黑龍江省全省民衆全體一致希望共和制之新國家於最短期間內急速成立

大同元年二月二十五日

黑龍江省全省民衆大會

哈爾濱民衆宣言

哈爾濱踞松花江中游介乎吉黑之間爲歐亞國際交通起訖之點東西各國及吾國之富商大賈暨肩挑貿易之小販一技一藝之工人靡不麕集其間藉以發展營利謀生之術其蔚成鉅鎮三十年矣近年以來國內變亂南北儼成敵國甚且南與南戰北與北戰東北當局昧於利害積極於關內伸長其鷹瞵虎視之大欲忽然棄其固有之物產沃饒之土地而不顧東北三千萬民衆之生命財產曾不值其一盼贓官汚吏乘隙搜括橫徵暴斂民不堪命而又不甘心坐以待斃也挺而走險而匪患起矣匪患起而軍閥藉口剿捕橫肆敲詐而兵禍起矣哈爾濱以華洋各工商之財產培養吾十萬之民衆今昔之間判若霄壤貲本雄厚之縮減貲本小者倒閉國民受害殃及鄰邦然而哈爾濱工商人並不知甚受病之所在也尤不明了其救濟之

No.43

吉林省總代表林鶴皐氏談話

新滿蒙獨立國已經建設矣、滿蒙三千萬民衆對於新國家有何期待希望？ 記者往訪前東三省々議會聯合會々長、現吉林各縣總代表林鶴皐君面談多時、該君乃新國家建設委員會之指導員所談純係三千萬民衆對於新國家之期望、異常剴切、玆特錄於左。

國民已飽嘗過去之暴政、故新國家之政體不問如何、希望建設一理想國家、及早增進國民之福利、維持地方治安纔好。世界各國對於新國家承認與否不成問題、三千萬民衆持有極堅固的決心去保護他們新建設的理想鄉、新國家第一次事業卽爲古大部分國民換言之卽爲農商民謀生活的安定、這就是根本剿滅賊匪、原來中國官民互不相信、農民中往々有因官吏橫暴致生命財產不能安定、驅而爲匪者甚多、所以新國家對於這等匪徒、須付一定期限令其歸村務正，對於無村可歸之失業者、可以分配荒地使其開墾再急設失業救濟之事業、然後再圖統一幣制謀商業之安定、是第一應當做的工作。

滿蒙的根本事業、卽交通、開墾、林業、鑛業之四大事業、若辦理此種事業、須用絕大的覺悟及經費、但國民之資力已經舊軍閥搾取殆盡、無力負擔如此巨大經費、所以此種開發事業、須求日本之援助者頗多。原來東三省之財政已被軍閥消盡、彼時輸出歷年增加、就吉林一省言每年有八千萬元之贏餘、故此若編製眞摯之豫算、開發事業必有極大利益。在新國家協力提携經營實業乃係日本之經濟政策、日本人中或有懼排日運動之復熾者、此屬將來之事、雖不可預定、但是日本若眞正的與新國家協力建設新樂土爲目的、新國家亦能諒解日本之眞意、若眞正的愛國將來亦再無排日之慮、原來排日乃舊軍閥爲擁護已利不顧民意、利用宣傳煽惑人民所起、至於人民眞意乃實和軍閥反對、心中頗願依賴友邦之援助、但是人民自己沒有能力去提携去。

一、將來的新國家對外關係或由理想上看絕無必要、但西方與北方有受侵略之慮、在自衞上看得有相當軍隊、國家須鑒于舊軍閥之失敗、須立擧賢能尊重民意的政策、若不然、亦不免復演失敗我國民對於新國家取何種人事行政、和日本的態度、須傍觀靜視現在國民對於新國家無何等的批評、但國民若不努力以副衆望、新國家之將來誠有極暗澹之現象。

若行民意政治、當然必須建設議會政治。但滿蒙現在無有戶口法、故對於選擧頗有疑點、欲想訓練到普通選擧的程度、不經較長久的歲月不能達成、所以第一次選擧須依省議會的選擧法、以財力爲標準、由各縣復選民衆代表選擧之。此雖非理想選擧、亦可代表民意、若如此國民對於國家亦可開誠佈公、發表民意、新國家之建設、須與日本同舟共濟、成功與否均在兩國々民之責任如何、若日本以誠心去經營滿蒙建設新樂土、卽南京政府亦能諒解眞意所以長江以北必能與新國家合作、漸々的化爲樂土、是確無疑義的。

一、新國家奠都長春之事、對外方面頗不相當、將來吉林可爲東三省之中心地點、國都必當遷此、長春卽使日本作經濟的發展、所以可以建設兩個大都市、吉林省民前曾與熙長官請願己蒙同意吉林若果成國都、吉林省民必不惜最大的努力及覺悟、設使奠都於長春已有極大決心時、則長春亦吉林省之一部分、亦無不可。

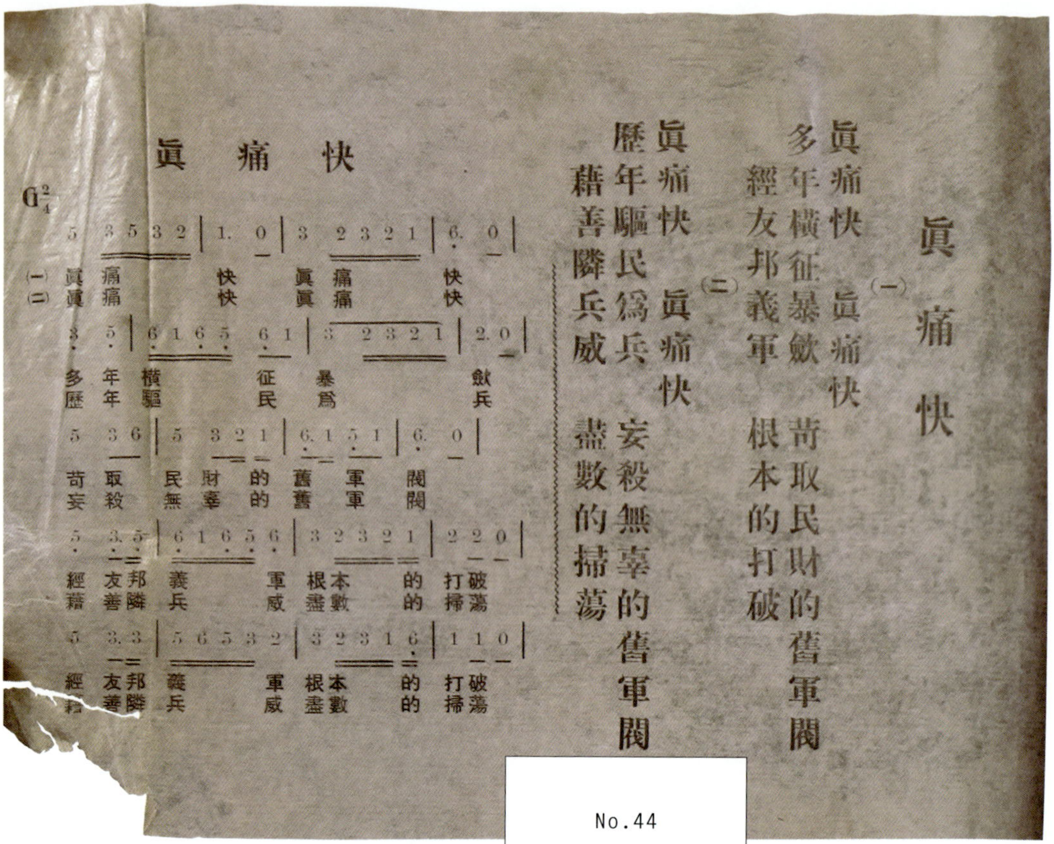

No.44

<u>Song of Really Happy</u>

Really Happy! Really Happy!.

Those corrupt militarists that have for many years heavily taxed & robbed the citizens through the righteous army of our friendly nation, are fundamentally over thrown .

Really Happy! Really Happy!

Those corrupt militarists that have all along these years forced the people to be soldiers & killed the innocent through the mighty of the troops of our good neighbour, are all radically eliminated.

两首歌曲

(1)《何等快乐》

(一) 来来来来来来，大家快来都庆贺，独立国家已告成，东亚民族享和平，何等快乐，何等喜欢。

(二) 来来来来来来，大家快来都庆贺，减轻担负去苦痛，三千万民保安宁，何等快乐，何等喜欢。

(2)《真痛快》

(一) 真痛快，真痛快，多年横征暴敛，苛取民财的旧军阀，经友邦义军，根本的打破。

(二) 真痛快，真痛快，历年驱民为兵、妄杀无辜的旧军阀，借善邻兵威，尽数的扫荡。

何等快樂

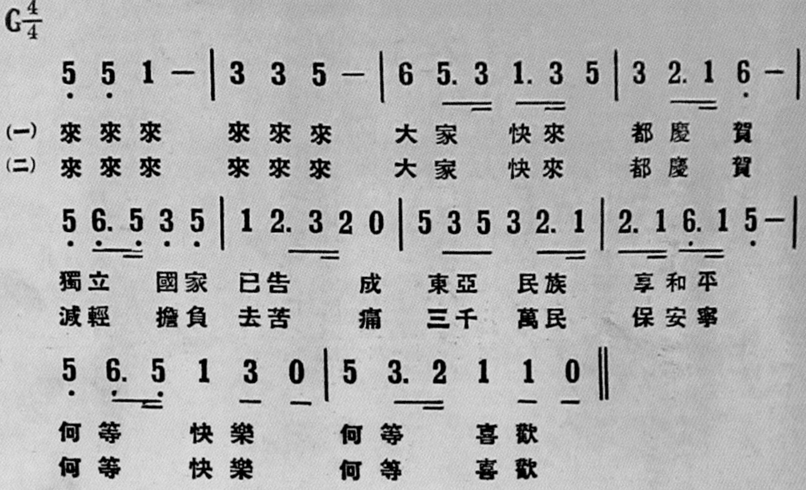
G 4/4
5 5 1 — | 3 3 5 — | 6 5. 3 1. 3 5 | 3 2. 1 6 — |
(一) 來來來 來來來 大家 快來 都慶 賀
(二) 來來來 來來來 大家 快來 都慶 賀
5 6. 5 3 5 | 1 2. 3 2 0 | 5 3 5 3 2. 1 | 2. 1 6. 1 5 — |
獨立 國家 已告 成 東亞 民族 享和平
減輕 擔負 去苦 痛 三千 萬民 保安寧
5 6. 5 1 3 0 | 5 3. 2 1 1 0 ||
何等 快樂 何等 喜歡
何等 快樂 何等 喜歡

何等快樂

（一）

來來來來來來
大家快來都慶賀
獨立國家已告成
東亞民族享和平
何等快樂
何等喜歡

（二）

來來來來來來
大家快來都慶賀
減輕擔負去苦痛
三千萬民保安寧
何等快樂
何等喜歡

No.45

《东北文化》半月刊"建国"纪念号，大连中日文化协会，1932年3月18日发行。*

SPECIAL MEMBER OF "NORTH EASTE.N CIVILIZATION HALF-MONTHLY" IN MEMORY OF THE ESTABLISHMENT OF MANCHOUKOU issued on the 18th, Mar., 1932.

* 英文说明有误，实际日期为3月1日——编者注

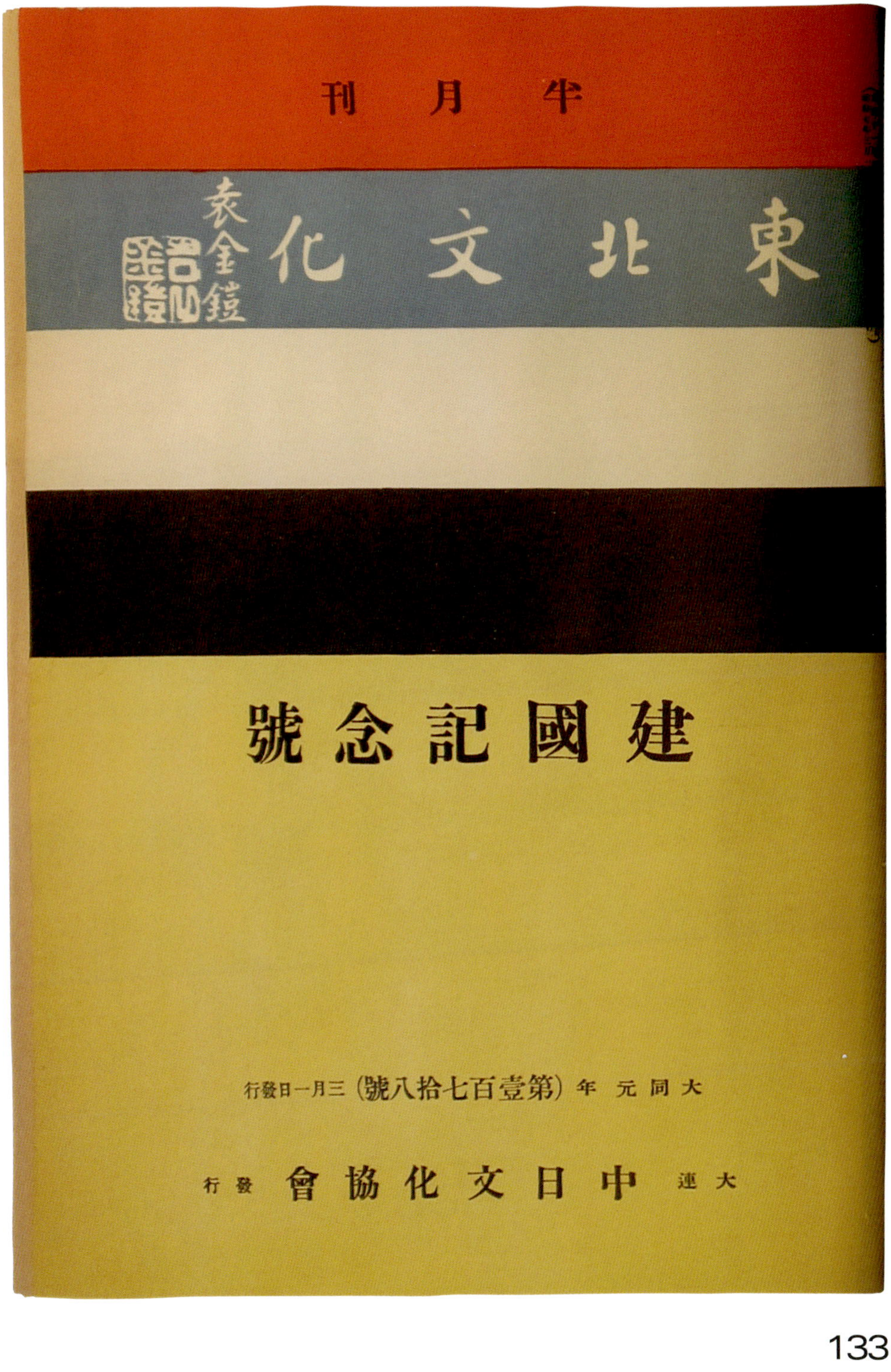
半月刊

東北文化

袁金鎧

建國記念號

大同元年（第壹百七拾八號）三月一日發行

大連 中日文化協會 發行

（上右）委員長特別區行政長官 張景惠氏

（上左）委員奉天省長 臧式毅氏

（下右）委員黑龍江省長 馬占山氏

（下左）委員吉林省長官 熙洽氏

No.45

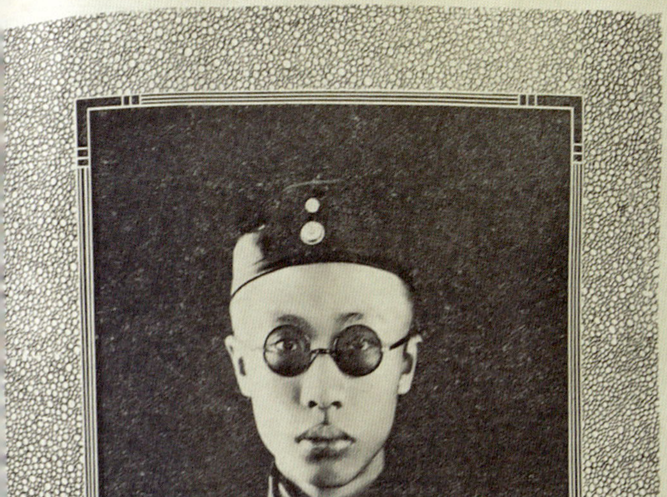

全國一致推戴之滿洲國元首清遜帝溥儀氏

祝新國家成立

滿蒙建設新國家，醞釀已非一日，所以持之久而又久，終未見諸實現者，良以國家之建設，本非細事，非可率爾操觚，一蹴而致者；一以各方意見不同，尚待疏通，俾趨一致；一以殘餘軍閥餘孽，猶未肅清，殊爲新興國家之障碍；職此之故，因循多日，非故作新娘不肯上轎之害羞態度也；當局自有苦心，然希冀新國之成立者，則已望眼欲穿，幾於不能自持，抑何可笑；

今新國家已成立矣，向之期望者，已與以滿足之望，籌畫既久，諸事就緒，此後一切，根據既定之方針以進行，將如水之就下，自是當然之理；第古語云：「創業維艱，守成不易」，新國既已創設成立，此後則望守成者，不獨守成，更發揚而光大之，以期不負創業者之艱難奮鬪，則不獨創業者之所希冀，實新國家新國民公共之幸福也；

本刊素來主張新國家宜速成立，不後其他之希望者，玆於新國家成立之日，發布特刊，聊表祝意，願新國家政府諸首腦好自爲之，更願新國家之新國民，有以努力於新的事業，本刊與有榮焉。

東北文化

第壹百七十八號目錄

祝新國家成立……一

滿洲國
——誕生之經過

一 總論……二
二 新國家成立之由來……二
三 新國家組織之動機……二
四 建國會議……三
五 國體政體國名國旗年號首都……八
六 新國家之組織法附新政府之組織……九
七 各種宣言……一一
八 各地促進建國運動情形……一三
編輯餘墨……二一

寫眞目錄

滿洲國執政溥儀氏
東北行政委員會委員
新國家領袖與本庄關東軍司令官
各地建國促進運動情形(二)

No.45

（上）長春未有之盛觀，長春促進建國大會，於二月二十四日在商埠地大空地舉行畢，出發遊行街市，參加者萬餘人，極爲盛觀，圖爲遊行街市之情形（中）鳳城縣新國家宣傳團，圖爲二十二日之獅子會（下）各地喇嘛代表百數十人，往訪趙欣伯市長，請願建設新國家，趙市長領導該一行，訪問關東軍司令部，圖爲司令部前之攝影

之權能，以此令彼之能力，正所謂一國三公，多頭政治是也；在民衆方面，雖已脫離張家羈絆，而所居之地之政治，依然脚踏兩邊船，視線難趨一致，政制亦難入正軌；故在奉天者，稱奉天省長，在吉林者稱吉林長官，在黑龍江者，仍稱馬占山爲馬主席；張景惠雖曾一度赴黑，而實權不屬，且手無寸鐵，何以令衆？蓋在亂離之世，雖名講王道政治，究不能無實力以資後援也；各省政情既不能自統一，而欲以此種畸形政治以號召熱河蒙旗各處，寧非癡人說夢；若不另闢蹊徑，夜長夢多；所謂滿蒙前途，固不堪設想者也；當局與民衆間籌維再四，爲救東北計，爲出民衆水火計，除團結滿蒙爲一體，另行組織新國家外，實無第二法門；於是建設滿蒙新國之議，應時出現，其蒙建國之動機也；

前地方維持委員會委員長　袁金鎧氏

四　建國會議

張家勢力雖已消滅無餘，然建設一新立之國家，此爲何種重大之事？豈可一蹴而致，於是因民間之呼號，執政者始有召集會議之見，審愼至再，知民意難違，直至二月上旬，始由議論漸進而成爲事實；據二月上旬奉天消息云：「關于滿蒙新國家成立，近來政界消息，頗爲沉寂，然鄉縣此等輿論，反爲逢勃而起，茲據消息，當局對於此等思潮，頗爲關心，乃定于本月二十一日，發表正式宣言，主張新國家，國體宜採聯省共和制云」又云：「建國會議，傳之已久，因哈埠事變，迄未實現，茲悉當局，爲謀三省人民之福利，及新政權之開展，對於此項會議，擬定于四日內召集各巨頭開會討論，地點聞在長春云」，足證此時機會已至，執政者已採取民間輿論，實行集議，以觀衆意，俾收集思廣益之效也；惟其時張家地盤，除東三省以外，尙有熱河，若不召集，殊不足爲全美，故對之熱湯玉麟，亦極力招致，幸湯亦深知東北之不可破裂，慨允參加；據二月十二日訊云：「近來關於滿蒙新國家，頓形進行，而態度久未顯明之熱河湯玉麟，因鑒於四周空氣不利，己決定參加滿蒙新國家，新國家建設會議，湯亦派代表參加，省當局昨已接到此項之電知云」湯既允參加，而新國之氣燄，因之更爲逢勃；於是趙鵬第奉派赴吉，接洽建國問題，趙既於二月十三日起行；時張景惠馬占山亦定期南來，一面電促內蒙貴福，速派代表參加，奉省長臧式毅卽預備行裝，蓋其時之會議地點，究爲奉天，

滿洲國誕生之經過

一　總論

滿蒙建國，醖釀已在數月之前，而形成於最近：非迂緩也，以建設一新興之國家，立於新大陸之領域，必外觀大勢，內審輿情，作一詳密之硏究，以期盡美盡善，庶國基鞏固，國運與隆，而無得失過易之譏消者；且建新國諸公，或爲東北之久執政柄者，或爲人望所歸者，或爲順應時代潮流者，要之皆爲現代識時之俊傑；故一經事機成熟，才集議數次，而新國家乃即告成，斯爲可慶也；至此嶄新之新國家，以何原因而成立？所有前後經過情形，雖經各新聞逐日紀載，然皆割裂片段之言，無一有統糸之編述；本刊亦促進新國家成立之一分子，故特於新國成立之日，特發專刊，將前後經過，及新國家成立之動機起，至成立終了止，作一有統系之紀載；一以應熱心與贊助新國者之觀感，一以爲新國成立之紀念，並表祝賀之微意焉。

二　新國家成立之由來

新國家之疆域爲滿蒙，即昔日之所謂遼與金也；遼與金皆曾稱帝，亦皆入主中夏，土地肥沃，物產豐饒，田肥美，民殷富，眞所謂天府之國也；晚近以來，張作霖曾據之以抗中原，惜不能得其治理，致此豐饒之域，盡竭其脂膏以供軍事，如是東北乃變爲張家私產，予取予求，無所愛惜；及至張學良承襲，則純以投機取巧見長，對於民衆不知愛惜如故，對於軍事之設備，較乃父尤甚，且進而欲立足關內；以故終日除搜刮聚歛以外，則養尊處優，與優伶歌女輩，跳舞取樂而已；東北民衆之欲得張氏而甘心也久矣，一以受武力之鎭壓，一以民衆間無相當組織，故只腹非而不敢出諸口，去年九月十八之變，張家勢力，爲日軍一擧而攘淸之，於是民衆間漸有脫離張氏而自謀獨立之念；惟其時日軍宣言，對於中國無占領土地之心，加之黑省之馬占山輩，猶奉張家命令，雖欲另謀有所組織，然時機尙嫌過早；故奉天僅有治安維持會攬大權限，吉之熙洽亦不過謀獨立，僅政治上脫離中央，土地固仍屬中華民國也；況當時之所謂錦州政府，猶然屹立，軍閥餘孽潛滋，土匪騷然，觸目皆是；民衆縱欲有所表示，第以積威之漸，尙不敢明目張膽，高唱新國家之論調也；迨錦州旣失，民衆始了然張家已無能爲力，蓋紙老虎一經戳破，則半文不値也；於是東北之政權旣脫離中央，土地亦隨之而脫離中國；組織新國家之論，乃漸次擡頭，一者唱而百人和，乃如長江大河，一瀉千里，一發而不可復遏矣；此新國家之所由來也；

三　新國家組織之動機

張氏勢力旣已完全崩潰，民衆之所希望者，乃漸有見諸事實之可能；旋黑省素稱强項之馬占山，亦經解釋誤會，大有融洽之可能性；然此皆不過對鄰邦日本之妥協，而東北之內部各

新之際，亦漸次愈冀復活蘇生，景惠等忝被推選爲省區之領袖，對改舊刷新之責任，已不能諉於他人，於玆爲協議大計，用特集於一隅，皆曰非有堅固之團體，不足以謀全局，非基于人民之公意，不足以建新權，於玆由東北四省與一特別區並蒙古各王公，組織一新機關，命名爲東北行政委員會，俟本會成立，同時立卽向中外發出通電，由此與黨國政府脫離關保，東北省區完全獨立，更須以獨立之精神，努力謀改善行政，其曩爲軍閥所須之苛政，橫暴誅求，無所不至，吾民衆恰如處於水深火熱之中，幾陷於生命不可保持狀態，波及村民，痛苦之淚，今尙未乾，其等於虎狠利爪之荼毒，現仍存在，自今而後漸將徹底剷除，決不使再生枝葉，而期其萬全，經書有言「撫民者謂之后，保民者謂之王」，而今一般民衆，若將蘇生安息，而須有養善良完成之政治，此爲本會第一之使命也；

近來暴虐良民之專制政治，利慾怨蒐，社會道德，日漸消滅，蓋榮爲國家之基礎，道德爲政治之本源，古書有言，若忠信德慶，雖夷狄之邦亦可行之，不特以排外政策，於玆熄止國際戰爭，更以門戶開放，機會均等之主義，以謀世界民族之共存共榮，此爲本會之第二使命；

安內睦外，爲政治之根本，旣謀根本之堅固，宜講枝幹之繁榮，進而奬勵職業，勸進農商業，促其發展，使生利者日多，失業日少，社會之利益旣能均霑，則階級之鬥爭自泯，如是則赤化不克行其旨，而民生亦得其所知矣，此爲本會之第三使命；

景惠等爲完成以上之大如命，乃卽組織此會，以求東北我各省區人民之幸福，更求我東亞各種族民幸福也，天日在上，鑑此宣言，邦人君子，其興起以助我等之不逮；

二月十八日

張景惠　臧式毅
熙洽　馬占山
湯玉麟　呼倫貝爾王　凌陞
哲里木盟　齊王

No.45

抑爲長春，猶未定也；十四日熙洽首先到長，是日奉天省商聯會亦擬召集各縣商會，商議建國問題，會期定自二十五日至二十九日，新國家之建設，至此已有進一步之表示，是日熙洽突然抵奉，十五日張景惠亦乘飛機到奉，馬占山亦定十六日晚到奉，而會議地點，於是乃定於奉天矣，據十五日消息云：「自統一進行後，盛傳新國家設四院制兩委員會，迄未見諸事實，頃得消息，將來統一會議閉幕後，即行入手組織新國家，其大綱內閣國務院外設七部；

(一)外交部，(二)軍政部，(三)產業部，(四)民政部，(五)財政部，(六)教育部，(七)法政部；

各巨頭協商，除推張景惠膺任中樞外，內定公舉臧式毅爲國務總理」；

奉天自治指導部長于冲漢氏

各省首腦，既已先後到奉，乃於十七日先開一預備會議，據當時奉天消息云：「三省巨頭熙洽，張景惠，馬占山，相繼蒞止，將與臧式毅會議，茲據續訊，洮南張海鵬，及東邊于芷山均定于一二日內來奉，各巨頭集合在奉，即定于十七日十二時開聯席會議，地點在省政府，將政權解決，聞在奉係預備會議，會議畢即聯袂赴長春會議，東北新興國家即在長春產出云」，是時蒙古圖什業圖旗之業順海親王，亦定期到奉，建國趨勢，乃如火如荼，此其所以收效如此之速也；

各巨頭抵奉之後，十六日，奉市長趙欣伯設宴於大和旅館以歡迎之，宴畢，即齊赴趙公館，開建國會議，直至十七日午前二時餘，始經決定，建設新國，當推奉省府祕書長金毓紱，吉林教育廳長榮孟枚，特區政務廳長宋文林三人，爲建國宣言起草員；是日下午三時，又復集會於奉省府，於新國未成立之前先，成立一「最高政務委員會」，以資統率各省區政治，當推定臧式毅，張景惠，熙洽，馬占山等四人爲委員，以爲過渡機關；並發一宣言；

東北行政委員會宣言

東北事變發生以來，瞬息之間，已經數月，人民之望平和猶飢渴之求飲食，當此更始一

想我滿蒙各地，屬在邊陲，開國綿遠，徵諸往籍，分併可稽，地質膏腴，民風樸茂，迨經開放，生聚日繁，物產豐饒，實爲奧府，乃自辛亥革命，共和民國成立以來，東省軍閥乘中原變亂之機，攫取政權，據三省爲己有，貙貌相繼，竟將廿年，很厲貪婪，驕奢淫佚，罔顧民生之休戚，一惟私利之是圖，內則暴歛橫征，恣意揮霍，以致幣制紊亂，百業凋零，且復時逞野心，進兵關內，擾害地方，傷殘民命，一再敗衂，猶不悛悔，外則蠛棄信義，開釁鄰邦，悉昧親仁之規，專取排外爲事，加以警政不修，盜匪橫行，遍於四境，所至擄掠焚殺，村里一空，老弱溝壑，餓莩載途，以我滿蒙三千萬之民衆，託命於此殘暴無法區域之內，待死而已，何能自脫，今者何幸假手鄰師，驅茲醜類，舉積年軍閥盤踞秕政萃聚之地，一旦廓而清之，此天予我滿蒙之民蘇息之良機，吾人所當奮然興起，邁往無前，以圖更始者耳，惟是內顧中原，自改革以還，初則羣雄角逐，爭戰頻年，近則一黨專權，把持國政，何曰民生，實置之死，何曰民權，惟利是專，何曰民族，但知有黨，既曰天下爲公，又曰以黨治國，矛盾乖謬，自欺欺人，種種詐僞，不勝究詰，比來內閧迭起，疆土分崩，黨且不能自存，國何能顧，於是赤匪橫行，災祲洊告，毒痡海內，民怨沸騰，無不痛心疾首於政體之不良，而追思曩昔政治淸明之會，直如唐虞三代之遠不可幾及，此我各友邦所共目睹而同深感歎者也，夫以二十年試驗所得，其結果一至於此，亦可廢然返矣，乃猶諱疾忌醫，怙其舊惡，藉詞民意從新，未可遏抑，然則縱其所之，非寖至於共產以自陷於亡國滅種之地而不已，今我滿蒙民衆以天賦之機緣，而不力求振拔，以自脫於政治萬惡國家範圍之外，勢必載胥及溺，同歸於盡而已，數月來幾經集合奉天吉林黑龍江熱河東省特別區蒙古各盟旗官紳士民，詳加研討，意志已趨一致，以爲爲政不取多言，只視實行如何，政體不分何等，只以安集爲主，滿蒙舊時，本另爲一國，今以時局之必要，不能不自謀樹立，應即以三千萬民衆之意向，即日宣告與中華民國脫離關係，創立滿洲國，茲特將建設綱要，昭布中外，咸使聞知，竊維政本於道，道本於天，新國家建設之旨，一以順天安民爲主，施政必徇眞正之民意，不容私見之或存，凡在新國家領土之內居住者，皆無種族之岐視，尊卑之分別，除原有之漢族滿族蒙族及日本朝鮮各族外，即其他國人願長久居留者，亦得享平等

No.45

又吉林各團體電云，「（銜略）慨自去秋事變以來，迄已多月，南京國民政府，毫無良善辦法，長此遷延，隱憂曷極，我東北各省處此特殊情勢，非由全體民衆奮起，自決籌議建設新國家，不足以策安全，而資保障，玆經此間各法團暨地方紳耆，名流學者，共同集議，僉以促進新國家之實現，洵屬要圖，勢難稍緩，敬特聯銜電達，務迄查照，迅於本月十九日以前，覆電賛助，並宣示民衆共策進行，是爲切盼，吉林總商會，工務總會，省教育會，省農會航業公會，律師公會，朝鮮民會，紅卍字會，旗族生計會，紳董公所，吉林日報社，永吉縣農會，縣教育會同叩」云，新國家至此已有不可再緩之勢矣；

奉天市長趙欣伯氏

建國預備會議，旣已有相當收穫，於是正式會議，乃不得不積極籌備，據當時情形，張熙馬各巨頭，在奉開預備會議，已意見一致，熙洽張景惠亦籌備北返，一面派長春市政處長金璧東回長，積極籌備，並修議場，正式建國會議開幕在卽，開本省各要人，及各蒙王亦多前往參會，以便新國家早日產出，另據一消息，正式會議如在長春未開以前，張景惠，熙洽，偕臧式毅，張海鵬，于芷山聯袂往長，而馬占山雖已回江，屆時亦前往參加云；此建國會議前後經過之大略情形也；

新國家成立後張景惠對記者談話

滿洲國建國宣言，於三月一日午前十時假張景惠公館正式向中外發表矣，國基已由此而定，但在宣言未公佈之先，張委員長引見內外記者六七十名談話，略謂東北行政委員會由上月十八日成立以來，卽著手組織新國家，復招各省縣市及鮮蒙各代表，到省開聯省大會，徵集群意以策進行，結果意志一致，玆本諸東北三千萬民衆之熱望，與希求，決與中華民國脫離關係，建設滿洲國，本國成立之後至將來對外政策，則尊重信義，力求親睦，凡國際間舊有之通例，無不遵守，前中華民國與各國間所定之條約債務等事，凡屬於滿洲國領土以內者，悉依照國際間之慣例，而繼續承認，願有投資於滿洲國內開發實業，無論何國人士，一律歡迎，以期達到門戶開放，機會均等之實際云云，旋卽發表建國宣言；

滿洲國建國宣言

至於新國家之元首，已經公推清遜帝溥儀爲執政，各省區除派代表，前往溥儀行轅，慫慂出廬外，玆悉臧式毅省長，擬定于三月四日親往溥儀行轅處，敦請出山，匡扶國政，以慰東北三千萬民衆之渴望云，

代表力請溥儀就元首之情形

東北行政委員會代表，張燕卿，張漢清，蘇寶麟，保康，趙仲仁，凌陞六名，一日晋謁溥儀氏，懇談凡三十餘分，披瀝彼等係滿蒙三千萬民衆之代表，願推氏爲新國家之元首，氏當卽以際此時局多難之秋，猥以菲才難堪重任，若實不得已，請容日後再談云云，而力辭之，該六名退出後，內中有張熙卿者，係吉林省之代表也，特對記者有如左之談話，

余等晋謁溥儀氏，氏精神極佳，余等代表三千萬民衆懇請溥氏就任執政，特氏對余等之言論，始終以難堪厥職，手腕力量人望三者均付闕如，望以兼備該三者之人物出世就任云云，而力與辭却，余等擬將此次會見之結果，報告各委員，協議對策後，並擬以張景惠爲代表，一度前往懇請，若溥氏乃無承認意向，則更擬糾合蒙古王及各省首腦者，一同再度請求，以便貫澈初志，此係一般之所週知者，新國家於過去之行政住民等之關係，極爲複雜，而能孚輿論之望及承服全民衆之心者，則僅有溥氏一人而已，氏之就任執政，旣爲民衆之所翹望，故非懇請氏之出廬不可，新國家之政體等，現在並非未見到確定，蓋余等之所積極者則爲元首耳，元首有定，新國家之途徑始可因而有所準繩，

據此觀之，則準備於三月十日舉行溥氏就任執政式，亦將有多少遲延之步驟，惟行政委員方面則始終主持，至晚亦須於三月十五日舉行就任式云，

六　新國家之組織法

第一章　臨時執政

第一條　臨時執政，統治滿洲國，

第二條　臨時執政，代表滿洲國，

第三條　臨時執政，對全國人民負責任，

第四條　臨時執政，以立法院輔佐行立法權，

第五條　略，

第六條　臨時執政，統督國民施行行政權，

第七條　臨時執政，依法律以立法院，行使司法權，

第八條　臨時執政，以維持公共之安寧，增進福利，及執行法律，發布命令，但不得以命令變更法律，

第九條　臨時執政，爲維持公安及防遏非常之災害起見，若碍於不得召集立法院時，能得到參議府之同意，亦與法律有同一效果，故亦可發布緊急敎令，但此敎令，須於次之會議，得報告於立法院，

第十條　臨時執政，得制定官制，任命官吏，定其俸給，但依本法及其他法律，而特定者則不在此例，

第十一條　臨時執政，有宣戰講和，及締結條約之權，

第十二條　臨時執政，統率海陸軍，

第十三條　臨時執政，有大赦，減刑特赦及復權之命令權，

第二章　參　議　院

第十四條　參議院以參議組織之，

第十五條　參議府關於如左各項，待臨時執政之諮詢，得提出意見，

一　法律，　二　敎令，　三　豫算，　四　與列國之交涉，

No.45

之待遇，保障其應得之權利，不使其有絲毫之侵損，並竭力剷除往日黑暗之政治，求法律之改良，勵行地方自治，廣收人材，登用賢俊，獎勵實業，統一金融，開闢富源，維持生計，調練警兵，肅清匪禍，更進而言敎育之普及，則當惟禮敎之是崇，實行王道主義，必使境內一切民族熙熙皡皡，如登春臺，保東亞永久之光榮，爲世界政治之模型，其對外政策則尊重信義，力求親睦，凡國際間舊有之通例，無不敬謹遵守，其中華民國以前與各國所定條約債務之屬於滿蒙新國領土以內者，皆照國際慣例繼續承認，其有自願投資於我新國境內，創興商業，開拓利源，無論何國，一律歡迎，以達門戶開放機會均等之實際，以上宣布各節，爲新國家立國主要之大綱，自新國家成立之日起，卽當由新組之政府負其責任，以極誠懇之表示，向三千萬民衆之前，宣誓實行，天地昭鑒，無渝此言；

大同元年三月一日

滿洲國政府

五　國體政體國名國旗年號首都

新國家之組織既經確定，則凡關於新國之一切，如國體政體……等，須在々加以研究，最後決定

一　國體　立憲民主制

二　政體　聯省自治

三　國名　大滿洲國

四　國旗　新五色（見下圖）

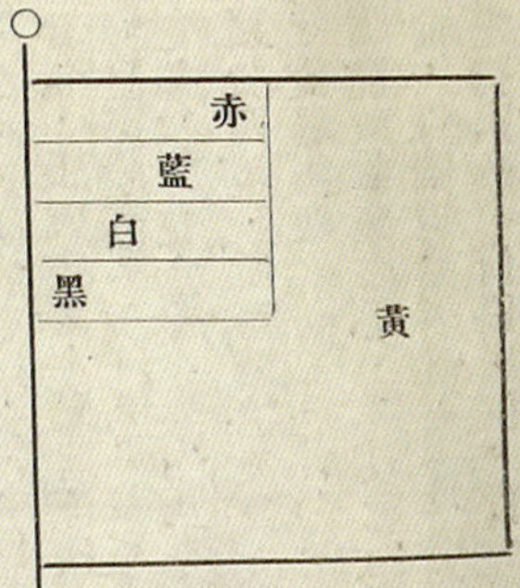

新國家之國旗

五　年號　大同

六　首都　定於長春

七 各種宣言

一 奉天全省大會宣言

我奉天省一千六百萬民衆苦於軍閥之淫威，惡稅之暴斂，已二十年於玆矣，一旦根本剷除，還我自由，其爲欣幸，非可言喻，且自新政權樹立以來，如勵行自治，減輕稅捐，肅清盜匪等項設施，悉本善政愛民主義，着々進行，若非當局極端主持，友邦盡力協助，曷克臻此，全省民衆感戴同深，雖然，尙有進於此者，請詳言之，夫民爲邦本，古有明訓，民聽民視，天且弗違，奉天省者，我一千六百萬民衆之奉天省也，當局之趨向，自當以全省民意爲從違，今我兩省民衆之所渴望者，非所謂新國家之建設乎，非所謂善政之設施乎，則當局自當本諸民意，努力進行，以副民衆之期望，此請求之理由一也，欲謀政治之進步，宜求內部之統一，欲立統一之基礎，宜有新國家之建設，此理至明，無待詳言，自新政權樹立以來，與中國政府脫離關係者，非僅奉天省爲然也，若吉江兩省，若哈爾濱特別區，莫不具有同樣之情形，各省區之內政外交軍事財政交通實業之亟待整理者，奚止千端萬緒，新國家成立之後，則能提綱挈領，主持有人，一切設施，胥得就理，此請求之理由二也，即就我奉天省現狀言之，亦確有建設新國家之必要也，若者爲滿人，若者爲漢人，若者爲蒙人，若者爲朝鮮人，其來源不同，其習俗亦異，同處一域之內，往々齟齬橫生，且自海通以來，猱狉日闢，友邦人士，接踵而來，所處地位，大非他省可比，勢須於省府之上，另設尊崇之體制，始爲人民增其崇仰，爲友邦增其信賴，此則新國家之建設，大有不容或緩者矣，此請求之理由三也，我一千六百萬民衆，以此三大理由置之胸臆，爲時已久，如鯁在喉，茹而欲吐，玆值東北行政委員會成立伊始，主持得人，全省民衆，一致歡欣鼓舞，認爲時機已熟，各縣亦推代表，翩然來集，以全省民衆之意志，爲建設新國家之請求，玆於本年二月二十八日，假省城裡大會場開全省民衆大會，全場一致主張建設新國家，並議決事項以下，

一 建設適合現勢之新國家，並擧民衆愛戴之元首，

二 澈底剷除軍閥勢力及一切苛政，

三 本善政王道主義爲設施新政之標準，

四 融合東亞民族以堅立國之基礎，

五 注重實業開發地方以植新國之富源，

六 提倡職業教育以裕人民之生計，

以上均爲全省民衆渴望之事項，亦卽全省民衆生命之所係，用特鄭重提出，請求剋期實現，一息尙存，此志弗懈，天日在上，實鑒此衷，謹此宣言，致布明察云々，

二 全滿促進建國聯合大會宣言

頃間全滿民衆，解除束縛，相見一堂，討論建國大計，開從來未有之局，眞正民意，藉此表現，歡欣鼓舞，自不待言，惟於建國理由，外間未必盡喩，謹本公意，詳爲開陳 全滿民族，古稱肅愼，風俗條敎，殊於地方，歷祀數千，未之或改，有淸崛起興京，入主中夏，而於滿洲故地猶沿舊俗，未嘗强以齊同，是知政貴因時，文質異尙，削足適履，窒碍必多，此基於民族歷史必須建國之理由一也，漢取遼東，唐滅高麗，夷爲郡縣，終致淪亡，良以榆關以東，地長如線，遠隔中土，別爲一區，漢唐盛時，能取而不能守，蓋由於此，此基於地理關係必須建國之理由二也，往者扶餘建國於長春，渤海建國於寧安，女眞建國於阿城，滿洲建國於興京，其小者保聚一隅，傳祚數百，

No.45

約東條約，及以臨時執政之發出對外宣言， 五 重要官吏之任命， 六 其他重要國務，

第十六條 參議府，關於重要國務，得向臨時執政提出意見，

第三章 立法院

第十七條 立法院之組織，另以法律定之，

第十八條 凡法律案及豫算案，均須經立法院之贊助，

第十九條 立法院之於國務得建議於國務院，

第二十條 立法院，得樹立人臣之成案，

第二十一條 立法院，每年召集，通席會期以一個月，但必要時，得延長之，

第二十二條 立法院凡出席者未達總議員數三分之一，不得開會，

第二十三條 立法院之議案，以出席議員過半數表決者決定之，若同數時，則由議長決之，

第二十四條 立法院之會議，爲公開會議，但以國務院之要求及立法院之決議者，得開祕密會議，

第二十五條 凡由立法院所議決之法律案，及及豫算案得由臨時執政制裁後，公布施行，由立法院否決法律案及豫算案時，臨時執政得示其理由，附以再議，若仍改變時，則諮於參議院採取可否，

第二十六條 立法院議員，對于院內言論及表決等項，於院內不負責任，

第四章 國務院

第二十七條 國務院承受臨時執政之命令，處理諸般之行政，

第二十八條 國務院置民政，外交，軍事，財務，實業，交通，司法各部，

第三十條 國務總理各部總長無論何時均可出席立法院會議，及發言，但不得參加於表決，

第三十一條 關於法律敎令，及國務之敎書以國務總理副署之，

第五章 監察院

第三十二條 監察院執行監察及審計事宜，監察院之組織及職務以法律制定之，

第三十三第 監察院置監察官及審計官，

第三十四條 監察官及審計官，由刑事裁判或懲戒處分外，不得免其官職，及不得反其意志，執行停職，轉職及減俸等事，

附 新國家政府之組織

滿洲新國家，自經東北行政委員長張景惠，委員馮涵清等研究新國家一切組織，該委員會已將執政府之組織，擬委共分三院九部制，茲將執政管轄各部院列下，

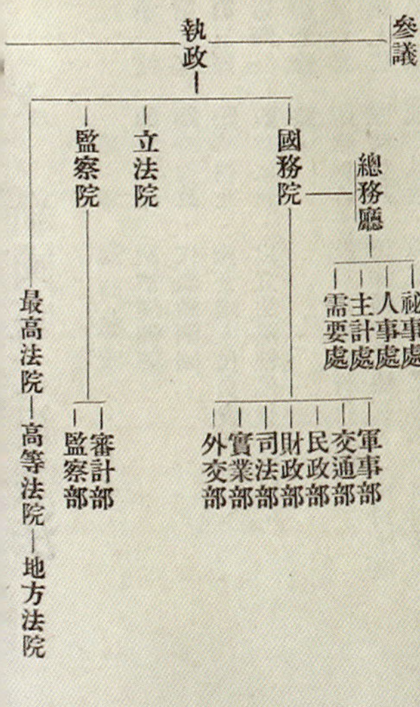

丕事開探，爲此新國發軔之際，正應政needs苗之時，輕重緩急，集思廣益，自應提出議案，交由縣民大會公同討論，凡我各界紳民，利害攸關，不應緘默，其各聚精會神，志心研討，是所切望，謹此宣言，海城縣民大會敬叩，其餘各縣各團體，類此之宣言，汗牛充棟，記不勝記，茲姑記此數則，俾見一斑云，

八　各地促進建國運動情形

建國實現，雖由當局之努力，然亦賴於各地民衆之建國運動之猛烈有以促成之，茲將三省及各盟旗王公之建國運動情形，分別錄之於次，以供閱者之快覽焉，

奉天

第一日　市民大會誌盛

奉天市民促進建國運動大會，二十七日已屆開會之期，事前經市政公署擇定商埠大舞臺爲會場，由上午九時起至下午四時止爲開會時間，市民無論男女，一律歡迎參加，經衆討論結果，全體一致可決，宣言文曰，

吾等向受軍閥壓迫，民不聊生，急須自謀解決，今日市民全體集中意志，重開我四省之新紀元，現經大衆議決以左六項，爲吾等希望，謀我東北民衆必表同情焉，

一　王道主義的新國家早日實現，

二　希新國家之立法行政尊重民意，

四　促進新國家解除人民痛苦，

五　希望新國家施行仁政，

六　要求新國家剷除盜匪使吾們安居樂業，

其決議文曰，奉天全體市民，希望新國家早日建設，以蘇民困而行仁政案，決議，全體通過，

是日市署並在該會場邀聘共益大觀兩戲園角色，演唱京劇助興，且備有點心，每人一包，二十八日在東北大戲院有大連中華女子手藝學校表演跳舞新劇，由午後六時至十時止，除各機關人員及市民隨意入覽外，並招待各縣代表，以預盛舉，

第二日　各縣代表大會

第二日即二十八日，爲各縣代表大會，午前十一時在大舞臺開幕，由瀋陽縣長謝桐森主席，豫定開會辭畢，即全員齊唱促進建國歌，旋舉議長，次由各縣代表演說，最後提出宣言文案，付衆討論，俟公決後卽行散會，是夜六時在東北大影院招待各代表，由女學生歌舞奏技，以資歡迎云，

第三日　滿蒙全境大會

第三日卽二十九日，爲滿蒙全境代表大會，會場定爲省議會舊址，正午開幕，亦由瀋陽縣長謝桐森主席，進行順序，仍與各縣代表會略同，會畢卽舉行結隊遊行工作，除各代表外，並各法團員各界人士等，均當參加遊街，豫料屆時定呈空前之盛況云，

總會開會情形

召開全滿促進建國運動聯合大會，已於二十九日正午十二

其大者肇基東土，進據中原，王業之興，已至三四，此基歷史成例必須建國之理由三也，比來內地多故，禍亂相尋，立國二十年，迄無寧日，加以軍閥割據，苛政虐民，既處煮豆燃萁之中，將成玉石同焚之勢，栽胥及溺，智者弗爲，不遠而復，往哲是與，此基於地方現狀必須建國之理由四也，再進一步言之，民爲邦本，古有明訓，民聽民視，天且弗違，全滿地方，既以人民爲主體，全滿建設，自以民意爲從違，民意而在樹立新政府也，則政府以立，民意而在建設新國家也，則國家以成，民衆所最愛戴之人，則推舉爲元首，民衆所欲設施之事則發布爲政令，全滿民衆，意志已決，自應早奠新基，爲收拾人心之計，此又基於人民公意必須建國之重要理由五也，以上五種理由，皆爲全滿地方所具之特因，亦爲我全滿民衆人人所欲言，茲於二月二十九日，在奉天省城開全滿促進建國聯合大會，根據上述理由討論建國問題，並經議決，向東北行政委員會，提出請願，冀期建設新國家，推戴元首，並本善政王道主義，增進人民幸福，全滿一致，詢謀僉同，特此宣言，敬希，
公鑒，

大同元年二月二十九日

全滿促進建國聯合大會

三　吉省各法團建國宣言

吉林各法團因建國伊始，特具宣言喚起民衆，茲將其原文錄下，東北民衆苦軍閥蹂躪久矣，自去秋事變以來，瞬將半載，國府既視同秦越，平張尤漠不關心，際茲時會，我東北三千萬民衆，非自決不足以圖生存，非建國不足以資維護，茲者東北各省建國運動，風起雲湧，澎湃異常，具徵衆意攸歸，羣情一致，讀東北行政委員會張委員長等巧日通電，曲循民意，與黨國政府完全脫離關係，義正詞嚴，無任佩仰，吾吉各界，自當追隨驥策，誓效馳驅，冀建國之迅速完成，期基礎之永遠鞏固，俾內求東北全民之幸福，外謀東亞各民族之和平，豈僅東北之利賴，抑亦世界之光榮也，本會等代表人民於歡忻鼓舞之餘，尙希新國家之早日實現，是所晰夕企禱者耳，謹此宣言，惟乞公鑒，

四　海城縣民大會宣言

省政府，奉天省指導部均鑒，慨自民國以還，蒼黃反複，民萌愁慘，舉國耿然，而我東省水深火熱，尤爲特甚，軍閥橫行，視民草芥，地盤是視，惟存爭城爭野之心，聚斂爲能，烏識旣庶旣富之義，巧取豪奪，供其揮霍，吸髓敲骨，恣其淫糜，盜賊擾亂，罔克蕩平，流離頸尾，了無撫邮，不知忠信篤敬之言，尤作講信修睦之訓，暴政惡行，穢德新著，吾人在軍閥壓迫之下，含痛茹苦，日甚一日，齊存時日曷喪之心，自有撫我則厚之想，吾東省有三千萬民衆，有數千里版圖，本有獨立之資格，應即急起直追，用促新國家之實現，現在新國告成，重見天日，一掃縱前之惡濁，重覩東亞之光明，吾人劫後餘生，欣然色喜，對新國家竊有無限之希望，選賢任能，信賞必罰，杜絕夤緣，崇尙廉儉，希望于生人者一，鏟除軍權，裁汰軍費，用免跋扈，撲滅淫威，希望於武備者二，黜華崇實，舉賢是式，排斥邪說，注重職業，希望于教育者三，政平訟理，是非不淆，屏絕苞苴，獨無寃獄，希望于司法者四，胡匪蠭聚，肆意荼毒，剿捕兼施，以續民命，希望于治匪者五，災區雪民，流離失所，飢寒交迫，遍野鴻嗷，希望于賑濟者六，減輕田賦，以蘇民困，改良樹藝，以裕生產，希望于農業者七，厘定稅則，剗除重征，活動金融，用期周轉，希望于商工者八，其他道路梗塞，力求

No.45

良好最美滿的結果，如此不但敝人深爲感謝，即全體大會，亦同深感謝的，敝人謹代表大會祝位代表康健，並祝新國家前途無量，等語，後而由各代表讀決議文及演說，後又請來賓丁鑒修演說，大意，即此次事變經過，事變理由，將來之東北建設新國家之目的等，各演說畢，即宣佈全滿大會宣言（見另條）將宣言宣佈後，由代表起草通電，將通電擬妥後，即發出通告全國，玆將通電原文抄錄如下，

通電原文

（銜略）均鑒，查東北各省，自事變以來，人民失業，盜匪蜂起，姦淫掠擄，十室九空，生靈遭此塗炭，誠爲空前未有，推原其故，實因弊政及除統治無人所致，現在地方秩序雖漸恢復，無如中樞之人，仍難治理，近經體察各方情形，與大局趨勢，亟應建設國家，掃除以前惡弊，須佈新猷，施行善政，東北鉅業，既能開發，滿蒙基礎，復得底定，自此三千萬民衆，可享雍和之幸福，故此一致奮起，主張建國，披誠通電，諸維公鑒，全滿促進建國聯合會代表同叩，

此電由謝議長郎讀後，由會場正面將新國家規定新五色放下，旗式己見本刊，將旗放下後，各代表全體起立，向新國旗行三鞠躬禮，將以上各情節通過後，即閉會，由議長謝桐森致閉會辭，將閉會辭列下，略謂，

的幫助，各輸卓見，致得極圓滿極良好的結果，這是本會無限光榮或慶幸的，敝人僅代表大會與各代表申致謝意特致閉會詞，並請各代表三呼新國家萬歲，一新國家萬歲，二新國家萬歲，三新國家萬歲，閉會後，請各代表參列遊行，並出席招待宴會等語，該會爲招待代表計，特假南市場鹿鳴館，及新德馨飯店宴請各代表，定即日下午五時，當日下午二時半至四時半爲全滿促進建國大會示威運動，將示威運動預序列下，

四萬民衆結隊游街

大會畢，即作一大遊行，參加者無慮四萬，有指揮隊，音樂隊，各省代表隊，各縣代表隊，遼西慈善團，學生隊，青年團，商團，喇嘛團，警察隊，高蹻會，衞隊等由指揮隊帶領，從自治部東行，過省政府門前，由滿鐵公所北拐抵四平街，旋進小西關出小西邊門，經三經路抵日站浪速通日關東軍司令部前，提出大會宣言及決議文後，又南行由官銀號往東經馬路灣返回大會會場，三唱萬歲解散，時正五時半也，又於是夜招待全滿各地代表於商埠地鹿鳴春新德馨兩飯店有所宴會云，

新民 新民縣公署執行委員長李延芳招集全縣公民及紳商各界各法團等，於二十一日上午，在第一校振鈴開會，李委員長報告開會宗旨，略云，今天是吾們全縣的各法團和民衆的代表，大家夥兒自動的聚會在這場，是作什麽呢，就是作這個建國，促進宣傳的工作，所以今天的會就叫作建國促進縣大會，大家知道爲什麽要建設新國家，就是吾們東北的民衆，從前處在舊軍閥的勢力範圍之內，弄的實業不能發達，金融吃緊，改育不能振興，民智不開，盜匪滿地，災歉頻仍，哀鴻遍野，民

時正式開幕，會場仍設指導部（前同澤女中學校）禮堂內，出席者奉天代表謝桐森，吉林代表林鶴皐，黑龍江代表瀋潤龍，哈

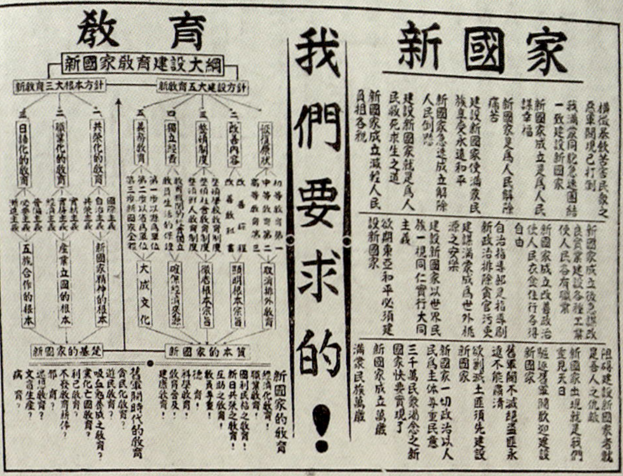

爾濱特別代表同樹標，奉天省政府代表趙鵬第，奉天市政公署代表恩麟，自治指導部代表于靜遠，王秉鐸，及全滿各縣代表各團體代表各省朝鮮人及蒙古代表等不下八百餘名，開會順序列左，

一　各代表入席並來賓入席
一　奏　樂（建設樂天地）
一　唱　歌　　遼西縣慈善團代表
一　主席入席
一　開會辭
一　推選議長
一　議長入席
一　黑龍江省代表宣讀宣言及決議文　　鄂昌勳
一　哈爾濱特別區代表宣讀宣言及決議文　　周樹標
一　吉林代表宣讀宣言及決議文　　林鶴皐
一　全滿學生團體代表宣讀宣言及決議　　李志剛
一　滿蒙青年同盟會代表宣讀宣言及決議　　唐逑成
一　各省代表演說
一　來賓演說
一　全滿大會宣言
一　起草發出通電
一　奏樂裡向新定國旗行鞠躬禮
「全滿大會萬歲」「新國家萬歲」
一　奏　樂
一　閉會辭　議長

開會時由主席謝桐森，報告開會宗旨後，由各縣代表在應接室推舉議長結果，公推瀋陽縣長謝桐森爲議長，謝議長入席時，即向代表演說略謂，

此次開全滿建國促進聯合大會，蒙各位代表推舉敝人爲議長敝人知識淺鮮，實在不敢當此重任，但是既蒙各位代表一致

安東　安東市民促進會，因新國家成立在即，於今（二十四）招集士農工商學各界，舉行歡迎新國家成立大會，遊行街市，計分四組，每組千餘人，分持小旗，上書歡迎字樣，附有秧歌高蹻裝扮之八仙及軍樂隊，分別自縣政府財務處商會出發，鼓樂喧天，士民爭觀，頗極一時之盛云，

營口　本縣主席楊晉源氏，因新國家行將實現，應有籌備，以促早觀告成，故於二十日，召集市內各團體首領，假縣府特開新國家籌備促進會，屆時各團體首領咸皆蒞會，並當場推定商務會長，李序園爲會長，會體內分五股，庶務股長高科長，警備股長王督查長，宣傳股長教育金局長，聯絡股長孫祕書，文書股長閻科長，當場表決，擬定二十三日在小紅樓開新國家促進大會云，

四平街　本驛市兩街民衆團體，爲促進新國家早日實現，除在驛市兩街舉行促進建國運動大會外，於二十二日午後四時，假大觀茶園開市民大會，（一）開會序次，（二）財務處長李子玉演說建國大義，（三）選舉議長，當經民衆推選前商務會主席胡啓文，爲市民會議長，胡君啓文卽時登臺向衆致辭，（四）指導委員會祕書穆育化致辭，繼則警務張課長鳳書，市政公所祕書王化民，電話局長聶福祥，兩商會代表莫國興，警務處譒譯張文義，市政公署翻譯崔勝芝等三十餘人，當場演說新國家之幸福義意，（五）決議，（六）開會，（七）加演電影，是時樓池滿員，一般市民後到者均不能入場，一切秩序由公安王分局長率警衛各保護會場至午後十時興盡而散云，

大石橋　大石橋中國地商會，及附屬地華商會，各法團各機關等，因政權久懸，民無所歸，近有建設新國家之運動，遂招民集衆，籌商開促進建國大會，以期早日告成，均各贊同後，集中國地商會院址，舉行開會報告致詞，講演，並朗讀宣言決議文畢，各界團體領袖，手執旗幕，率同學生，及一般民衆等，達二千餘人，由十點出發，列隊遊行街市，並撒放標語歌詞傳單，藉廣宣傳，更點綴以高脚會等玩藝，表示慶祝之意，至下午二點，始行歸會鑼鼓喧天頗極一時之盛

普蘭店　本月二十三日記者因事赴瓦，適值該埠開催新國家建設，復縣促進聯合大會，於農會內爲會場，由李葆平縣長，督率各界全體臨場首由李縣長發表開會宗旨，嗣則依序開會，各界多有演說，茲不贅述，會畢於庭院中，共同撮影，復於市內各街遊行，兼有音樂，高蹻等雜列其間，並選出代表者四名，以便赴省請願，促進建設新國家之宏謀其氏名，及職業如下農會長張志遠，商會長孫履廷，教育會長戴振鐸，教育局員曲傳賢等四名，該遊行，所過之處，觀者男女老幼人山人海，雖積雪截途，寒風刺肌，亦不稍避，其熱烈典盛，可見一班矣，直至三時餘，始行解散也云，

大連　東北自盛傳新國家建設以來，消息所播，甚囂塵上，本市商民莫不引領渴望，新國家早日觀成，以奠三千萬民衆同安於磐石，爰是東部公議會，及西部商民公議會，對於滿蒙新國家不久卽將實現，本埠華人商民事先亦應有所準備，俾向全市居民宣傳新國家意義，奉天指導部亦派員與該商會接洽，以便開始宣傳，該三公議會殊爲鄭重，決定月之二十三日午後三時，在大連公議會內召開全體董事會協商進行諸辦法，先期已發出請柬，敬啓者，本會定於本月二十三日，（卽星期二）午後三時，在本會樓上董事會議室，開全體董事會，協議剿匪宣傳事宜，屆時務希撥冗早臨，莫悞是荷，專此敬請財安並頌春祺不備，大連華商公議會謹啓云，

No.45

不聊生，簡直說吾們東北的三千萬的老百姓，就沒有生存的道路了，所以吾們民衆自動的團結起來，要建設新國家打倒從前軍閥，脫離中央的關係，用王道政治，抱大同主義，務使機會均等，用石解放，民族不分畛域，共存共榮，更無所謂非小利，

我們要求的新國家的！

治安

一、想要救民衆的塗炭，保障地方的治安，我們三千萬民衆當希望急速建設新國家

二、我們願意建設新國家，同時並當希望拿新國家的力量維持地方治安

三、我們想要清除匪患，只須求之於有統制的國家的地方治安維持

四、剝奪三千萬民衆的幸福，不是舊軍閥的惡政和在地方跋扈的兵匪嗎？

五、舊軍閥既已排除，兵匪的橫行尚未掃淨，所以新國家討伐兵匪的使命有存在數百年的必要

交通

一、使交通民衆化——使各民族各階級的人民均受近代的交通機通的恩惠

二、爲人民謀福利——開發集合已睡千秋滿蒙的富源，使我四千萬民衆的食料豐福，減輕運費以便旅客及轉貨商

三、普及人文之光——使舊封建封鎖的小社會擴大連結大世界以期人文之光遍浴我四千萬子弟

抵制唰種々門戶之見，一心一意的爲民衆謀幸福，造成東北的樂園，所以大家要努力的宣傳努力運動，以促新國家實現，宣傳運動的方法，就是標語去宣傳，用口號去宣傳，用遊行去宣傳，及其他種々的宣傳，並盼望吾們各區的代表回到鄉間去，也要努力宣傳，務要吾們全縣的民衆人々都知道促進建國那纔是吾們工作的成功，再有吾們各法團和民衆的代表，對於建設新國家的意見希諸都要盡量的發表出，來經大家討論結果，作爲決議案，這就是吾們全縣意見，希望以向省府請願，所以說吾們的新國家，純粹是民意造成的，次由王委員長代表各法團演說建設新國家之思想，大家發揮新國家政體，宜用民意，再次指導部委員高崗氏演說，今天開促進建國運動會與大家研究政治，於滿蒙民衆生治性質，宜用王道政策能收速效，再次王委員翔九演說，建設新國家之主義，中國三四千年最古文化禮敎之國，現下不如初皆因王道墜綱現在非行王道難以發展，建設新國家急不容緩，謀眞正共和國家不分畛域，不分宗敎，崇尙道德，接續講演，至下午三時畢會，撮影遊行街市粘貼標語而散云，

錦縣　在錦州遼西各縣聯合促進大會，自二十四日午後一時起在該地靑年會館舉行，列席者，除各縣代表一百人外，更有五百人參加合場人山人海，自午前九時許由各縣送來有二萬民衆之大遊行，市內一般交通甚是困難云．

興城　興城縣々公署指導員到興以來，對於應興應革事宜竭誠指導，不遺餘力，頗爲地方所信仰，該指導員現藉舊歷元宵節之便，召集市民，舉行遊藝大會，並假第二校爲會場，是日到會者除各機關首領外，商民共到有三百餘人，各持小旗，沿街遊行，以爲歡迎新國家之表示，遊行畢在第二校院內，共同撮影，以作紀念並預備酒席十餘桌燕會各界首領，以資聯絡，

福於將來，四萬同胞，倘有來蘇之望，故對於黨國政府，一致共謀保衞，不意去秋事變猝起，南京政府，迄亦未聞援助，是所遭一切苦痛，黨人暨軍閥釀之，我東北民衆實受之，遷延復遷延，幾視我東北地方爲甌脫，棄我東北民衆如敝履，迄於今我東北民衆，若不亟謀自決，恐將淪於萬刼不復，伏讀本月巧日東北行政委員會通電宣言，我滿蒙從此與黨國政府脫離關係，完全獨立，剷除舊軍閥之苛秸，澈底更新，曷勝歡躍，我東北民衆陷於水深火熱之中，倘能振此獨立精神，早建設獨立鞏固之新國家，免於暴民專制，得享和平之福，常作樂土之民，斯則我東北全體民衆所馨香頌禱者也，願我民衆急起協力圖之，東北幸甚，全國幸甚，特此通電，吉林各縣總代表，兼蒙旗代表林鶴皐叩敬，

吉林建設新國家促進會，爲宣傳起見，於日前貼張標語多種，以國民政府早已拋棄我們了，建國爲民衆自決，今年元宵節是東三省民衆自決後紀念日，回想二年前我們東三省的景況，等三十餘種，各商家，亦皆貼祝慶之對聯云，

長春

本埠各機關團體及力士紳等，前爲促進新國家建設特召開市民大會等情，曾誌本報，玆於二十四日上午十時，各機關商民衆，均派代表先後集於大經路消防隊操場前各持小旗，排列成隊，計全體不下四千人，首由市公安局燃放高聲砲數十發，旋卽開會，各要人如商會長史維翰市公安局長孫仁軒，趙汝楳縣長等，均登臺演說，迨十二時許演說終了，卽結隊遊行，本

放，遊行時，並由市公安局督察長原蓋臣氏光頭領導，路經城內頭道溝各要巷，全體高呼口號，一時許，至縣政府門前始行散會，是日雖北風極烈，奇寒襲人，而商民人等參加者極爲踴躍，誠開空前盛況云，

哈爾濱

哈爾濱，當地於昨日二十五日，由市政府率領之下，慶祝新國家成立之市民慶祝大會，會場設立在南崗喇嘛臺附近之大禮場內，場內滿懸萬國旗，中央旗杆上高懸市民慶祝大會紅色旗一面，玆將會場內之慶祝情形分誌於左，

會場之佈置，全禮場之中央設席選三，正中爲主席演臺，兩旁一爲西樂部一爲辦事處，司儀臺設於演臺之右部，前旗杆高懸慶祝旗一面，四週遍懸萬國旗，會場之正門紅黃大旗兩面，上書慶祝大會等字樣，並有多名武裝警察把門，門內設慶祝人員簽到處門，左爲散放小旗之處，

門右爲散放傳單之處，市民慶祝之情形，是日天氣甚佳，至午前十一時，市內各機關人員及市民人等，均陸續來到每人均佩有黃色或紅色之臂章，上書慶祝大會，及市民慶祝大會等字樣，一邊書有第〇〇號人後場，首至簽到處簽到，再至門左，各領小旗一面執於手內，然後再到場內各處遊行，講演情形，正午由鮑市長登臺講演（演說詞甚長從略）演畢卽由照像館攝影，此際場內民衆均集於中央聽講，中外人民約達萬餘人，故場內極形擁擠，當場由執事人員散放傳單，傳單上書，振興新國家，並對滿蒙今後之實業發展，對工界農界學界均有宣言，天

吉林

吉省各縣代表，於二十四日預備大會議決，舉行建國運動大會，於今午十二時（二十五日）各團體齊集長官公署門前，教育界亦參加，教員學生亦出席，建國進行極盛，由謝雨生王肅堂報告開會宗旨，復排列成行出發，首軍樂，警察，總指揮，各縣法團代表，學商農工界諸生，回教，朝鮮，慈善航業等會，最後憲兵警察，施放炮炸之下，飛機空中散放傳單，氣勢雄壯，尙儀街河南街，大東門外，朝陽街，電燈廠，日清旅館，又轉領事館，新開門，再經糧米行返回公署，沿途高呼口號，軍樂洋々，再由謝雨琴，張文楷，演說述明東北民衆自決，需要新國家，又趙厚田主任，報告並三喊東北民衆萬歲，新國家萬歲，熙長官萬歲，民衆每人發給點心一斤，二時餘散會，

又吉林派出赴奉代表，於二十四日會議決定，各縣及民衆林鶴臯程科甲，李英佐，王肅堂，吳玉琛，謝雨琴，關長發，鄭慶弗，費萬一，張文楷，團體工會，江大峯，葉開中，商會范象魁，于遵實，教會于化昆，徐鳴激旗族生計會，趙德育，朝鮮民會高亭鎮二十名，外有記者二名，吉林日報南廣福，東省日報劉云峯，決於二十六日吉長午車南下屆時各法團各縣並民衆，均須佩花執旗到站歡送，吉林建國促進會辦事處，今日下午五時，在聚英樓讌送代表，會內職員，皆參加云，

又昨日（二十四）前吉林省議會議長吉林總代表林仙洲發出宣言，全文五百餘字述言軍閥，黨人專橫等事，應與國府脫離獨立，剷除苛政等語，

又蒙旗吉林總代表通電云：關東軍本庄司令官閣下，東北行政委員長張委員長，臧省長，並轉各法團各報館均鑒，共和成立，迄逾二十載，禍亂相尋，始終靡已，人民有倒懸之苦，

財政

對於貧困者應即免稅
調查人民情形勿亂收稅
軍閥政治時代財政全被軍費掠奪
新國家以緊縮爲目標
要想國民富足必須減輕租稅
總要設法將租稅用到國民手裏
削減軍費充爲事業費
一切經費之用途務與公共有益

我們要求的！

振興實業方略

減輕稅捐　就是恢復民生的救星
廢止官商　打破貪官污吏的私肥
金融圓滿　減少利率使借款方便
利用外資　確是興業富國的捷徑
模範外技　比發明容易結果相同

振興農業：開墾荒地　共同購買肥料　共同販賣農產物　普及充實水利
發達商業：錢行的穩定　減輕稅捐　擴大調查機關　新設共同輸入機關
勃興工業：資源的開發　使電力利用化　使工業機械化　使勞資兩階級合作　使燃料的廉價實用化

國勢有纍卵之危，內政不修，外交不講，黨國告成，愈演愈烈，我東北各省最近情形，困苦尤甚，蒙旗亦同，其影響人

編輯餘墨

去年一年，人々都說世界的不景氣達到極點了；但是大連卻不然，依然熙々攘々，快樂如常；你要不信，只從舊歷除夕起，以直到元宵節，這十五六天的中間，鞭炮放了有多少？便知大連另有一番日月；

放鞭炮並不算一件很大的消耗，就是最有錢的大店舖，大富戶，至多也不過放個十元八元的，少的不過一元八角，三毛兩毛的；然而合計起來，雖說沒有確定的數目字，大概決不在少數；俗話說：「衆人的家當大」，信然信然；

本會附設的中華女子手藝學校，每年舊歷元宵節，必定要舉行一次遊藝會；但是每年的遊藝會，因爲遊藝節目繁多，精彩異常，以故觀者人山人海，擁擠不開；後至者常有不能得一插足地方，而嫌遊藝場所之窄狹；因此今年的元宵遊藝會，特假滿鐵協和會館爲遊藝會場；該館樓上下能容千餘人，依然座無隙地；要不是有入場劵的限制，便移到大連運動場也都是滿的；是大連的人喜玩麼？是舊年的快樂嗎？是不是學生遊藝的進步招來的？以故學生歡喜，看者歡喜，本會的辦事人亦歡喜，皆大歡喜；

遊藝會的玩藝兒，得的成績既好，第二晚，由泰東報主催，又在市內基青找了一晚，看的仍是人山人海；二十八的晚上，又往奉天演了一晚，一切都由奉市府招待，到奉的成績更勝過大連，各報都說學生載譽而歸，因此又各俱大歡喜；

中日文化協會之使命

本協會爲中日兩國人之共同文化機關。於民國九年創立以來。對於東北文化之進步。國際共存之目的。努力進行。頗蒙中外人士之嘉許。茲更將中日文化協會各事業列左。

（一）調查研究事業。東四省之學術。調查之而研究之。以蒐集正確之材料。而備應用者之參考。

（二）介紹宣傳事業。以東北方面之事物。介紹之而宣傳之。如電影。展覽會。講演會。及護旅客之幸福爲之嚮導。

（三）中日親善事業。中日兩國。往往發此隔閡本會設中日交歡會。或以本會資格。爲之排難解紛。

（四）教育事業。附設中華女子手藝學校。以助長女子之職業教育。

（五）出版事業。促進文化之必要。從事編纂書籍圖表。以廣流傳。

（六）發行雜誌。以本會目的發行。東北文化半月刊（漢文）。每年並出版各種書籍及臨時單行小冊之類。

一 會員

本協會之會員分左列之五種。

一、會誌講讀者　每月擔任現大洋貳毛或每年現大洋貳元。

二、普通會員　每月擔任會費現大洋一元。

三、贊助會員　一次繳納會費現大洋二百圓。即爲終身會員。

四、特別會員　乃係一種法人資格如銀行、會社商店等每年擔任左列之會費。

（年額　現大洋一百元以上）

五、名譽會員　對於本會有殊勳巨功者得由本會推薦之。

二 會員特典

本會會員得享有左列之利益。

一、凡本會會員每月由本會贈送本會出版之東北文化半月刊。再特別會員得由本協會宣傳其自己之營業。

二、本會出版各書籍會員得享有減價之利益。

三、凡本會會員對於滿蒙各種事務之調查有依賴者。得隨時本會盡力予以滿足之答覆而不收費。

四、凡本會主催之各種講演會無入場費者。會員得隨意入場。若有入場費者。會員亦享有減價之利益。

本誌定價

一冊　日金壹角
現大洋同　或中日郵票十一分
每月現大洋貳毛全年現大洋貳元

廣告價目表

等第	地位	全面	半面	四分之一
特等	封面之內面及底封之內外面	一回二十五圓		
優等	封面內面之對面及正文首篇	一回二十圓		
普通	正文中正文後	一回十五元	一回十元	一回七元

廣告概用白紙黑字用彩色者另議若用木版銅版者其費一概由登載家擔任圖案原稿函索即行奉寄長期價目從廉

滿洲國大同元年二月廿八日印刷
滿洲國大同元年三月一日發行

發行人　大連市紀伊町九十一番地　石田貞藏
編輯人　大連市紀伊町九十一番地　中溝新一
印刷人　大連市東公園町三十一番地　吾妻力松
印刷所　大連市東公園町三十一番地　滿洲日報社印刷所
發行所　大連市紀伊町九十一番地　社團法人　中日文化協會

分派所
奉天日本站平安通　中日文化協會奉天支部
旅順市朝日町　中日文化協會旅順支部
哈爾濱地段街　哈爾濱文化協會

No.45

空併有飛機散放是種傳單，至午後二時場內始略見情鬆，五時始散會，當場併放晚間提登會之各種紙糊提燈於市民，每人一個，散會之熱鬧，爲哈埠空前未有之盛會云云，

是夜氣天亦佳，市民人等，各燃一燈，由南商會場內起始出發於各街市，遊行各處，其熱鬧情勢，有非筆墨所可形容者迄至夜九時始散云，市內各機關，併東鐵，均於次日二十六日放假，以資慶祝，今後國家成立，以此可兆將來市民之必獲幸福云云，

黑龍江

慨自軍閥主政，地方被其蹂躪，不堪言狀，人民雖各抱隱憂，在强權時代，亦無敢言者，幸有友邦，本一視同仁之心，出爲排除軍閥，還政於民，而建立新國家，袪苛捐，除雜稅，橫征暴歛之貪汚官吏，將不復見於東北矣，長此以往，小民之困，亦得以蘇矣，當此建設新國家之始，各省民衆，異常歡欣，黑龍江省在是期間，已於二月十六日，成立建國委員會，內部組織，甚爲妥善，並公推前省議會議長李維周，爲該會委員長，當時宣言就職，典禮甚屬隆重，參加者爲中日人士，李議長並有極長忠摯懇切之宣言，以及來賓之答詞云，

蒙旗

表決，促進新國家建設，並電商最高政務委員會，有所要求，其提案如下，

(一) 蒙古自治行政區域之建設，

(二) 自治行政區域以外，各蒙古人民須由新國家特別保障，

(三) 新國家各機關內，重要職員須酌量採用蒙人，

(四) 蒙古各地荒蕪土地，禁止任意開墾，

(五) 蒙古各地方行政之改善方法，

(六) 蒙古各地治安之維持，並聞，

以上各項，經各巨頭承諾云，

又內蒙古喇嘛敎徒代表一百三十餘人，於二十四日相携至趙欣伯邸請願，促進新滿蒙獨立政府，早日建設，俾東北三萬民衆得到安堵，更由趙欣伯携同該喇嘛敎徒代表等赴關東軍司令部，訪問本庄將軍，述其希望，本庄將軍對於新國家之建設，加以絕大援助，建國請願書，最後述明希望建國速成之意見，該蒙喇嘛敎徒代表汪喜氏，於未請願之先，二十三日午後八時，留在奉天放送局演講，放送關於促進滿蒙新國家建設之內容，大意如次，

余(該喇嘛敎徒代表汪喜自稱)今以說話之聲，通達東北四省，以及日本，不勝警嘆，世界文明之利器進步，以致如此之速，我蒙古至今尙無此文明之機械，是故蒙人在此機械前，向世界放送，以余爲最初之第一人，蒙古民族，多年受張學良之壓迫，不僅衣食之道，常感缺乏，即住所亦屢被其蹂躪，今以滿蒙人民之協和，建設新國家，吾人聞之，歡欣達於極點，茲特代表蒙古喇嘛敎徒，祈願新國家早日建設，不勝切禱之至云云，

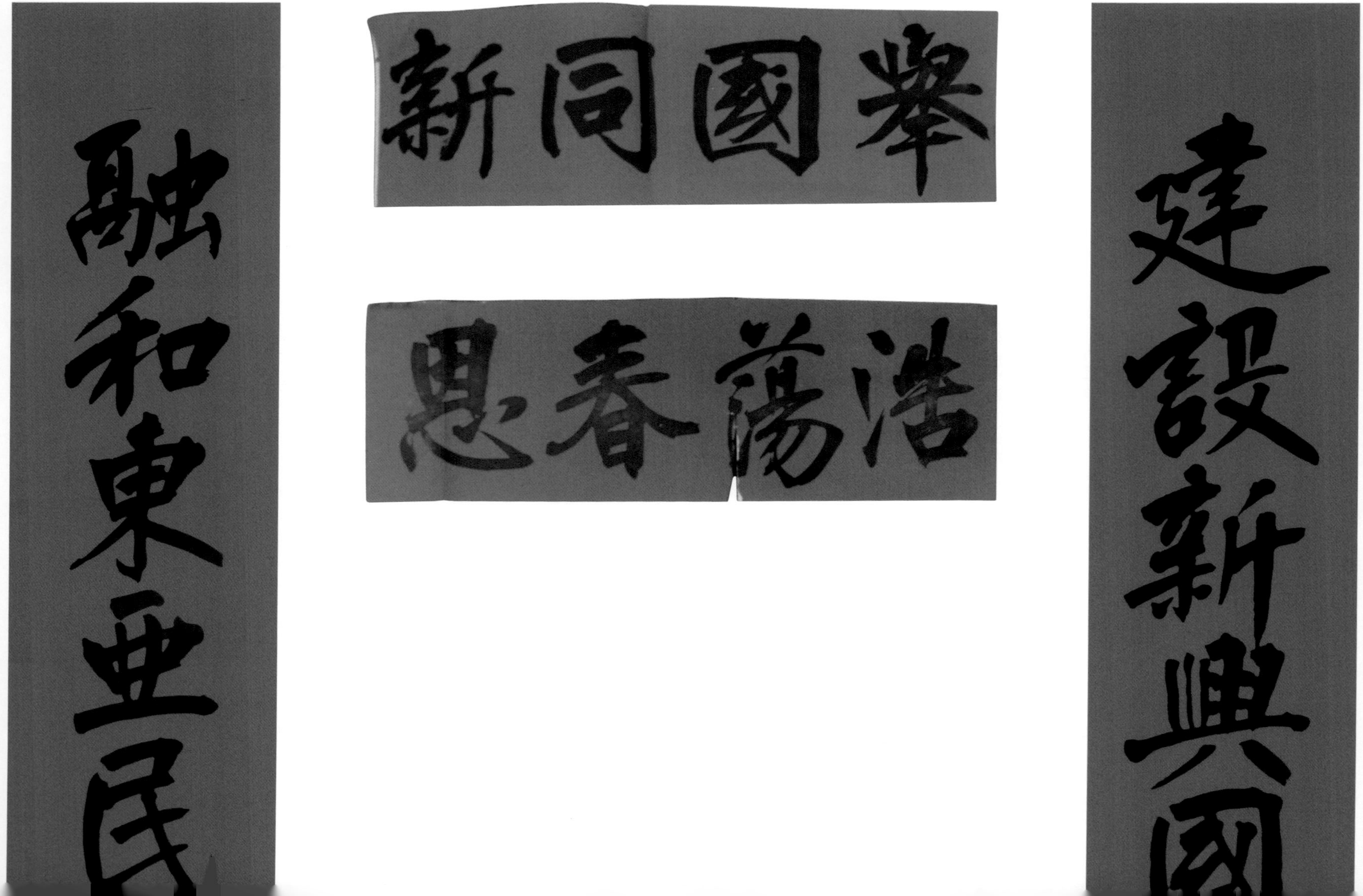

建設新興國
舉國同新
浩蕩春思
融和東亞民

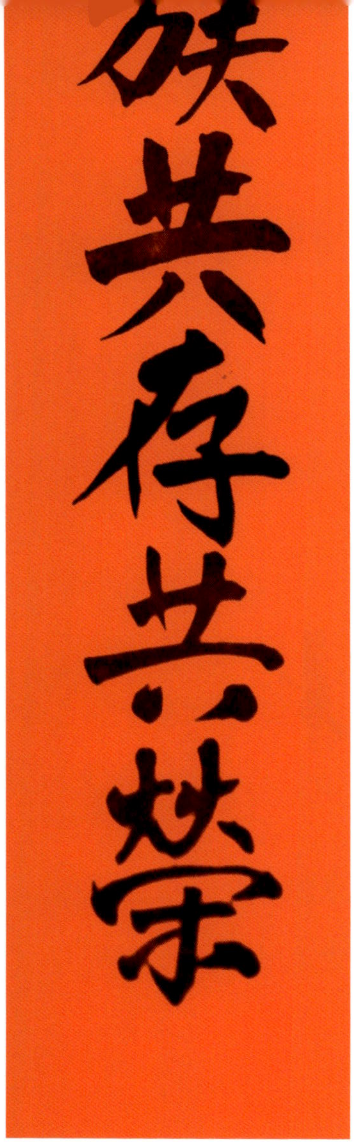

No.46

RED SCROLLS.

" To establish the New State with one heart."

" To unite the Asiatic races on the basis of mutual existence and solidarity."

" The whole state anew !"

" Great be the spring grace !"

红色条幅

建设新兴国家一心一德
融和东亚民族共存共荣
举国同新
浩荡春恩

ORIGINAL COVER of the Self-government Guidance Dept. to Mr. [redacted] for closing the propaganda literature.

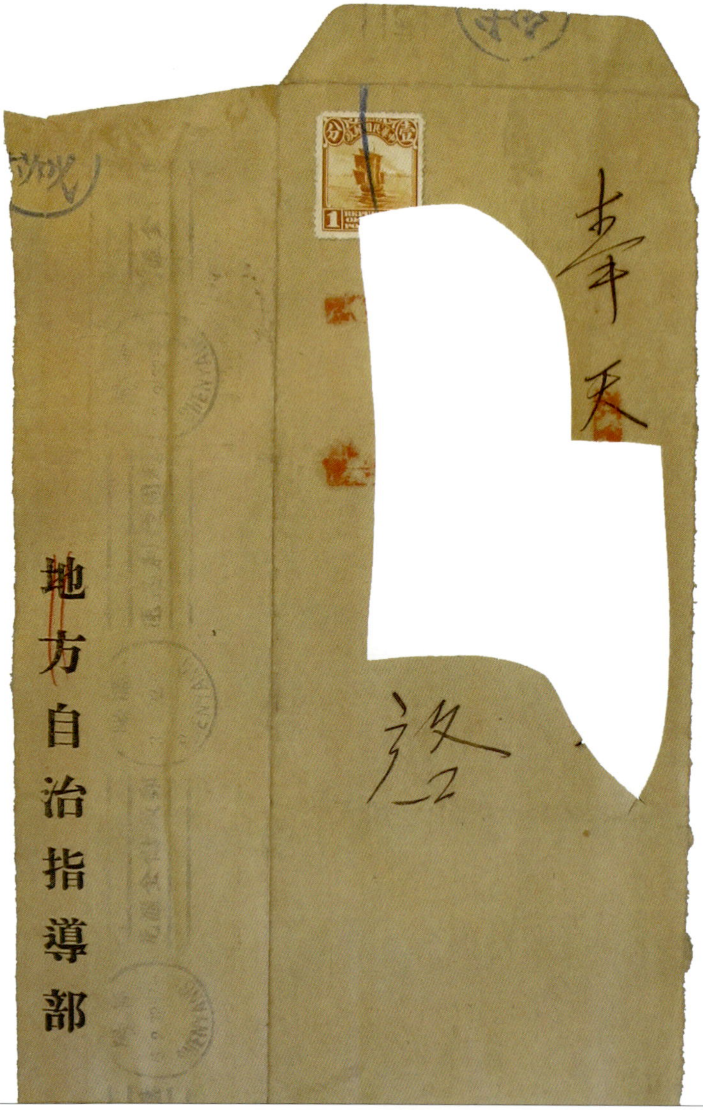

ORIGINAL ENVELOPE OF THE SELF-GOVERNMENT GUIDANCE DEPARTMENT
to
Mr. [redacted]

No.47

自治指导部发出的“关于停止文字宣传”的两封信件。*

* 信封上的收信人被挖去。——译者注

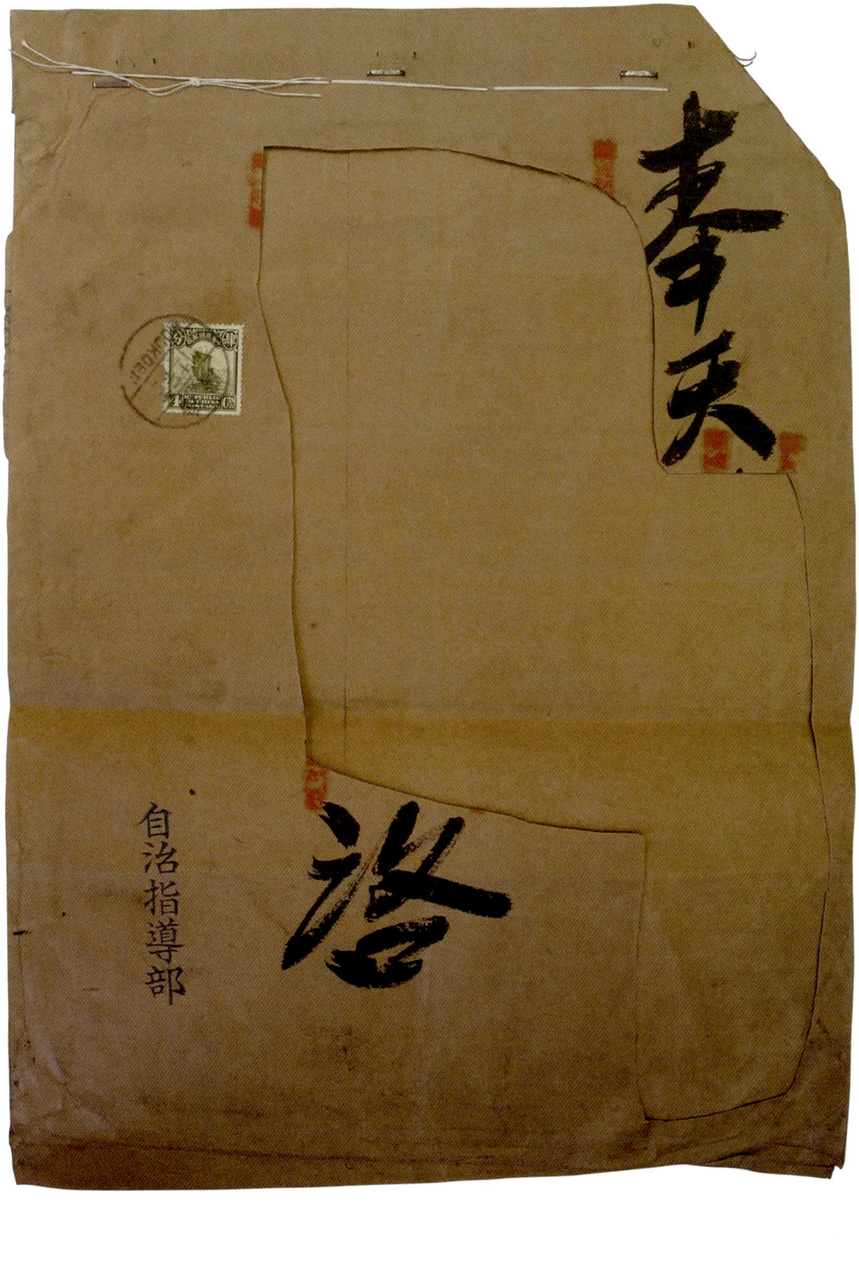
奉天
自治指導部

No.48

自治指导部第 145 号通知 *

为发送《东北文化》月报及《建设乐天地歌》，希分赠民众阅读。

注意　在“新国家”运动背后的日本人，可以由写在两个信封原件上的典型日文书写文体和措辞方式所证实。

*NO.47 证据中信封中的信函，即自治指导部给某某（涂抹）的通知原文。——编者注

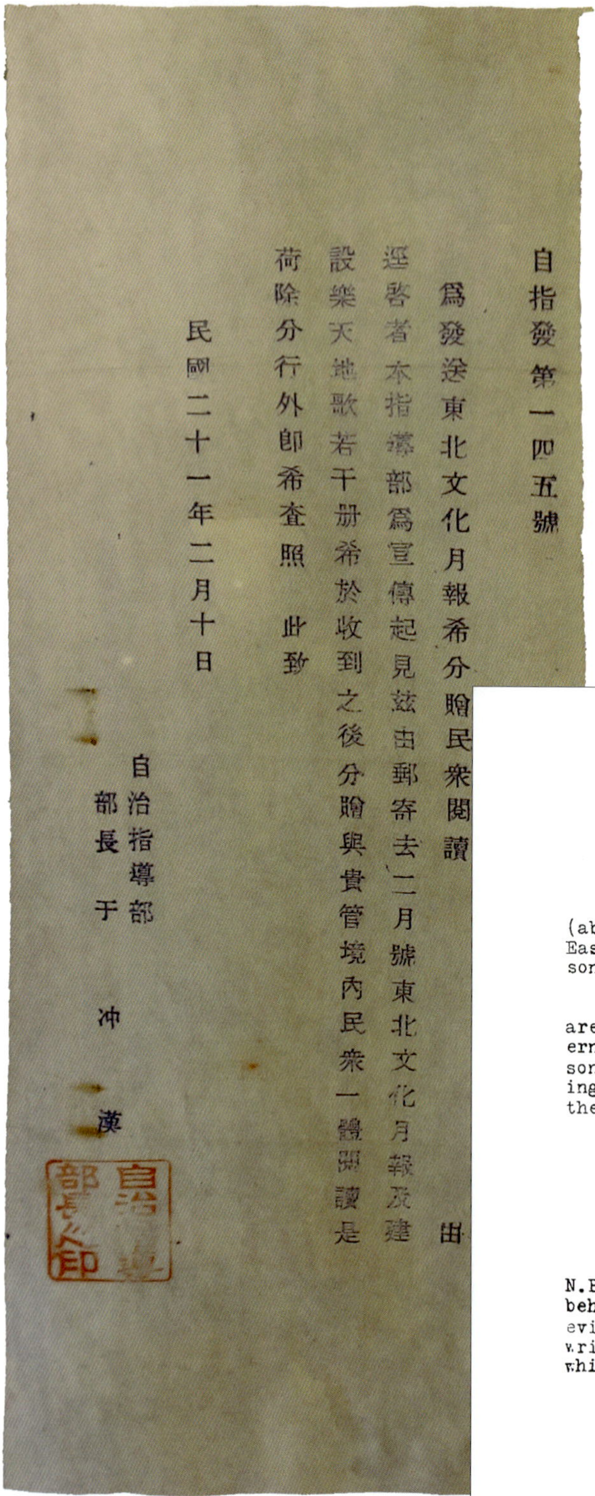

自指發第一四五號

爲發送東北文化月報希分贈民衆閱讀 由

逕啓者本指導部爲宣傳起見茲由郵寄去二月號東北文化月報及建設樂天地歌若干册希於收到之後分贈與貴管境內民衆一體閱讀是荷除分行外即希查照 此致

民國二十一年二月十日

自治指導部
部長于 冲 漢

NOTIFICATION NO.145

(abstract) Re distribution of "North Eastern Civilization half-monthly" and songs etc.

For the purpose of propaganda we are sending you copies of "North-Eastern Civilization half-monthly" and songs in connection with State-founding. Kindly distribute them amongst the people of your section upon receipt.

Signed　　Yu Chung Han
Chairman of Self-government Guidance Dept.

Stamped: Self-Government Guidance Department.

N.B. The fact that the Japanese were behind the New State movement may be evidenced by the style of wording and writing on the two original envelopes which is typical Japnese.

No.49

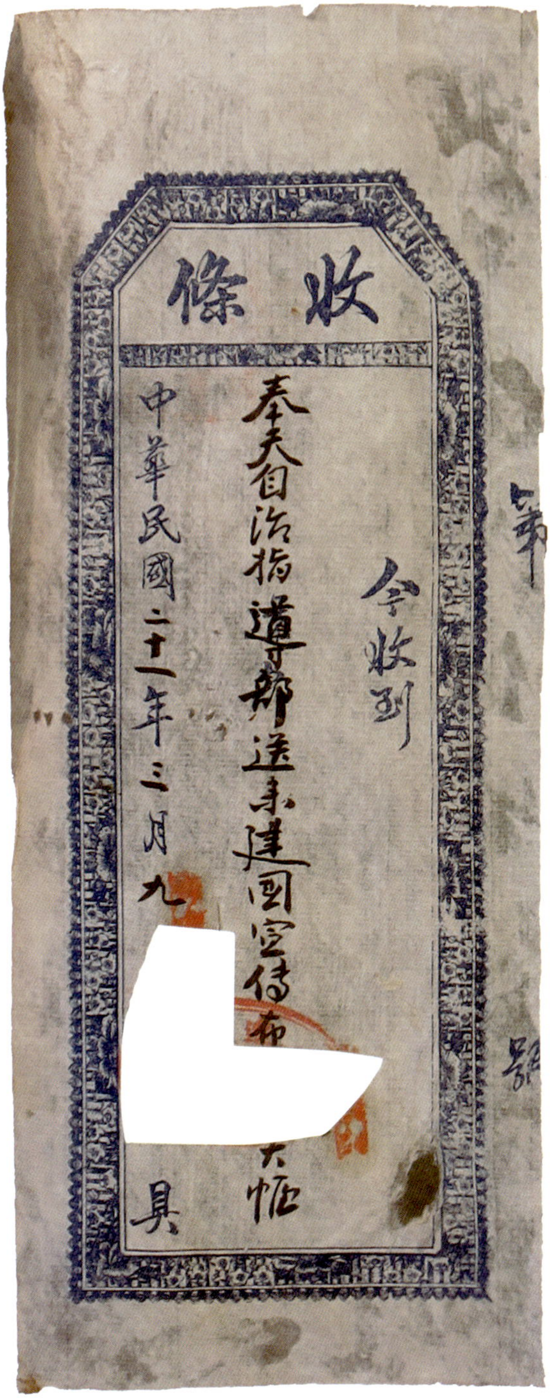

This is a receipt of [redacted] Street, Mukden, in acknowledgement of the "Slogan" despatched for exhibition by Self-Government Guidance Department. 9th March 1931

奉天某单位于 1932 年 3 月 9 日 * 收到奉天自治指导部送来的“建国”宣传品收条。**

条幅用词：东亚和平竟由东北始

Wording

"Peace of Far East after all arises from North East."

* 从收条上的日期可以推断英文说明中的日期有误。——编者注

** 收条缺失处应用收到条幅的单位名称。——编者注

第 49 号证据中，“沈阳抗日爱国小组”收集的伪满洲国“建国”宣传条幅夹在其中作为证据。

No.50

NOTE FROM MAYOR CHAO TO CHAMBER OF COMMERCE
RE G.¥ 1500.FROM JAPANESE MILITARY HEAD-
QUARTERS.

No.197 order of the Municipal Hall of Fengtien we have been instructed to notify you, the authorities of the Chamber of Commerce of Fengtien town that the 4th department of the Kwantung Army Headquarters has handed G.¥1500. to us for the entertaining and rewarding of the people of the Chamber who took part in the celebration and demonstration on the 18th of Jan. of this year. You are hereby requested to come for the receipt of the money.

By order

CHAO HSIN PO

Mayor of Moukden

Feb.23rd, 21st year of the
Republic of China.

赵欣伯"市长"转送给奉天商务总会来自日本关东军司令部 1500 元酬谢款的票据 *

根据奉天市政厅第 197 号令指示，现通知你们奉天商务总会，关东军司令部第四部为了酬谢今年 1 月 18 日商务总会参加庆祝和游行的人们，已交给我们 1500 元。因此，请你们来接受这笔钱款。

此令

奉天"市长"　赵欣伯

民国二十一年二月二十三日

* 该证据原附一张票据，但如国际友人倪斐德致李顿的信中所言，"由于可能陷入更严重的，以致不可预期的后果"而被删除。——编者注

No.51

1932年2月29日奉天举行促进“建国”大会后，全满“代表”同到日军司令部请求帮助，关东军司令部人员站在前面。
（《满洲报画报》，1932年3月10日发行）

The Manchurian "representatives" to the mass meeting in connection with the New State that was held on Feb. 29th, 1932 standing in front of the Kwantung Army Headquarters, and appealing for help.

Manchoupao Pictorial, March 10, 1932.

（上）長春未有之盛觀，長春促進建國大會，於二月二十四日在商埠地大空地舉行畢，出發遊行街市，參加者萬餘人，極爲盛觀，圖爲遊行街市之情形（中）鳳城縣新國家宣傳團，圖爲二十二日之獅子會（下）各地喇嘛代表百數十人，往訪趙欣伯市長，請願建設新國家，趙市長領導該一行，訪問關東軍司令部，圖爲司令部前之攝影

No.52

The Lama representatives from all parts of Manchuria, directed by the Japanese, calling on Mayor Chao Hsin Po, appealing for the establishment of the New State. Chao Hsin Po in turn took them to the Commander-in-Chief of the Kwantung Army.
(Special number of the "North Eastern Civilization Half Monthly" 1st Mardh, 1932, issue Page)

满洲各地喇嘛代表在日本人导演下走访赵欣伯“市长”，请愿建立“新国家”，随后，赵“市长”带领该一行人员走访关东军司令官。（《东北文化》半月刊号外，1932年3月1日发行）

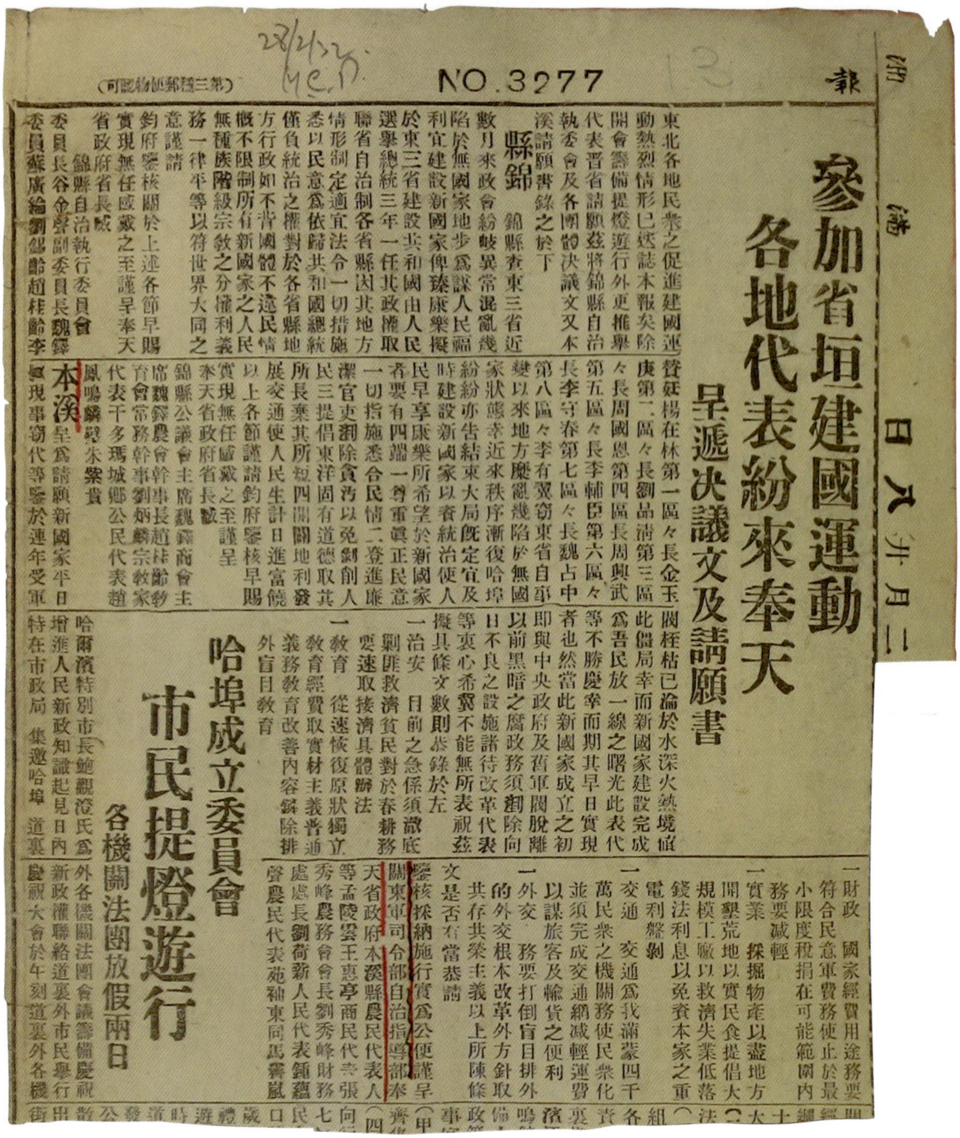

NO.3277

（第三種郵便物認可）

參加省垣建國運動 各地代表紛來奉天

呈遞決議文及請願書

東北各地民衆之促進建國運動熱烈情形已迭誌本報矣除開會籌備提燈遊行外更推舉代表晋省請願茲將錦縣自治執委會及各團體決議文又本溪請願書錄之於下

錦縣 錦縣查東三省近數月來政會紛岐異常混亂幾陷於無國家地步爲謀人民福利宜建設新國家俾臻康樂擬於東三省建設共和國由人民選舉總統三年一任其政權取聯省自治制各省縣因其地方情形制定適宜法令一切措施悉以民意爲依歸共和國總統僅負統治之權對於各省縣地方行政如不背國體不違民情概不限制所有新國家之人民無種族階級宗教之分權利義務一律平等以符世界大同之意謹請鈞府鑒核關於上述各節早賜實現無任感戴之至謹呈奉天省政府省長臧 錦縣自治執行委員會委員長谷金聲副委員長魏鐸委員蘇廣綸劉錫齡趙桂齡李贊廷楊在林第一區々長金玉庚第二區々長劉品淸第三區々長周國恩第四區長周興武第五區々長李輔臣第六區々長李守春第七區々長魏占中第八區々長李有賀竊東省自事變以來地方擾亂幾陷於無國家狀態幸近來秩序漸復哈埠紛紛亦告結束大局既定宜及時建設新國家以養統治使人民早享康樂所希望於新國家者要有四端一尊重眞正民意一切指施悉合民情二登進廉潔官吏剷除貪汚以免剝削人民三提倡東洋固有道德取其所長棄其所短四開闢地利發展交通使人民生計日進富饒以上各節謹請鈞府鑒核早賜實現無任感戴之至謹呈奉天省政府省長臧 錦縣公議會主席魏鐸商會主席魏鐸農會幹事長趙桂齡教育會常務幹事劉炳麟宗教家代表干多瑪城鄉公民代表趙鳳鳴麟碧朱紫貴

本溪 呈爲請願新國家早日實現事竊代等鑒於連年受軍閥桎梏已淪於水深火熱境地此僞局幸而新國家建設完成爲吾民放一線之曙光此表代等不勝慶幸而期其早日實現者也然當此新國家成立之初即與中央政府及舊軍閥脫離以前黑暗之腐政務須剷除向日不良之設施諸待改革代表等衷心希冀不能無所表祝茲擬具條文數則恭錄於左

一治安 目前之急係須澈底剷匪救濟貧民對於春耕務要速取接濟具體辦法

一教育 從速恢復原狀獨立教育經費取實材主義普通義務教育改善內容剷除排外盲目教育

一財政 國家經費用途務要符合民意軍費務使止於最小限度稅捐在可能範圍內務要減輕

一實業 採掘物產以盡地方開墾荒地以實民食提倡大規模工廠以救濟失業低落錢法利息以免資本家之重電利盤剝

一交通 交通爲我滿蒙四千萬民衆之機關務使民衆化並須完成交通網減輕運費以謀旅客及輸貨之便利

一外交 務要打倒盲目排外的外交根本改革外方針取共存共榮主義以上所陳條文是否有當恭請鑒核採納施行實爲公便謹呈關東軍司令部自治指導部奉天省政府本溪縣農民代表人等孟陵雲王惠亭商民代表張秀峰農務會會長劉秀峰財務處處長劉荷新人民代表鍾蘊發農民代表苑釉東同馬齊嵐

哈埠成立委員會 市民提燈遊行

各機關法團放假兩日

哈爾濱特別市長鮑觀澄氏爲增進人民新政知識起見日內特在市政局集邀哈埠道裏道外各機關法團會議籌備慶祝新政權聯絡道裏外市民舉行慶祝大會於午刻道裏外各機

"------------The appeal from Pen-hsi-hu was sent to the Kwantung Army Headquarters, Self-government Guidance Department and Fengtien Provincial Government.
(Manchou Pao Feb. 28th, 1932.)

来自本溪湖县的请愿书呈递关东军司令部、自治指导部和“奉天省政府”。
（《满洲报》，1932 年 2 月 28 日发行）

No.53

The demonstration held at the district west of River Liao in connection with the establishment of the New State, the Japanese soldiers wearing helmets, exhibiting the bayonets as if they were going to war. The Japanese flag is also clearly illustrated.

<u>PICTORIAL OF MANCHOUPAO</u>

(12th of March, 1932 issue)

No.54

辽西“建国”促进大会游行

日本兵戴着钢盔，荷枪实弹，刺刀闪闪，扛着日本国旗，仿佛他们就要打仗。

(《满洲报画报》，1932年3月12日发行)

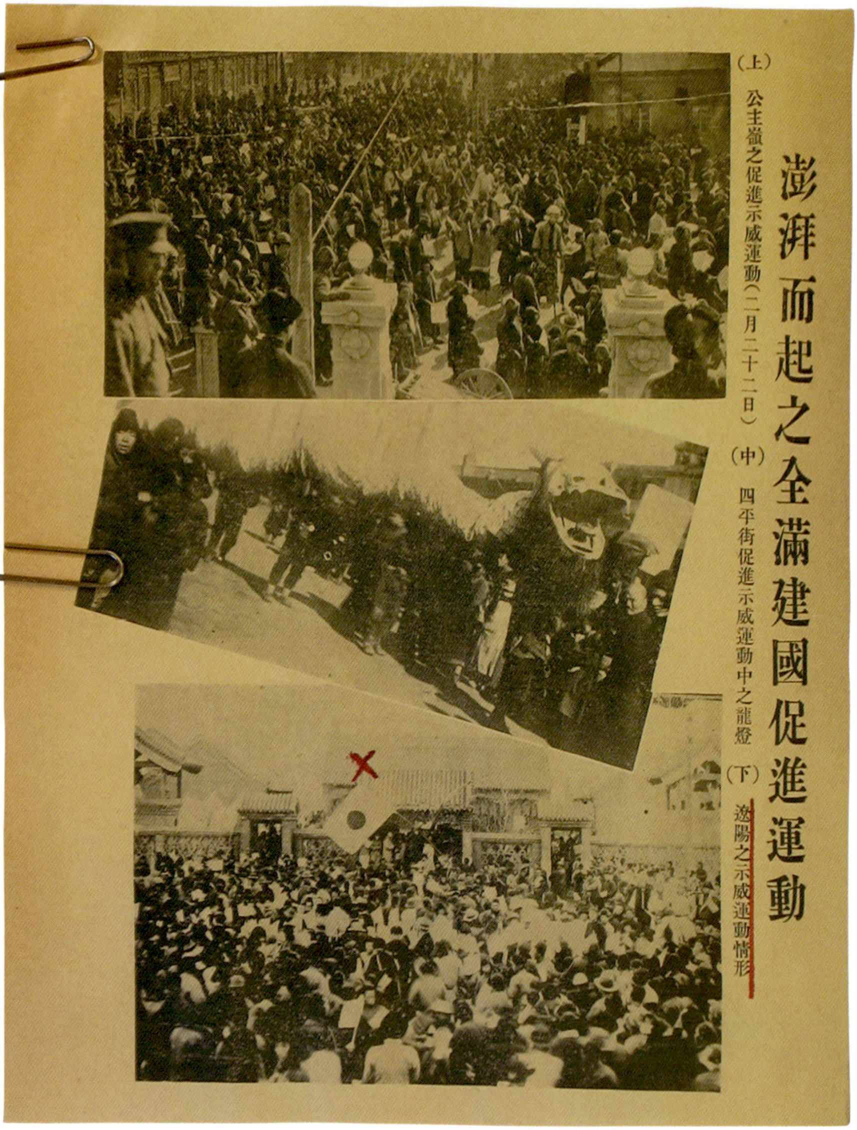

澎湃而起之全滿建國促進運動

(上)公主嶺之促進示威運動(二月二十二日)

(中)四平街促進示威運動中之龍燈

(下)遼陽之示威運動情形

In Liaoyang the Japanese sun flag was hoisted at the demonstration.

Special number of "the North Eastern Civilization Half Monthly", first of March, 1932, issue page

澎湃而起之全满"建国"促进运动，日本太阳旗出现在辽宁游行队伍中(图片)。

(《东北文化》半月刊号外，1932年3月1日发行)

No.55

PHOTO OF THE PAN-FENTIEN PROVINCE MASS MEETING

Pan-Fengtien Province Mass Meeting in connection with the establishment of the New State, the Japanese occupying the front seats. The one that is marked X is Mr. Wosaka.
(Pictorial of Manchoupao 11th March, 1932 issue)

“奉天全省建国促进大会”，日本人占据前排座位。标有 X 符号者是日本助理顾问尾坂一佐。
(《满洲报画报》，1932 年 3 月 11 日发行)

No.56

No.57

奉天教育工作者在日本人强制下被迫集会签署声明

自治指导部的川尻伊九(日本人)再三催促教育厅召开本城的全体教育工作者大会,欢迎建立“新国家”。

1932年2月24日,厅领导在日本顾问坪川安藤在场的情况下会见了声明签署人,日本人指示他召集会议,为迎接“新国家”的到来做准备。这里有日本人在场,谁敢拒绝呢?

第二天,各学校的校长在厅里开会。在讨论中日本人提出:

(1)本城全体中国教工都应参加市民游行。

(2)他们都应当发言。

(3)他们应扩大宣传范围。

(4)他们应发表宣言。

由于与会者没有人愿意担任张贴宣言的任务,遂决定全体人员表决选举。结果第一中学校长褚凯武(Chu Kei Wu,音译,下同),第三小学校长王福玉(Wang Fu Yu),农业学校校长安宪武(An Hsien Wu)当选。要求教育厅领导之一伊庆寅(Yi Ching Yen)草拟宣言。26日上午10时,本城全体教工在自治指导部大厅开会。全城有三百多名教工,但只有六十几名到会。满铁中学的夏先生、公立学校的唐先生先后发言,川尻伊九和坪川安藤监视会议。在这种情况下,没有人能说他们想要什么。

坪川安藤批评宣言草稿太长,于是用铅笔在文稿之末写道:“希望‘新国家’尽快成立”,并微笑着对听众说:“这九个字就足够了,无须再写什么。”然后厅里的沈先生在宣言之末加上:“我们的教育前途远大!”“祝人民更加幸福!”随后,坪川安藤指示宣言应当贴在哪里。会议在上午11时30分闭会。川尻伊九安排拍照。

以上是奉天教工在日本人的强制下召开会议的描述。人们能认为宣言是按照人民的意愿草拟和发表的吗?

签署人姓名及签字*

*被挖掉。
——编者注

STATEMENT RE THE MEETING OF EDUCATORS OF MOUKDEN HELD UNDER JAPANESE COERCION.

Kawashiri (a Japanese) of Self-government Guidance Department has been to the Educational Bureau several times, urging them to call a meeting of all the educators of the town town to welcome the establishment of the New State. On the 24th Feb. 1932,the authorities of the Bureau in the presence of the Tzupokawa, the Japanese adviser, interviewed the undersigned and instructed him to convene a meeting for preparing a reception for the New State. Who dared to refuse in the presence of the Japanese there? On the following day a meeting of all the principals of the various schools was held in the Bureau. During discussion the Japanese held: (1) that all the Chinese educators of the town should take part in the citizens' demonstration, (2) that they should make speeches, (3) that they should widen the scope of propaganda (4) that they should issue a manifesto. Since none of those present would undertake the task of delivering adresses, the selection of personel was decided to be done by ballot. As a result Chu Kei Wu (principal of the First Middle School) Wang Fu Yu (principal of the Third Primary School) An Hsien Wu (principal of The School of Agriculture) was chosen. Yi Ching Yen, one of the departmental heads of the Bureau was asked to draw up the manifesto. On the morning of the 26th at 10 O'clock a meeting of all the educators of the town was held in the hall of Self-government Guidance Department. There were 300 educators in the town but only some 60 turned up. Messrs. Hsia & T'ang of the S.M.R. Middle School and Public School respectively and Kawashiri & Tzupokawa were supervising the meeting. No one could say what they wanted to under such circumstances. Tzupokawa then critized that the manifesto drafted was too lengthy and wrote "Hoping that the New State will soon be realized" with pencil at the end of the paper and smilingly said to the audience "These nine characters alone will be sufficient" and "No need to write any more". Then Mr. Shen of the Bureau added "Great be the future of our education! and "May the welfare of the people be increased" to the end of the manifesto. Tzupokawa then instructed as to where the manifesto ought to be posted. The meeting was closed at 11.30 A.M. preceded by a photograph taken by Kawashiri. The above is a description of the meeting of the educators of Moukden called under Japanese coersion. Could it be considered that the manifesto was drafted and issued in compliance with the will of the people?

Signed

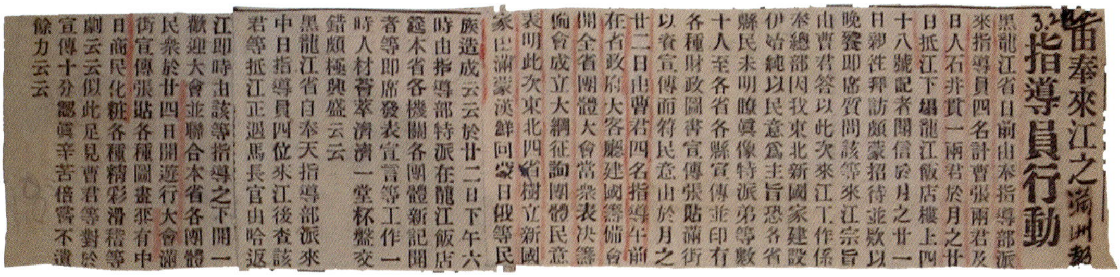

由奉來江之 指導員行動

黑龍江省日前由奉指導部派來指導員四名計曹張兩君及日人石井實一兩君於月之廿日抵江下榻龍江飯店樓上四十八號記者聞信於月之廿一日親往拜訪頗蒙招待並款以晚餐即席質問該等來江宗旨由曹君答以此次來江工作係奉總部因我東北新國家建設伊始純以民意為主旨恐各省縣民未明瞭真像特派弟等數十人至各省各縣宣傳並印有各種財政圖書宣傳張貼滿街以資宣傳而符民意由於月之廿二日由曹君四名指導在前在省政府大客廳建國籌備會開全省團體大會當衆表決籌備會成立大綱征詢團體民意表明此次東北四省樹立新國家由滿蒙漢鮮回日俄等民族造成云云於廿二日下午六時由指導部特派在龍江飯店邀本省各機關各團體新記開者等即席發表宣言等工作一時人材薈萃濟濟一堂杯盤交錯頗極興盛云云

黑龍江省自奉天指導部派來中日指導員四位來江後查該君等抵江正週馬長官由哈返江即時由該等指導之下開一歡迎大會並聯合本省各團體民衆於廿四日開遊行大會滿街宣傳張貼各種圖畫並有中日商民化粧各種精彩滑稽等劇云云似此足見曹君等對於宣傳十分認真辛苦倍嘗不遺餘力云云

有日本人参加的“由奉来江之指导员行动”。“由奉来江”指的是“由奉天到齐齐哈尔”。“指导员”包括两名日本人。

（《满洲报》，1932 年 3 月 2 日发行）

No.58

ACTIVITIES OF THE SELF-GOVERNMENT GUIDANCE DIRECTORS DESPATCHED FROM MUKDEN TO TSITSIHAR

"Messrs. Ishii and Tzranuku (Japanese) and two others despatched by the Self-government Guidance Department of Moukden for Tsitsihar arrived there on the 20th of Feb., 1932, and put themselves up in No.48 room of the top storey of the Lung Kiang Hotel-------- On the morning of 22nd Feb. under the supervision of these four directors a preliminary meeting of Pan-Heilungkiang Conference was held in the Hall of the Provincial Government, at which it was decided to have a mass meeting and announced that the Independent New State was to be made up of Manchurian, Mongolian, Chinese, Korean, Mahomedan, Japanese and Russian races.------------------

The Masses' Demonstration took place on the 24th Feb. on which day there were all kinds of pictures and slogans posted up on the streets. In addition there were Japanese and Chinese merchants wearing fancy dresses---"

(Manchou Pao 2nd of March,1932 issue)

No.59

3.3日

海城　滿洲報

孫縣長勤政愛民
臨溟可望照蘇
各區雖有匪患已將肅清
鎌田指委長向奉天報告

本城孫委員長自事變而還對於海城之治安輒未稍縱爲恐黔首受時局影響梗塞謀生之途遻也是 以在人情屈雜及艱難危殆之際委曲支撑對斯民終未忍 置之其造福斯邦也有足多者 雖五六七九各區疊經匪患民衆備受驚恐然斯種現象雖軍警森嚴之陪都首縣猶難幸免況世變產匪之生海城也權理衡情了不能爲孫氏累焉近來業將著名悍匪海紅海樂等二十餘名一一投諸法網至於後來如何處置局外人雖不得而知然物情騷然之臨溟縣實有 復照蘇之寧靖現象斯可賀矣日者本城指導部長鎌田政明氏以孫縣長對於治理海城成績卓著不時向奉天總指導部報告謂孫氏之如何勤政愛民本地民衆如何愛戴等云然則孫縣長可云實至名歸矣

ACTIVITIES OF JAPANESE SELF-GOVERNMENT GUIDANCE DIRECTORS AT HAICHENG

"-------Mr. Kamada, the Japanese director of Self-government Guidance Sub-committee of Haicheng, in appreciation of the good propaganda work that the magistrate has been doing, every now and then, reports to the Self-government Guidance Department of Moukden--------"
(Manchou Pao 3rd of March, 1932 issue)

日本自治指导员在海城的行动

海城自治指导分部日本指导员镰田政明评价孙县长对于治理海城成绩卓著，并不时向奉天自治指导部报告。

(《满洲报》，1932年3月3日发行)

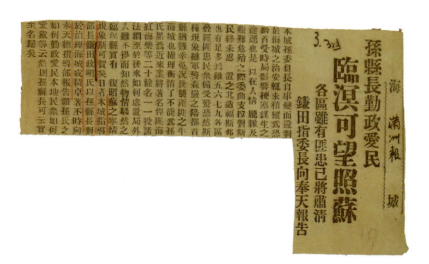

一年二月十八日　滿洲報　NO.3268　（第三種郵便物認可）

參加預備會議 馬將軍亦飛來

因暈機未能接見記者團　預定十八日即返哈爾濱

東北建國會議已成熟除奉天號首長外吉黑熱張已先後蒞止於數[illegible]馬將軍之擧中馬將軍已於十八日下午一時乘空路[illegible]於東塔飛行場同行者為日顧問及其日文秘書韓宏備出迎者日方有關東軍三宅參謀長及其他重要人物華方臧式毅代表李毅警察局長劉兆昇商埠[illegible]局保安隊長常守陳等不下二十餘名警察局方面自得到馬將軍蒞奉之消息後沿行[illegible]軍之警戒十步一崗[illegible]以防未然當局由無綫因據到馬將軍暈機之說後特於飛行場備有專醫以便降機時治[illegible]馬將軍係於是日上午十時半由哈爾濱飛轉行場際然上昇經長春而抵奉天馬將軍身穿便服便帽精神不振蓋因暈機之關係降機後稍為休憩即搭飛行隊第三十五號汽車穿過省城由三經路轉十緯路而入張景惠公館在張公館與張長官握手寒暄後轉入他室由官醫治暈機之小恙記者圖為悉馬將軍此次來奉之目的及過去之感想故再要求之

機到奉之馬占山將軍……（二）
（是者印×）

MA CHAN SHAN'S PARTIPATION IN THE NEW STATE PRE-LIMINARY CONFERENCE

"-------General Ma Chan Shan arrived in Mukden with Doihara and his Japanese secretary by aeroplane which landed at the aerodrome, East Mukden. Santaku, Chief-of-Staff of the Kwangtung Army and other import- and officials met him there-------------------"
The one that is marked X is Doihara.
(Manchou Pao, Feb. 18th issue)
1932

No.60

马占山将军参加"新国家"预备会议

马占山将军同土肥原贤二以及他的日本秘书乘飞机抵达奉天，降落于东塔机场。关东军参谋长三宅光治和其他重要官员到机场迎接。图中标有 X 者为土肥原贤二。（《满洲报》，1932年2月18日发行）

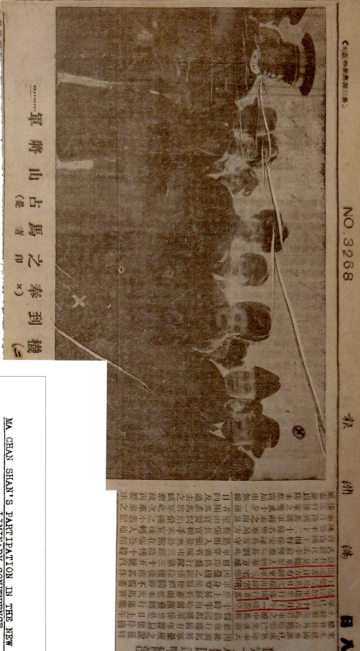

東北文化 （4）

冲漢氏

各巨頭抵奉之後，十六日，奉市長趙欣伯設宴於大和旅館以歡迎之，宴畢，即齊赴趙公館，開建國會議，直至十七日午前二時餘，始經決定，建設新國，當推奉省府祕書長金毓紱，吉林教育廳長榮孟枚，特區政務廳長宋文林三人，爲建國宣言起草員；是日下午三時，又復集會於奉省府，於新國未成立之前先，成立一「最高政務委員會」，以資統率各省區政治，當推定臧式毅，張景惠，熙洽，馬占山等四人爲委員，以爲過渡機關；並發一宣言；

1932年2月16日奉天“市长”赵欣伯于大和旅馆设宴欢迎张景惠将军、马占山将军、熙洽将军和臧式毅“省长”。宴毕，于赵公馆召开“建国”会议，直至1932年2月17日凌晨2时余，方达成建立“新国家”的决定。

(《东北文化》半月刊号外，1932年3月1日发行)

No.61

Mayor Chao of Moukden gave a welcome dinner in honour of Generals Chang, Ma,&Hsi and Governor Tsang at Yamato Hotel on Feb.I6, then they held a conference at Mayor Chao's home and the decision for establishing the New State was reached at 2 o'clock A.M.on the I7th Feb.I932.
(Special number of "North Eastern Civilization Half Monthly" Ist March issue.I932.)

（下）十七日往訪本庄關東軍司令官之各要人
自右臧式毅，熙洽，本庄司令官，張景惠，馬占山諸氏，熙洽氏與本庄司令官之中間站立者，即爲三宅參謀長

（中）奉天張景惠氏公館

1932年2月*17日，张、马、熙三将军和臧省长与关东军司令官本庄繁在奉天张景惠公馆磋商。

(同上)

No.62

Generals Chang,Ma,Hsi and Governor Tsang consulting with Lt.-Gen.Honjo,the Japanese Commander in Chief of Kwantung Army,on the I7th of March,I932.
(the same Half Monthly as above.)

* 英文说明书有误。

——编者注

22

稍緩，敬特聯銜電達，務乞查照，迅於本月十九日以前，覆電贊助，並宣示民衆共策進行，是爲切盼，吉林總商會，工務總會，省教育會，省農會航業公會，律師公會，朝鮮民會，紅卍字會，旗族生計會，紳董公所，吉林日報社，永吉縣農會，縣教育會同叩」云，新國家至此已有不可再緩之勢矣；

新國家成立後張景惠對記者談話

滿洲國建國宣言，於三月一日午前十時假張景惠公館正式向中外發表矣，國基已由此而定，但在宣言未公佈之先，張委員長引見內外記者六七十名談話，略謂東北行政委員會由上月十八日成立以來，即著手組織新國家，復招各省縣市及鮮蒙各代表，到省開聯省大會，徵集群意以策進行，結果意志一致，茲本諸東北三千萬民衆之熱望，與希求，決與中華民國脫離關係，建設滿洲國，本國成立之後至將來對外政策，則尊重信義，力求親睦，凡國際間舊有之通例，無不遵守，前中華民國與各國間所定之條約債務等事，凡屬於滿洲國領土以內者，悉依照國際間之慣例，而繼續承認，願有投資於滿洲國內開發實業，無論何國人士，一律歡迎，以期達到門戶開放，機會均等之實際云云，旋即發表建國宣言；

No.63

CHANG CHING HUI'S INTERVIEW WITH PRESS MEN.

The declaration of Manchoukou was made public from Chang Ching Hui's house on the Ist. of March 1932. Before it was made public, Chang interviewed some 70 press men.

张景惠会见记者

1932 年 3 月 1 日张景惠于公馆正式向中外发表“满洲国”“建国”宣言。于发表前，张景惠会见了约 70 名记者。

No.64

DECLARATION OF THE GOVERNMENT OF MANCHOUKOU

ISSUED BY THE GOVERNMENT OF MANCHOUKOU

(SPECIAL NUMBER OF "North Eastern Civilization Half Monthly" First, March Issue)
1st March, 1932.

"满洲国"政府发表"满洲国""建国"宣言(部分中文原件)
(《东北文化》半月刊号外,1932年3月1日发行)

滿洲國建國宣言

想我滿蒙各地，屬在邊陲，開國綿遠，徵諸往籍，分併可稽，地質膏腴，民風樸茂，迨經開放，生聚日繁，物產豐饒，實爲奧府，乃自辛亥革命，共和民國成立以來，東省軍閥乘中原變亂之機，攫取政權，據三省爲己有，貔貅相繼，竟將廿年，很厲貪婪，驕奢淫佚，罔顧民生之休戚，一惟私利之是圖，內則暴歛橫征，恣意揮霍，以致幣制紊亂，百業凋零，且復時逞野心，進兵關內，擾害地方，傷殘民命，一再敗衂，猶不悛悔，外則蔑棄信義，開釁鄰邦，悉昧親仁之規，專取排外爲事，加以警政不修，盜匪橫行，遍於四境，所至擄掠焚殺，村里一空，老弱溝壑，餓莩載途，以我滿蒙三千萬之民衆，託命於此殘暴無法區域之內，待死而已，何能自脫，今者何幸假手鄰師，驅茲醜類，舉積年軍閥盤踞秕政萃聚之地，一旦廓而清之，此天予我滿蒙之民蘇息之良機，吾人所當奮然興起，邁往無前，以圖更始者耳，惟是內顧中原，自改革以還，初則羣雄角逐，爭戰頻年，近則一黨專權，把持國政，何曰民生，實置之死，何曰民權，惟利是專，何曰民族，但知有黨，既曰天下爲公，又曰以黨治國，矛盾乖謬，自欺欺人，種種詐僞，不勝究詰，比來內鬨迭起，疆土分崩，黨且不能自存，國何能顧，於是赤匪橫行，災祲洊告，毒痡海內，民怨沸騰，無不痛心疾首於政體之不良，而追思曩昔政治清明之會，直如唐虞三代之遠不可幾及，此我各友邦所共目睹而同深感歎者也，夫以二十年試驗所得，其結果一至於此，亦可廢然返矣，乃猶諱疾忌醫，怙其舊惡，藉詞民意從新，未可遏抑，然則縱其所之，非寖至於共產以自陷於亡國滅種之地而不已，今我滿蒙民衆以天賦之機緣，而不力求振拔，以自脫於政治萬惡國家範圍之外，勢必載胥及溺，同歸於盡而已，數月來幾經集合奉天吉林黑龍江熱河東省特別區蒙古各盟旗官紳士民，詳加研討，意志已趨一致，以爲爲政不取多言，只視實行如何，政體不分何等，只以安集爲主，滿蒙舊時，本另爲一國，今以時局之必要，不能不自謀樹立，應卽以三千萬民衆之意向，卽日宣告與中華民國脫離關繫，創立滿洲國，玆特將建設綱要，昭布中外，咸使聞知，竊維政本於道，道本於天，新國家建設之旨，一以順天安民爲主，施政必徇眞正之民意，不容私見之或存，凡在新國家領土之內居住者，皆無種族之歧視，尊卑之分別，除原有之漢族滿族蒙族及日本朝鮮各族外，卽其他國人願長久居留者，亦得享平等

No.65

Tuesday, March 22, 1932

THE MANCHURIA DAILY NEWS

Imperial Combined Fleet

Prospective Visits to Port Arthur & Dairen

According to the annual custom, the First Squadron (Vice-Adm. S. Kobayashi, Commander-in-Chief) is due at Dairen about noon on April 3, intending to weigh anchor for Port Arthur at 8 a.m. on the following 8th, making the latter port on the same day.

The Second Squadron (Vice-Adm. N. Suyetsugu, Commander-in-Chief) is expected at Port Arthur about 1 p.m. on the same day (Apr. 3) and will sail therefrom at 8 a.m. on Apr. 6, being due here on the same day.

The Combined Fleet will set sail for Chemulpo (Chosen) on Apr. 11.

Presentations to Gen. Honjo & H.E. Count Uchida

From H.E. Regent Pu-yi

The new State of Manchoukuo sent south Privy Councillor Lochenyu, as proxy of H.E. Regent Pu-yi, by the night train on Mar. 19 for Moukden to call on Commander-in-Chief Gen. Honjo of Kwantung Army at the Headquarters to tender an expression of thanks for the unfailing support rendered towards the construction of the new State, accompanied with a souvenir.

In passing, the Privy Councillor is expected also in Dairen to offer to H.E. President Count Uchida of the S.M.R. Co. an expression of appreciation with a gift from H.E. the Regent.

执政溥仪的代表拜会本庄繁将军和内田康哉

新“满洲国”派遣南参议院参议罗振玉（Lochenyu，音译）作为执政溥仪的代表，于3月19日乘晚间火车去奉天，到关东军司令部拜会本庄繁将军，对将军在“新国家”建设方面提供的支持表示感谢，并馈赠纪念品。顺便，罗代表去大连拜会了南满铁道株式会社内田康哉，以示感谢，并馈赠执政溥仪的礼品。

（《英文满报》，1932年3月22日发行）

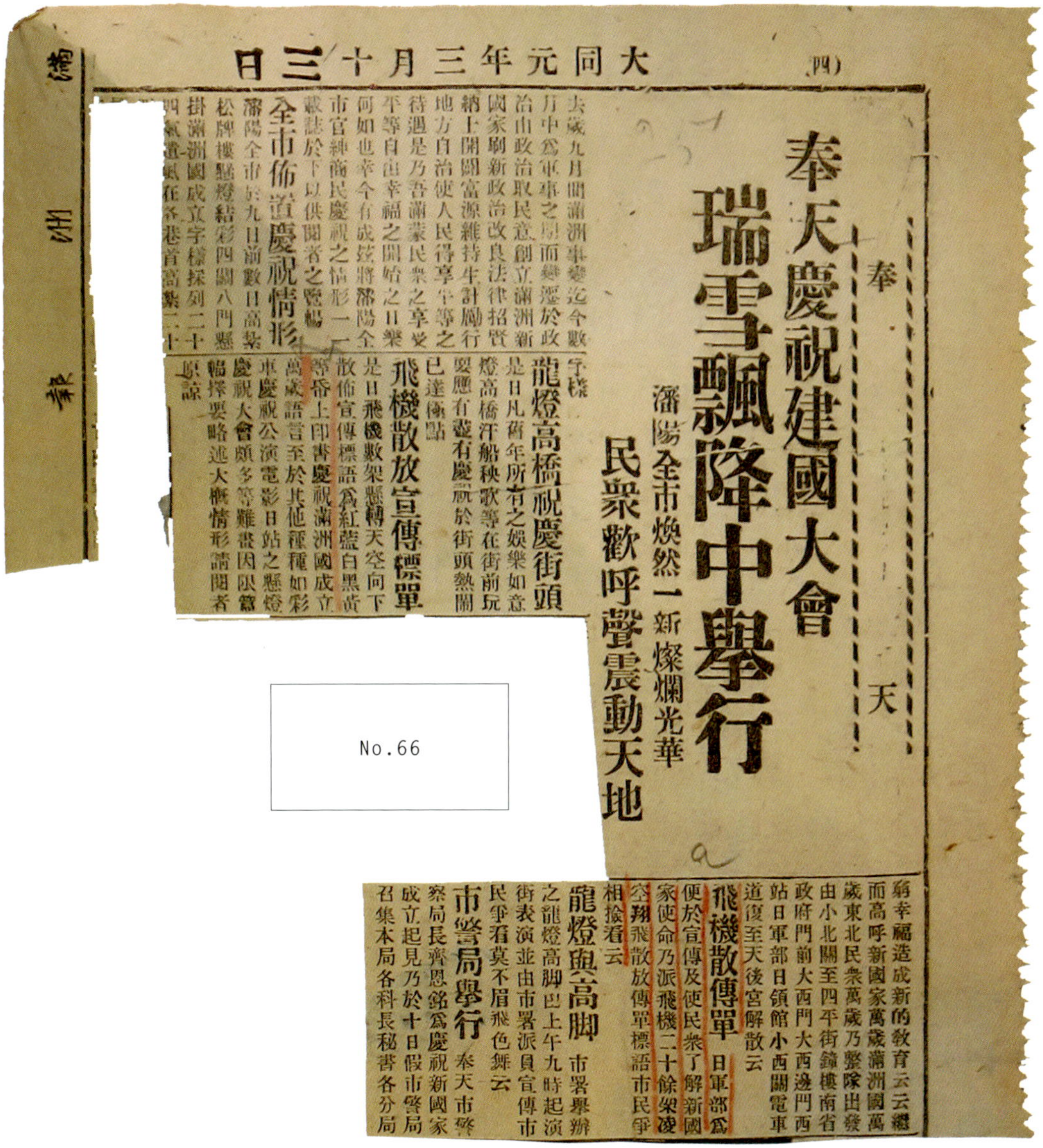

No.66

飞机散发传单

日军司令部为便于宣传及使民众了解“新国家”使命，乃派飞机二十余架次，凌空散发传单和标语……

（《满洲报》，1932 年 3 月 13 日发行）

AEROPLANES DISTRIBUTING PAMPHLETS

"In view of the necessity for facilitating propaganda and for making the mission of the New State clear to the citizens the Japanese Army Headquarters despatched some 20 aeroplanes for throwing down slogans and pamphlets.-----------"
(Manchou Pao 13th, March issue)
1932

AEROPLANES FLYING ALL OVER MANCHURIA

"To celebrate the advent of the New Manchu State there will be many aeroplanes flying over the sky throughout its entire territory from the 10th to the 12th inclusive, and dropping pamphlets. They were divided into 8 flights, the lines they will take as given as follows:

No. 1	Flight	will fly from Dairen on the 11th of March at 1 P.M. via Wafangtien, Kaiping, Haicheng and Liaoyang to Mukden.
No. 2	"	will fly from Moukden on the 11th of March at 8.20 A.M. via Hsinmin, Tahushan, Chinchow, Liaochung to Shanhaikuan and then back to Moukden.
No. 3	"	will fly from Moukden on the 11th of March at 8 A.M. via Tiehling, Kaiyuan,Changtu, Ssupingkai, Kungchuling, Changchun to Harbin, and then back to Moukden.
No.4	"	will fly from Moukden on the 11th of March at 7.10 A.M. via Penhsihu, Chikuanshan, to the east of Fenghwangcheng and then back to Moukden.
No.5	"	will fly from Moukden on the 12th of March at 8 A.M. via Ssupingkai, Chengchiatun, Taonan to Tsitsihar and then back to Mukden via Harbin.
No.6	"	will fly from Mukden on the 12th of March at 7.30 A.M. via Fushun, Shanchengchen, Kirin to Changchun and then back to Moukden.
No.7	"	will fly from Moukden on 12th of March at 8.20 A.M. via Chinchow to Shanhaikuan and then back to Moukden.
No.8	"	will fly from Moukden on the 10th of March at 7.10 A.M. to Shingisiu of Korea and then back to Moukden again.

(Shengking Shih Pao March 11th, 1932 issue)

飞机飞遍全满洲

为了庆祝新“满洲国”成立，从10日到12日多架次飞机飞临整个满洲的上空散发传单。这些传单分装在8架飞机上，其航线如下：

1.3月11日下午1时，从大连，经瓦房店、开平、海城和辽阳到奉天。

2.3月11日早上8：20从奉天经新民、大虎山、锦州、绥中、山海关后，返回奉天。

3.3月11日早上8时，从奉天经铁岭、开原、昌图、四平街、公主岭、长春、哈尔滨后，返回奉天。

4.3月11日早上7：10从奉天经本溪湖、鸡冠山到凤城后，返回奉天。

5.3月12日早上8时，从奉天经四平街、郑家屯、洮南、齐齐哈尔后，返回奉天。

6.3月12日早上7：30，从奉天经抚顺、山城镇、吉林，到长春后，返回奉天。

7.3月12日早上8：20，从奉天经锦州到山海关后，返回奉天。

8.3月10日早上7：10从奉天到朝鲜新义州后，返回奉天。

（《盛京时报》，1932年3月11日发行）

* 此页原作为No.67的英文图注，粘贴在该证据的下面。——编者注

No.67

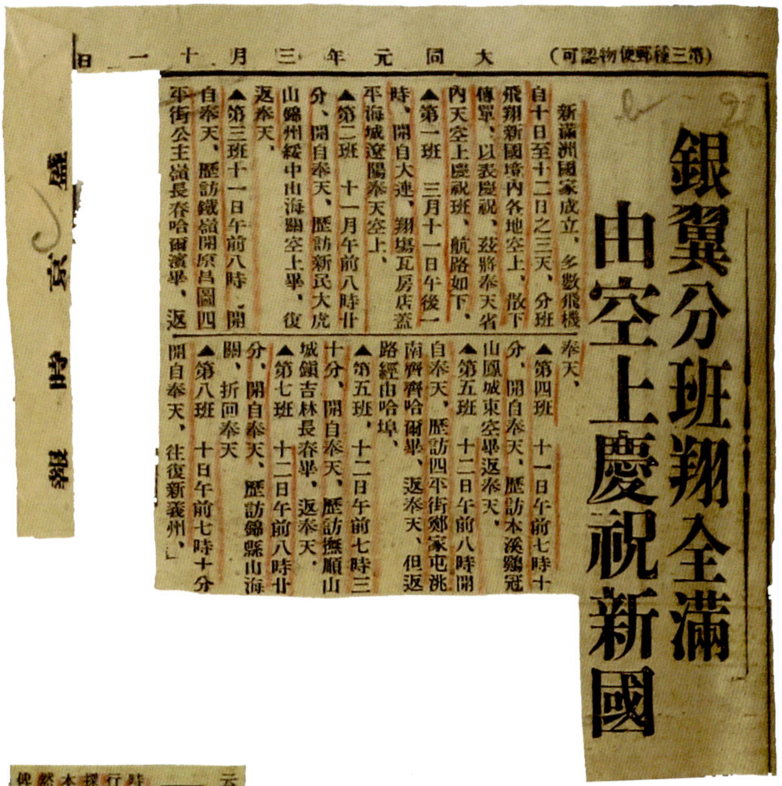

(第三種郵便物認可)　大同元年三月十一日

銀翼分班翔全滿
由空上慶祝新國

新滿洲國家成立、多數飛機自十日至十二日之三天、分班飛翔新國境內各地空上、散下傳單、以表慶祝、茲將奉天省內天空上慶祝班、航路如下、

▲第一班　三月十一日午後一時、開自大連、翔瑪瓦房店蓋平海城遼陽奉天空上、

▲第二班　十一月午前八時廿分、開自奉天、歷訪新民大虎山錦州綏中山海關空上畢、復返奉天、

▲第三班十一日午前八時　開自奉天、歷訪鐵嶺開原昌圖四平街公主嶺長春哈爾濱畢、返奉天、

▲第四班　十一日午前七時十分、開自奉天、歷訪本溪鷄冠山鳳城東空畢返奉天、

▲第五班　十二日午前八時開自奉天、歷訪四平街鄭家屯洮南齊齊哈爾畢、返奉天、但返路經由哈埠、

▲第五班、十二日午前七時三十分、開自奉天、歷訪撫順山城鎮吉林長春畢、返奉天、

▲第七班　十二日午前八時廿分、開自奉天、歷訪錦縣山海關、折回奉天

▲第八班　十日午前七時十分開自奉天、往復新義州」

银翼分班翔全满

由空上庆祝“新国”

“新国家”成立，多架飞机自10日到12日，分班飞翔在各地上空，散发传单以表庆祝。*

* 航班见前页。——编者注

No.68

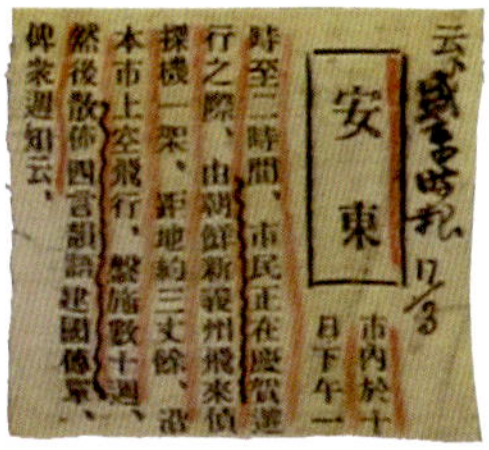

盛京時報 17/3

安東

市內於十日下午一時至二時間、市民正在慶祝遊行之際、由朝鮮新義州飛來偵探機一架、距地約三丈餘、沿本市上空飛行、盤旋數十週、然後散佈四言韻語建國傳單、俾衆週知云、

安东庆祝

1932年3月11日下午1时至2时，市民正在庆祝游行之际，由朝鲜新义州飞来侦察机一架，在本市上空飞行，散发四言韵语“建国”传单……

（《盛京时报》，1932年3月17日发行）

CELEBRATION AT ANTUNG

" During the people's demonstration which was held between 1 & 2 o'clock P.M. on March the 11th, there was a scouting aeroplane flying from the diredtion of Shingisiu of Korea, reconnoitring for a while and then throwing down four-character pamphlets about the New State---------------------------------"

(Sheng King Shih Pao March 17th,1932,issue)

齐齐哈尔庆祝典礼

……1932年3月18日，黑龙江省自治指导部举行庆祝“新国家”成立大会，会程如下……

顾问有：日冈、木下和挂扎……

(《东北日报》，1932年3月24日发行)

黑龍江

省自治指導會 慶祝建國尾聲

東北日報 3.24.

今月九日爲我滿洲國建國大典全國各地均有盛大慶祝會舉行以資紀念而本省自治指導會亦有充分之預備俾屆時舉行庶自不致廿居人後嗣因十一日大雪紛飛致未果舉行該會以慶祝之盛典不可忽略復於十八日補行慶祝遊行會茲謹將該會慶祝遊行狀況略誌於下

▲黑龍江省民治指導會三月十八日舉行慶祝建國遊行講演之次序

一，先驅隊（警察担負）二，旗隊（國旗標語旗會旗）三，發令部四，樂隊（軍樂隊）五，散放傳單隊六．講演隊（聘請滿洲報記者劉震東先生及忠孝會發從周先生担負）附講演路程由民治指導會所發省政府，洪昌盛，昭和祥，西公園，永安里，南滿鐵路，龍江飯店，東火車東站，栄市。

▲建國慶祝遊行講演題目

一，新國家的國體，國名年號，國都，是什麼

二，新國家是尊民意不是以前軍閥當政的局勢

三，新國家的政策是裁兵減稅給人民求幸福

四，過去的事情不能追溯將來人民的責任是不能放棄的

五，新國家政府對於救濟金融以及接濟農民均有相當的計劃

六，值此千載難逢的盛典我們人民要去娛樂祝賀以期新國家萬歲三千萬同胞萬歲

七，敦睦邦交是保持東亞永久的和平

八，新國家對外政策是抱門戶開放機會均等的

▲慶祝建國遊行講演會職務之分担

一，發令部 日岡顧問 木下顧問 掛扎顧問 程司令 唐副官長 黃委員長 秦炳宗 關燕生

二，指導隊 關小權 沃英山 王維綱 張鳳翔 梁書春 孫化棠 崔子銘 陳礪夫

三，第一講演隊 馬新齋 李階平 楊輯五 德崇軒 耿慶祥 邢從周

四，第二講演隊 賀紫翔 于光廷 薛堯堦 武振綱 劉震東

五，第一宣傳隊 富恕清 范守謙 晉憲廷 金欲言

六，第二宣傳隊 胡光亞 崔璧臣 何永奎 王行五

No.69

INAUGURATION CEREMONY AT TSITSIHAR

"---------The Self-government Guidance Sub-committee held its celebration for the New State on the 18th of March, 1932. The programe being as follows---------
Announcers: Advisors Hioka, Kinoshida and Kakefuta----
(Tung Pei Jih Pao, March 24th, 1932 issue)

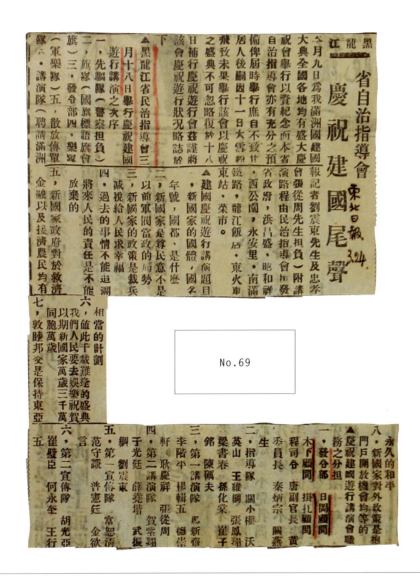

No.70

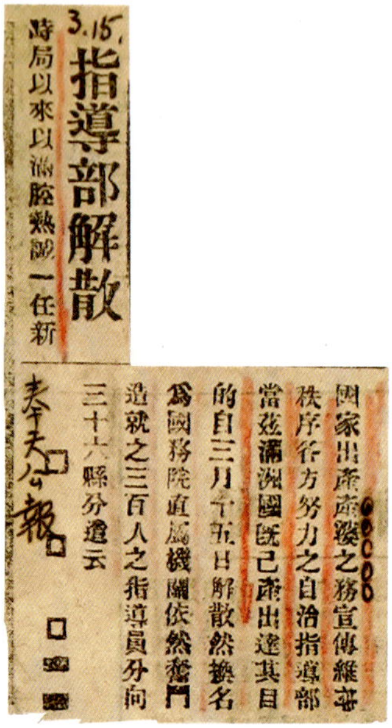

3.15

指導部解散

時局以來以滿腔熱誠一任新國家出產產婆之務宣傳維持秩序各方努力之自治指導部當茲滿洲國既已產出達其目的自三月十五日解散然換名爲國務院直屬機關依然奮鬥造就之三百人之指導員分向三十六縣分遣云

奉天公報

DISSOLUTION OF THE SELF-GOVERNMENT GUIDANCE DEPT. OF MOUKDEN.

"--------In view of the fact that Manchoukou has already been brought into being through the hard labour of the Self-government Guidance Department as midwife, the latter will be dissolved on the 15th of March, 1932. ------------ "

(Fengtien Kung Pao, March 15th, 1932 issue.)

奉天自治指导部解散

……鉴于通过奉天自治指导部的努力工作，当兹“满洲国”已产生，达其目的，自3月15日起，解散奉天自治指导部……

(《奉天公报》，1932年3月15日发行)

No.71

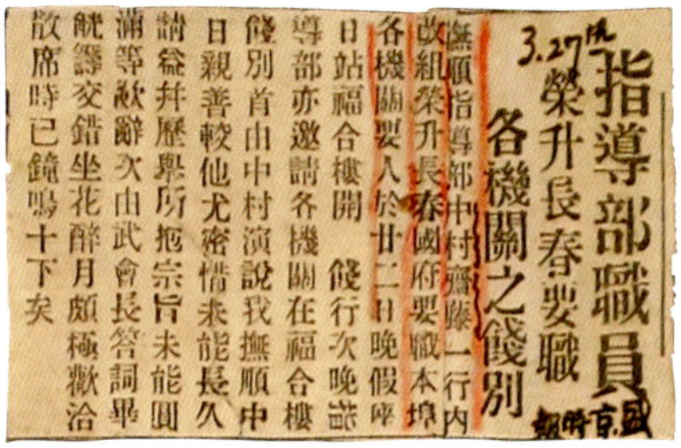

指導部職員
榮升長春要職
各機關之餞別

撫順指導部中村齋藤一行內改組榮升長春國府要職本埠各機關要人於廿二日晚假座日站福合樓開 餞行次晚指導部亦邀請各機關在福合樓餞別首由中村演說我撫順中日親善較他尤密惜未能長久請益并歷舉所抱宗旨未能圓滿等欵辭次由武會長答詞畢觥籌交錯坐花醉月頗極歡洽散席時已鐘鳴十下矣

3.27 盛京時報

PROMOTION OF THE DIRECTORS OF SELF-GOVERNMENT GUIDANCE SUB-COMMITTEE OF FUSHUN

"Nakamura and others of the Self-government Guidance Sub-committee of Fushun have been promoted and offered important posts in the New Government at Changchun----------------" 1932
(Sheng King Shih Pao 27th March issue)

抚顺自治指导部职员荣升要职

抚顺自治指导部指导员中村斋藤和其他指导员荣升长春“新政府”要职……
（《盛京时报》，1932 年 3 月 27 日发行）

No.72

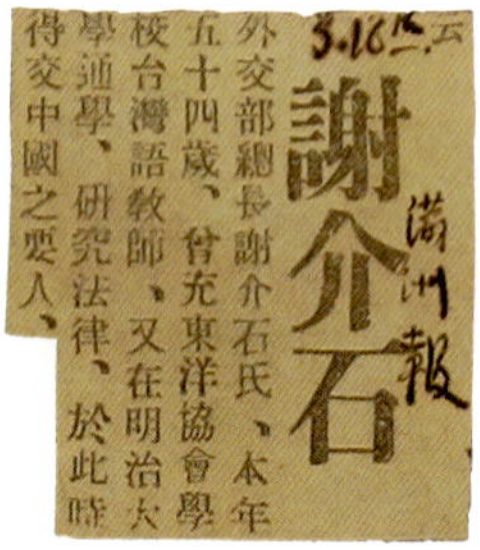
3.18
滿洲報
謝介石
外交部總長謝介石氏、本年五十四歲、曾充東洋協會學校台灣語教師、又在明治大學通學、研究法律、於此時得交中國之要人、

Particulars about Hsieh Chih Shih (Shiyakaiseki)

Hsieh Chih Shih, Foreign Minister of the Manchu State, aged 54 this year, has acted teacher of Formosan,of school of Japanese Council, During his study of laws at the Meichi University in Japan,he made the acquaintances of many important Chinese. (Manchupao March 18th,1932 issue)

谢介石详情(Hsieh Chih Shih；Shiyakaiseki)

谢介石——“外交部”总长，现年54岁，曾任东洋协会学校任闽南语教师，又在日本明治大学学习，研究法律，于此时得交中国之要人。

(《满洲报》，1932年3月18日发行)

No.73

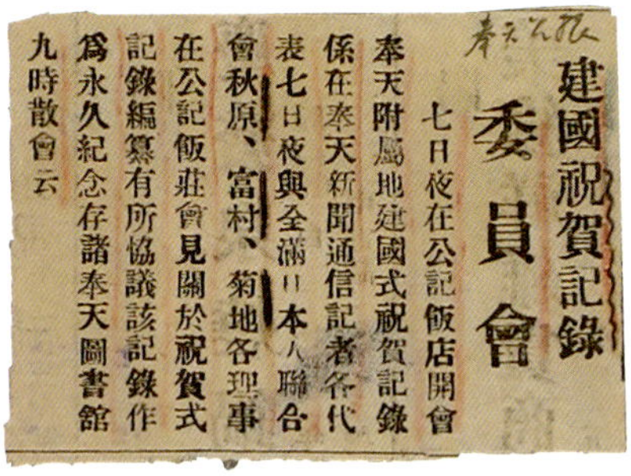
奉天公报

建國祝賀記錄委員會

七日夜在公記飯店開會

奉天附屬地建國式祝賀記錄係在奉天新聞通信記者各代表七日夜與全滿日本人聯合會秋原、富村、菊地各理事在公記飯莊會見關於祝賀式記錄編纂有所協議該記錄作爲永久紀念存諸奉天圖書館九時散會云

COMMITTEE ON PREPARATION OF MINUTES RE
NEW STATE INAUGURATION EXERCISES.

"On the 7th of March 1932, the representatives of the various local newspapers met with Akihara, Tomimura and Kikuiki, the Councillors of the Pan-Manchuria Japanese Federation in the Kung Chi Restaurant, Mukden, and prepared the minutes which they decided to be placed in the Fengtien Library. The meeting was adjourned at 9 P.M."
(March 10th, 1932 issue of the Fengtien Kung Pao)

"建国"祝贺记录委员会

1932 年 3 月 7 日夜，奉天各地报纸的新闻记者代表与全满日本人联合会秋原、富村、菊地各理事在公记饭庄会见，关于祝贺式记录编纂达成协议。该记录作为永久纪念保存于奉天图书馆。晚上 9 时方散会。

(《奉天公报》，1932 年 3 月 10 日)

Proclamation re restriction on meeting

Since the military operations of the Japanese Troops in Mukden began, our Impetial orders have been effetively executed, and mercy has reached far and wide. Within a fortnight all the vain reputation of the old North-Eastern militarists has been wiped out just as withered leaves of a tree blown away by high winds, and their tyrannical force suddenly collapsed. Everywhere the people were rescued and resurrected from the deep water and hot fire. It is reported that recently there have been some ones, at the instigation of the old militarists and statesmen, planning to disturb local order and endanger the livelihood of innocent people, meeting together secretly to fabricate rumours, forming organizations to carry out some special mission. Our Imperial forces will regard all these as Anti-Japanese movements. Whosoever it mwy be, we shall consider him as an offender. All the subordinates of our Army are instricted to be strictly vigilant and drastically deal with and punish them when discovered in order to eradicate the evils, so that the people of the North-Eastern Provinces may be enabled to settle down to their respective work. The public is hereby notified to be careful with thier behaviors and not to do anything malicious lightly.

By order

Honjo(commander-in-chief of the Japanese Kwantung Army)

Oct. 16th the 6th year of Chiowa(1931)

No.74

限制集会和组织社团的布告

昭和六年十月六日＊

＊ 英文说明中发布日期为10月16日，实为10月6日。——编者注

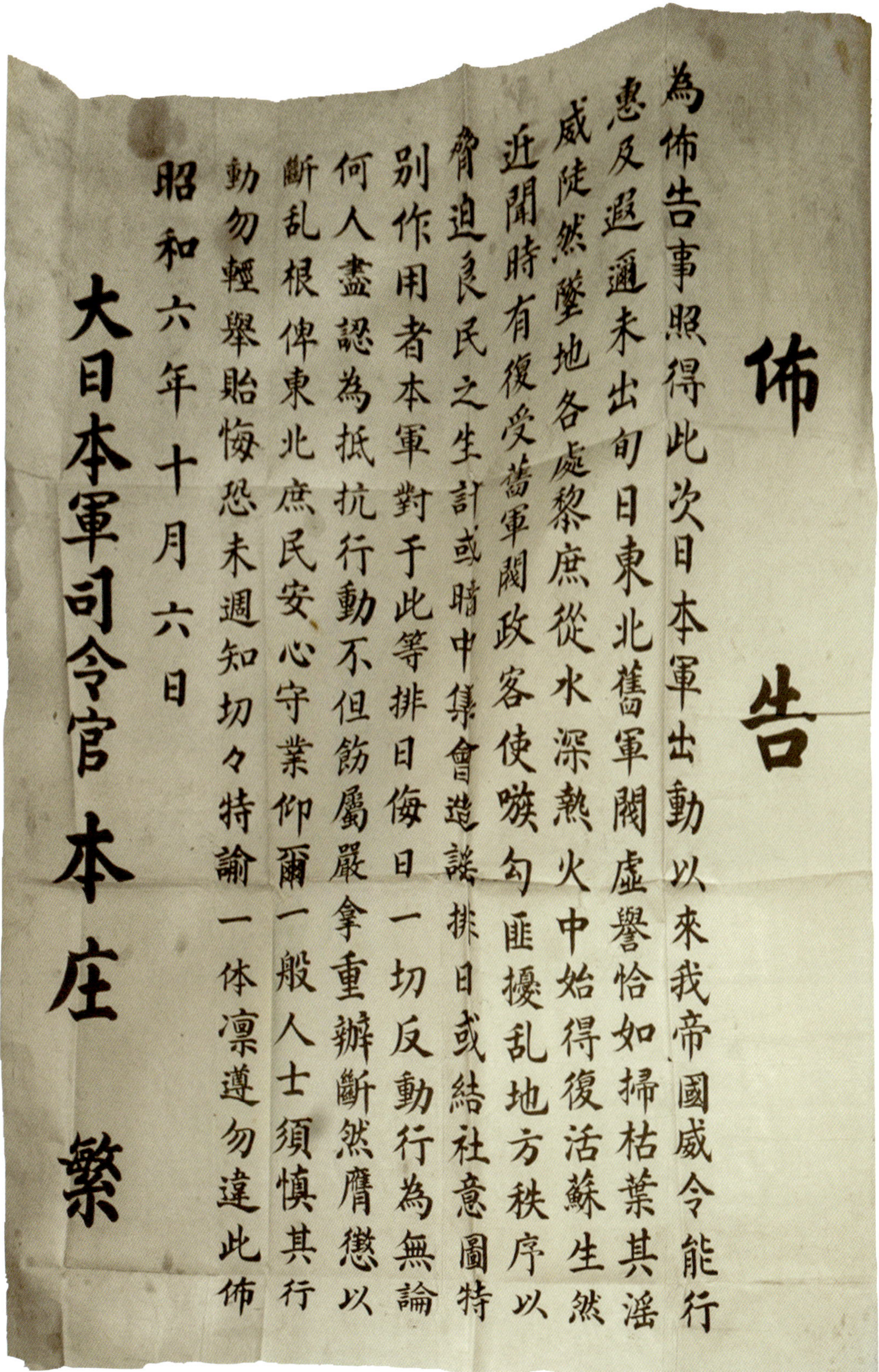

佈告

為佈告事照得此次日本軍出動以來我帝國威令能行惠及遐邇未出旬日東北舊軍閥虛譽恰如掃枯葉其淫威陡然墜地各處黎庶從水深熱火中始得復活蘇生然近聞時有復受舊軍閥政客使嗾勾匪擾乱地方秩序以脅迫良民之生計或暗中集會造謠排日或結社意圖特別作用者本軍對于此等排日侮日一切反動行為無論何人盡認為抵抗行動不但飭屬嚴拿重辦斷然膺懲以斷乱根俾東北庶民安心守業仰爾一般人士須慎其行動勿輕舉貽悔恐未週知切々特諭一体凜遵勿違此佈

昭和六年十月六日

大日本軍司令官本庄繁

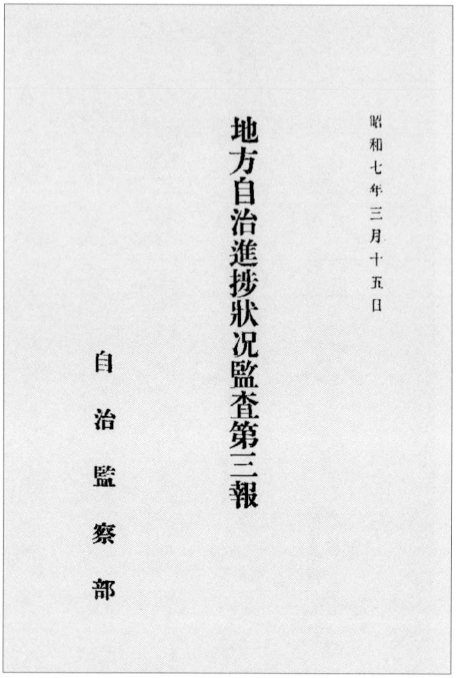

昭和七年三月十五日

地方自治進捗狀況監査第三報

自治監察部

No.75

奉天自治监察部于 1932 年 3 月 15 日（用日文）发布第三份奉天省 40 个区（县）自治进步状况监察报告。

例言

◎本報告書は昭和七年三月十五日現在を基本とせるものにして、各縣指導員よりの報告、週報並に實地監察を爲せる縣は監察報告を基本として地方自治進捗の大要を摘錄せるものなり。

◎故に各縣中には同日迄に本報告以上に自治の進捗を見たる縣ありと思料さるるも週報及報告等未着の爲め之を摘錄し得ざりしもの多く卽ち實際の進捗と對比する場合は槪ね各縣共に本報告以上に進捗しおることを玆に附言す。

◎本報告作成に當り之を第二回報告の當時と對比するに現に現地に於て縣自治を指導しつつある各縣指導員は旣に充分なる落着を見せ、縣執行委員との間に渾然融和しつつありて形式的建設事業の進捗以外に玆に無形の偉大なる基礎を築けることを見逃し難く地方自治の將來的效果より之を監察する時は特に此の點に對し非常なる囑望と指導員の努力とに敬意を表するものなり

◎本報告は監察部最後の報告にして各縣に於ける指導員最終の自治指導狀況を錄せるものと云ひ得可し

◎各縣自治指導の沿革的業績的記錄は各縣より報告せらる可き指導委員會業務概要書に詳細記錄しあるに付き該書參照せられ度し。

地方自治進捗狀況監察第三報目次

營口縣……一
復縣……八
本溪縣……一三
莊河縣……二二
蓋平縣……二五
安東縣……二八
海城縣……三五
海原縣……四一
撫順縣……四六
瀋陽縣……五一
鐵嶺縣……五五
鳳城縣……五七
岫巖縣……五九
遼陽縣……六三
洮南縣……六六

懷德縣……六九
梨樹縣……七四
新民縣……七七
昌圖縣……八〇
錦縣……八九
黑山縣……九五
遼中縣……九八
法庫縣……一〇〇
錦西縣……一〇三
遼源縣……一〇四
義縣……一〇八
彰武縣……一〇九
盤山縣……一一〇
興城縣……一一三
綏中縣……一一六
北鎭縣……一一九

營口縣

指導員　都甲謙介　高綱信次郎

錦州政府の解消と共に縣公署吏員の氣持は漸く積極的となり擔當業務に對する研究的態度も稍眞劍味を帶び來る執行委員會に於て可決實施せる事項中主なるもの左記の如し

一、行政方面

1　縣內測量隊の編成の立案

本隊編成の目的は道路網計畫及土地開墾計畫其の他の基礎材料を得るにあり、土木の交通課をして立案、計畫せしめ二月中旬より各區共約一ヶ月間の豫定を以て測量實施に着手せんとす

2　縣內調查隊の編成立案

本隊は各區の治政狀態及農民の生活狀態等各般の調查研究を目的とす、地方、農林、商工、各課員若干名を以て編成、前記測量隊と同時に派遣

3　區自治委員會の成立

一月中旬縣公署に各村長を召集して村長會議を開催し區自治委員會の趣旨を徹底せしめたる後、區自治委員を選定して委員會を成立せしめたり、近く詳細なる組織權限事項の取極を行ふ豫定なり

4　文書取扱方法の簡易化

筆墨の使用を避けしめ殊に控を必要とするものは鐵筆又は打字器によりて記錄せしむ

5　諸用紙類の制定

縣公署使用の用紙類は悉く新たに制定し簡明を期せり

6　大体指導部決定の標準により一月分体給より吏員の増俸を實施せり。殊に學校敎員の体給に付ては比較的高率の增俸をなせり

7　入札規則の制定

新たに入札規則を制定し成る可く公平なる競爭入札に依らしむることとし從來の入札方法の改善に努むることとせり

8　借家契約の更改整理

各學校、圖書館、警察署分所の借家契約を實地調査の上更改し借家人は市政課長一人に改めたり、更改の結果數百圓の節約を爲し得たり

9　自治執行委員會解散の件

二月十一日縣自治執行委員會を解散し且つ各處長を罷免す、二月十二日奉天省政府令第三號の定むる所により縣自治委員を推薦し、同日委員會成立せり尚同日縣自治委員會の決議に基き縣長より科局長を左の如く任命せり

楊　晉　源　任總務科長　　白　銘　鎭　任警務局長　　王　蔭　楧　任財務局長

李　恒　春　任實業局長　　金　憲　云　任敎育局長代理

10　實業局の新設

從來の商工處農務處を合併して實業局とし殖產課及び商工課の二課を新設せり

二、財　政　方　面

1　洋式記帳法の採用

洋式記帳法に練達せるものを司計課として採用し、收支一切は洋式記帖法に依らしめ、收支の明確を期せり

2　用品請求方法の改善

從來辨公費として用品代價を支給し居りたる制度を全廢し各處に於て必要なる用品は用品請求券を以て司計課用度係員に請求せしめ現品を給與することに改め經費の節約を計れり。之に依つて每月節約し得る額は四千元に昇る狀態なり

3　收稅成績向上策の實施

收稅課長をして一ヶ月六萬圓收稅の目標を立てしむると共に賞罰制度を設け有能なる收稅檢查員をして極力脫稅の發見に努めしめ又從來行はれ居たりし諸種の不正行爲を摘發し既に數名を馘首し收捐の確實を期せり、然しながら一月中收稅成績は四萬元餘となれるに過ぎず故に二月は更に增收方法を考究し既定の目標に近づかしむる計畫なり

4　十二月決算書の作成

十二月末現在の收支狀態は左記の通り也(奉大洋建)

收稅額、引繼額其の他の收入	四、九八六、四〇六、五〇元
十二月中支出額	三、一二五、五四一、四八元
差引殘高	一、八六〇、八六五、〇二元

但し一月以降每月現大洋一萬五千元の不足を生ずる見込なり

三、敎　育　方　面

1　救濟院の根本的改革の實施

救濟院の經營思はしからざるに依り之が根本的改善を計り別紙章程(畧す)の通り實施せり、その要點は新たに救濟委員會を設置し且つ授產の途を講せしめたる點にあり

2　小麥粉分配

軍部より惠與されたる小麥粉を避難民に分配、殊に其の三分の一は紅卍字會施粥所に支給せり

3　罹災者の救濟

日本軍の盤山進出の際遼河に日本軍の投下せる爆彈の爲め死傷せる遼河岸の苿刈人三名に對し縣の特別費より五百元を支給し弔慰せり

四、商　工　方　面

1　營口總商會役員の改選

十一月以來會長欠員の儘なりし爲め十一月上旬役員の組織を改めて會長一名、副會長二名とし、改選を爲したる結果會長に李序園、副會長に王季梁、高吉先の三氏當選せり、李會長は當地隨一の名望家

にして營口市現在難局を救ふ爲め特にその出馬を乞ひたるものなり

2 商事公斷處の改革

營口に於ける民間唯一の商事調停機關たる商事公斷處の役員を改選し組織の充實を計り今後益々その機能を發揮せしめ健全なる發達を遂げしむることとなせり

3 過爐銀制度の改革立案

過爐銀最近の暴落は當地の經濟界に多大の惡影響を與へ居るを以てこれが改革を爲す可き必要に迫られ之が改革の立案に着手し既に第一案の作成を終れり

4 取引所設置計畫の立案

百萬元の資本金を以て日支合辦の取引所を建設す可く商工處は之が具体案の作成に着手せり

五、農業方面

1 地質調查準備の開始

農林課員をして縣下未開墾地の地質調查の準備に着手せしめたり

2 農務會、水產組合、水產市場の改善策の立案

其の存在の意義極めて不明確となれる農務會及水產組合並に水產市場の内容を調查したる結果之が改善策の立案に着手せり

六、治安方面

1 警察第三隊の新編成

大高坎に在りし顧兆福の率ゆる自衛團(歸順馬賊)二百名を治安維持の必要上警察處の管轄下に入れ警察隊第三隊となせり。之が維持費は毎月二千二百元を要す

2 馬警の新編成

匪賊討伐に當り縣下各警察分署間の連絡を敏活ならしむる爲め新たに馬警(十騎)を編成せり

3 衛生隊の成績向上策の實施

衛生隊は人員を縮少して比較的優秀なる者のみを殘し市内各區に分屬せしめ、一方器具の充實を圖り且つ監督を嚴重にしたる結果成績良好なるものあり

復縣

指導員　荒川海太郎　編　井　優

一、行政方面

1 正副委員長就任受諾の件

十二月廿五日、第二次執行委員會會議に於て、兼てより辭意を漏し居たる、李素の正、副、兩執行委員長は正式に就任の挨拶を爲す

2 村長會議開催の件

十二月廿八日、第三次執行委員會を開催同時に縣内各區村長等約七十名を招集し、正、副、委員長より執行委員會成立及び其後の狀況報告、區自治委員會組織に關し說明を爲し、各區村長よりの質問に對し執行委員より答辯を爲す。又指導員の方では此の際新政府の精神並に施政方針に對し充分なる說明を與へたり

3 清鄉股設置の件

總務處を總務科に改稱すると同時に該科管轄下に、清鄉股を設けたるを以て之か經費は儞後縣公署豫

備費より支出することに決定せり。清鄉股一ヶ月經費は三百五拾元なり。自治委員會第十五次會議、三月四日に依る

二、財政方面

1 第四次執行委員會會議に就きて。

一月八日、第四次執行委員會を開催、廿年度新豫算編成の件、復縣財政狀態を全縣民に公開の件自動車稅に關する件等に就き協議す

2 新豫算成立の件

一月十五日、第七次執行委員會開催、各處其の他に對する新豫算割當額左記の通り決定す。但し官吏俸給の增俸率は今年度縣收入に對する安全を踏み一割とす。各處其他六ヶ月分豫算割當額左の如し

イ、指導委員會費　九、九五〇元

ロ、執行委員會費　八、二六〇元

ハ、總務處費　七、九六六元

ニ、財務處費　一〇、四六六元

ホ、實業處費	五、八六二元
ヘ、教育處費	四一、〇五三元
ト、教養工廠費	二、七五九元
チ、電話局費	六、五五五元
リ、警務處費	八六、七六一元
計	一七九、六三六元

3　財務處の經費支出手續に關する件

一月卅一日、以後、財務處に於ける總ての經費支出は必ず該經費支出金額を明記せる一定の表を作成し自治指導委員會に右支出表を呈出して捺印を受け然る後執行委員長の承認を經て更に同委員長の鈐印を乞ひ初めて表に依る經費の支出を爲すことを協議決定せり

4　附屬地內の營業稅に關する件

附屬地內支那側商人に對する營業捐け、從來稅捐局に於て附屬地商務會より月額一、〇〇〇元宛を納付せしめつゝありたるが、右は商民が附屬地內にて物品を購入し、附屬地外へ持ち出す場合境界に於て直接右の稅金を課したるが爲め商人は附屬地內にて物品を購入することを嫌ひたる結果、華商にして之が影響を受くるもの多かりしにより之が回避策として每月一、〇〇〇元宛を商務會に納入せるものなり。右營業稅の徵收に際しては商務會より縣財務局へ納付せしめては如何との提議ありたるも、右は事變前徵收しつゝありし惡稅にして新豫算にも編成せず不當課稅なるを以て禁止せり

三、金融方面

當縣支那側官民は將來張學良の勢力挽回を懸念し其の去就に迷ひ居たるも、今回日本軍の遼西地方出動により學良の勢力完全に消滅したるを以て、人心漸く安定せる模樣なりしが商人間には學良の失權により從來東三省に流通せる邊業及び官銀號の各種紙幣は自然其の効力を失ふものと觀測し早くも之等紙幣の受理を拒み資本家は現金の貸欵を差控へ居る狀態にして、今や舊年末の決濟期を控へ金融は梗塞されつゝあり前途樂觀を許さゞる狀態なり

四、治安方面

1　公安大隊長身分に關する件

顧公安大隊長は現に匪賊討伐の爲め出動中なるも、縣行政機關改組に伴ひ、警務處長の支配下に屬せしめ討伐完了と共に部下を率ひて速かに歸任する樣勸告すること、尙公安大隊長の名稱を用ひず適當なる職名を用ひ當分解隊せしめずして、匪賊討伐の任に當らしむることとす

2、右路巡捕隊給料に關する件

名稱を保安隊として當分存置し復縣城內外の警備並に海邊防備に任せしむ。警務處に所屬せしめて、給料は豫算に計上に決す

五、其の他

1、防疫會議開催

十二月卅一日、地方事務所に於て警察署長、地方事務所長、病院事務長、憲兵分遣隊長、福井指導員等相會し防疫會議を開催す。卽ち爾後當地に避難民流れ込む際は右支那人避難民に疫病發生の虞れあるにより其の善後處置に就き之か協議を爲す

本溪縣

指導員　中島　定夫　河野　正一　笹沼　鐵雄

一、行政方面

1　縣立中學校寄宿舍を避難鮮人收容のため日本警察へ臨時貸與するの件

一月廿二日臨時執行委員會を開會し左の條件を以て貸與することに可決す

イ、指定貸與以外の教室は全部閉鎖し使用せざること

ロ、開校期日二月廿六日以前に立退くこと

ハ、公有諸什器を破損せる場合は辨償すること

ニ、火氣の用心及び鮮人の取締は使用方申出側日本警察署に於て之を取締ること

追つて新民小學校使用方申込みありたる場合は同前の條件の下に貸與す尙短期間火災保險に就きては最善の考慮を爲す

2　肉捐と屠殺捐とを合併し名稱を附するの件

一月廿六日執行委員會を開會し頭畜の兩捐を合併して屠殺捐と稱することを可決す

3 警察署經費に關する件

警察署人件費に就きては從來人員不詳にして、要求通り支給せしに今後は人員を充分調査の上實際の人員に應じて經費を支出することに執行委員會に於て可決す

4 殉職又は負傷の場合之が取扱に關する件

事變前頭書の取扱に關して規定あるも之が實施されたりや否やは甚だ不明にして職員の困惑甚大なるものありたるに考へ事變後は左記の如く處理するに決定す

負傷者に對しては一〇元以上二〇元の手當、死亡者に對しては俸給の三ヶ月分及び他に警察署員より二元、一元、五〇錢の割合に據出、商務會より三〇〇元を家族手當として贈る

事變後に於ける俸給三ヶ月分は警察署、普通巡査は月給十二元にして殉職の場合は警察分所長に昇格しその俸給十八元の三ヶ月分を贈る

5 自治執行委員會解散の件

省政府公報第七號の規定に基き之を解散し新規定に依る縣長は省政府より任命就任迄警察署長常庚堯をして代理せしめ警察署長は警務課長毛羽豐をして代理せしむ

6 自治委員會組織の件

自治執行委員會解散に付き自治委員會を組織し二月十六日第一回自治委員會を開催し左記の件を協議す

イ、自治委員會委員長　陳　蔭　翹

委　員　常　庚　堯

同　劉　萬　俊

同　李　英　麟

同　劉　惟　一

ロ、日支電話合併に關する件（可決）

本件は審議の未了のまゝ執行委員會の解散に至りし爲め指導委員會は前自治維持會委員及地方有力者を招き意見を聽取せし所全員合併にて贊同、仍つて此の件に對して地方有力者の意嚮を分明せり新自治委員會組織に當り陳縣長は當會に議案として提出す、本件は重大性を帶ぶるに依り特に商務總會長王代を招き全員熟議の結果合併に對する意見の一致を見可決す因つて縣長の名を以て正式に省政府に合併方認可申請の豫定なり

7 徵稅許可の件

水利、國有林管理費に對して左記の覺書を作製せしめ徵稅を許可す

覺　書（寫）

一、水　利

一、國有林管理費

但し當分の間未納者に對しては罰則を適用せざること

昭和七年二月十九日

本溪湖水利局長
兼本溪縣林區駐在所長　蘇　正　誼

二、財政方面

1 坑木拂下認可の件

頭書の件に關し本溪湖憲兵分遣隊長經由關東軍司令部に請願中の所二月十四日付右認可に接し同日當地憲兵隊に於て書類の引繼をなす、尙杭木拂下に關しては省政府に杭木配給方を申請し當地に於て三月一日（豫定）入札を行ひ地方民に對する債務及諸要費を支拂ひ殘額を縣政費に充當する豫定なり右に對する概略左の如し

杭木處分に對する豫算

數量	金額	控除額	正味額	備考
五三、五〇二本	一八、〇〇〇〇〇	三、〇〇〇〇〇	一五、〇〇〇〇〇	現大洋鈔
三、五六〇本	三、〇〇〇〇〇	二、四〇〇〇〇	六〇〇〇〇	
七〇貨車	九、〇〇〇〇〇	八、〇〇〇〇〇	一、〇〇〇〇〇	
合計	三〇、〇〇〇〇〇	一三、四〇〇〇〇	一六、〇〇〇〇〇	

2 徵稅成績の件

匪賊の跳梁漸次減じつつありと雖未だ小匪賊の横行甚だしく爲に地方税の徵收成績思はしからず因つて縣政費も毎月不足の狀態にあり、當指導委員會は速に理賊政策を斷行し以て縣政の萬全を期し民利民國の大義に基き善處し併せて徵稅成績の向上に努力しつつあり。今左に十二月、一月の收支概略を記し參考に資す

月別	徴税額	一日平均額	備考	
十二月	五、九〇四、八六	一九七〇〇	營業税額	三、六七七、三九
一月	六、八一一、八三	二二〇〇	同	四、〇四三、〇八

備考　二月一日より二月十八日迄徴收額　一、三〇四、二一

一月分收支決算概略左の如し

收支金額

一、徴税額　六、八一一、三八

一、十二月繰越　三、一二九、六五　合計　一〇、五二七、二〇

一、税外收支　五八五、七二

支出金額（經常費）　一三、七八六、八七

差引不足額　三、二五九、六七

臨時費　一、六三四、八七

別途收入　四、二一五、〇〇

合計不足額　六七九、五四

三、教育方面

1　事變後及び現在開校せる學校調査の件

目下學校の原數は二二九、內開校數一〇一、未開校數一二八にして現在は冬期休暇實施中尙指導委員會に於ては目下開校期日二月廿六日には全校開校さす可く調査並に極力努力しつつあり

2　各學校敎員俸給調査の件

事變後財政不如意のため俸給平均額減少せるも財政建直したる後は漸次待遇を改善し敎育に遺憾なきを期する計劃なり

四、治安方面

鐃子臣歸順に關する件

鐃子臣歸順に際し斡旋の勞を取りたる孟禝雲十七日午前十一時來溪、因つて十九日午後一時より縣公署主腦部及縣下有力者廿五名來署協議す、歸順匪賊整理決定事項左の如し

1　全部自警團へ編入

新編入人員　九〇〇名

舊自警團員　五〇〇名

2　自警團費

各村負擔の事　一畝一ヶ年二毛

全縣六〇萬畝　年額團費拾貳萬元

3　歸順匪賊配給村數

全縣百ヶ村　舊自警團員　五名

一ヶ村拾四名　新自警團員　九名

4　經費の負擔能力は各村に有り

五、人事移動に就て

1　敎育局長徐家恒氏辭任に付き後任決定の件

李英霖氏に決定す

2　財務處長杜光堯氏の辭任の件

杜光堯氏は稅捐局長と兼任の所省政府の新方針として兼任を許さざるため此の際財政處長を辭任の旨申出に付き異議なく決定後任として元財務處長劉維一氏を推し暫時任命の事に決す尙杜光堯氏は財務處長辭任の處執行委員としての職務は從來通り當分留任を一同希望に就き異議なく決定す

3　新任縣長及警察署長後任の件

自治執行委員會解散の結果執行委員長李濟東は免職となり陳蔭翹氏當縣長に任命就任す尙新警察署長の任命は見ず常庚堯氏執務す

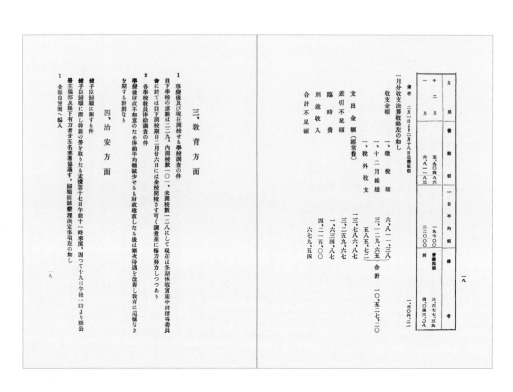

莊河縣

指導員　大沼幹三郎　松崎秀憲

一、行政方面

1 執行委員會成立

十二月三十日、午前十時より縣公署に於て執行委員會發會式を擧行す、時局尙平ならず、且つ縣の狀勢より考慮して發會式典は一月未擧行の豫定なり、尙同日莊河縣自治章程を公布す

執行委員人名左の如し

委員長　王純古
副委員長　冠貴和
委員　宋良忱
同　王鳳池
同　呂希著
同　李維邦
同　曹良忱
同　孫柏年
同　梁德昌
同　廖龍雲

以上

2 各處長任命

昭和七年一月八日左の如く各處長を任命す

總務處長兼警務處長　王純古（元縣長）
實業處長　呂希著（元第一科長）
敎育處長　李維邦（元敎育局長）
財務處長　王鳳池（元財政局長）

二、財務方面

1 縣金融狀態

縣執行委員會を代表し冠副會長外二名、縣指導員を來訪し、縣下金融問題に就き説明し、縣財務處より大洋三十萬元の飛子を發行し、舊正月を控へたる縣金融界を緩和したきにより右許可され度き旨請願ありたり、依つて今一應執行委員會に於て發行手續、償却方法等力めて詳細に案を作成し文書を以て願出ありたき旨申度せり、因つて明けて一月六日に至り執行委員會より縣金融綏和流通債劵規定なるものを提出し來り、目下これに對して研究吟味中である

三、徵稅に關して

稅金徵收成績不良なるに鑑み、孫、曹兩會長を招致し納稅方に就き嚴達す事變前後の縣稅收入狀況次の如し

七月—九月　二一、一七九元
十月—十二月　一七、二九一元

蓋平縣

指導員　景山盛之助　笹山卯三郎

一、行政方面

1 指導、執行、區、各委員會の全体會議に就て

執行委員會により新たに推薦せる縣下八區に亘る各區自治委員長及び委員の就任懇親會を開き自治行政に關する更新に就き談合、午後二時より縣公署會議室にて、執行指導、區委員會の全体會議を開催して區委員の今後なす可き事の訓示を委員長より爲し、區委員の區に於ける責任の重大なるを說く

2 電燈會社の日支合辦に就て

十二月廿六日、營口電燈、愛甲專務來署、城內電燈の日支合辦事業の氣運熟し、實業處長を紹介種々懇談さる、日支合辦の噂さに中國人側は大いに喜び、多年無配當より浮ばれると稱し居るものあり、明けて昭和七年一月七日、前記愛甲專務は、當縣民立の電燈會社と日支合辦意見好評の爲め評價格額研究調査の爲め辛委員長と會見し懇談す

3　隔離病舍設置に就て

大石橋警察署より防疫に關する打合ありたるに付き左記二ヶ所を以て爾後隔離病舍と決定せり

第一	南門外三官廟三間房	二棟
第二	西門外舊砲兵々舍	全部
擔當醫師未定		銓衡中

二、財政方面

1　本縣市縣稅收入狀況

自民國二〇年七月至同年九月	計現大洋	五七、四九五元
自民國二〇年十月至同年十二月	同	一六、二一四元

右記數字によつて事變前後の徵稅成績の大要を察知し得可し

2　縣豫算編成狀況

十二月十七日午前十一時より縣歲入歲出豫算編成の爲め各處々長の豫算作製の上委員會に提出す、委員會に於ては財政處の歲入方針の調查未了の爲め次回に延期し財政處を督勵して稅捐局と接衝速かに歲入確定數を要求す、明けて翌十八日、委員會開催、各處の豫算に關し討議を爲す財政處より歲入豫算提出す、故に各處の歲出に對する、細目に亘る研究に入る、昨年度の豫算より非常に超過し、歲出入の均衡を計るを得ず、更に各處長に命じ考究、調查方を命じ午後三時散會す、翌十九日午前十時より豫算委員會、各處の豫算減額方法に對し各處の狀況に應じ一割乃至二割或は三割方の減額を申合す議論多く從來の人件費にては到底生活し得ず三割乃至五割の俸給値上げを爲さねば制度改革上の更新存在し得ずと爲し異論生ず、故に結局委員長の採決の上にて處に應じ狀況考慮の上二、三割方の削減已むを得ずと決し夕刻に至り遂に明九時迄に改正編算を爲して提出することに至し午後六時散會す翌廿日豫算委員會續會十時半各處豫算減額に對し討議の後夜十一時に至り漸く民國二十一年度歲出入總豫算案完了す、其の後本部と接涉の結果、再び削減の止むなきに至り目下尙研討中である

3　脫稅者調查に就き

縣下熊岳城及ひ蘆家屯方面に華人中巧みに附屬地を利用して脫稅を爲しつゝあるを探知したるを以て財務課長王氏及島本翻譯員出張調查の結果附屬地對縣と關係頗る復雜にて今後に處するに付ては重大なる考慮を要する旨報告ありたるに付是れが對策に就き滿鐵、關東廳側並に出先當事者は協議の上前後處置を講ずることゝせり

安東縣

指導員　本島邦男　金井佐次

一、行政方面

1　縣公署

縣公署は建物狹隘なる爲め各行政機關は左記場所に於て其事務を執行す

機關名稱	場所	前機關
指導委員會	道前街	縣公署（元道尹公署跡）
執行委員會	同	同
總務處	同	同
實業處	同	同
敎育處	縣前街	元縣政府
財務處	中富街	元商埠公安局
警務處	榮市街	元鴨淥兩江水上公安局

2　中國商埠地內水道敷設經緯

事變前にありては舊市街には水道なく住民は甚しく不便を感じ居たるが事變直後白崎喜之助は加藤憲兵分隊長の紹介にて安東市維持委員會に對し舊市街水道敷設願を提出したり

滿鐵地方事務所に於ては事變前より附屬地水道を支那街に延長する計畫あり屢々支那側に交涉をなしたるも纏らず遂に其の實現を見るに至らざりしが十月三十日維持委員會にては滿鐵をして施行せしむることを決議し翌三十一日附を以て安東縣々長王介公と滿鐵安東地方事務所長多田晃と契約を締結し直ちに工事に着手し昨年末迄に水道延長三千六百米の內四百三十八米は未完成なるも大体の工事を終り五ヶ所に給水場を設けて一般に給水しつゝあり

尙ほ次の計畫として鐵道線に沿へる幹線を設けて既設幹線との循環連結をなし給水場六ヶ所を增設して船舶給水及屠牛場への引込をもなす豫定にて更に三千米の延長計畫あり

3　水源地用地の買收

水道給水範圍の擴張につれて水源地繞圍地域の買收を必要とし滿鐵地方事務所にては維持委員會の斡旋に依り直接地主との間に商議を進め圓滿に用地の買收をなしたり

4　瓦斯事業計畫

南滿瓦斯會社にては執行委員長王介公との間に契約締結なりたるを以て解氷期を待ちて舊市街へ瓦斯の供給をなすことゝなれり

5 電燈電話

日本側と支那側との電燈電話の統制に付いては日本側當事者に於て夫々研究せられつゝあり近く其の實現を見るに至るべし

6 道路補修

金湯街縣前街兩道は交通の要衝に當り尙は財神街中富街公安街及興隆街等も路面破損して速にか道路の修築をなさゞる時は識者の譏りを免るべからず故に如何なる方法に依り速時之れが進行を計らんかとのことに付き維持委員會にては決議を以て一時稅捐局保管中の省費中より借用し市の事業中必須の急務事項として道路の修築を決行したり

7 目下指導員に照會中の事項

イ、前安東市維持委員會當時の事業及會計狀態

ロ、執行委員會議事錄及決議事項の處理狀態

ハ、二十年度縣豫算

ニ、徴稅狀態

ホ、事業計畫

8 匪賊の被害狀況に就て

民國二十年十二月二十八日以降二十一年一月二十七日に至る匪賊の被害狀況に就きては大要次の如し二十年十二月中旬頃迄は非常に平穩にして事變前は殆んと差異なかりしが其の後匪賊の横行逐日增加し縣民の被害頻々として起り避難者續出の情況にあり現に管内より當市に避難し來る者一萬余人近縣避難民二萬人に達し更に有產階級の避難せんとするもの增加の模樣あり現避難者の大部たし中國人に就ては救濟を要する者尠なきも鮮人避難民に至りては慘狀目も當てられさるものあり安東朝鮮人會に收容せられたる者一月二十四日現在一千三百六十七名内本縣住民百十一名に達し此の外市中に散宿せる三百餘名中の三割内外も亦本縣避難民なりと

安東朝鮮人會に於て扱ひたる避難鮮人

事變以來取扱總數　　三、四二八名

内譯

歸鮮者　　一、九七八名

死亡者　　八四名

現在收容數　　一、三六七名　内病者　八五名

9 課長任命左記

一月一日附縣令第十二號を以て左記の通り各處課長及視察長を任命せり

記

總務處	總務課長	黃福元
同	市政課長	尹炳章
同	地方課長	舒文志
同	土木交通課長	王松坡
財務處	總務課長	于麟炳
同	司計課長代理	王叔名
同	稅務課長代理	王擇善
實業處	總務課長	林銘綬
同	農林課長	張德峻

實業處	商工課長	陶德盛
敎育處	總務課長	李天華
同	學務課長	林懋功
同	宗敎課長	沈輅
警務處	總務課長	劉興邦
同	行政課長	閻家梅
同	司法課長	欒鳳翼
同	視察長	溫明國
水上警務處	總務課長	處長兼任
同	視察長	王輔予

二、治安方面

1 保安游擊隊編成に就て

一月四日緊急聯合委員會を開き步兵八〇名騎兵二〇名嚴選募集の事に決し十五日步兵八〇名の募集を

終了公安第二隊を編成し市内東坎子電燈廠内に駐屯せしめ訓練中十一日更に歩兵一二〇名を募集すること及び之が經費は有志の寄附金に據り支辨とし本日を以て募兵完了銃器揃ひ次第公安第三隊を編成し更に既成公安隊を合して總數三五〇名より成る保安游擊隊を組織する豫定なり

三、財政方面

1 營業税低減に就て

匪賊の被害と奉天の疾に低減せられたるに鑑み民心の惡化防止する意味に於て本年一月より營業税を千分の六に引下ぐ

海城縣

指導員　鎌田　政明　小林　才治　小林　克

一、行政方面

1 執行委員會決議事項

一月七日、自治執行委員會第一次開會左記事項を決議す

イ、各村長會議召集の件

一月二十日、匪賊蟠居區域を除き其他の各村長を召集し會議を開催す

ロ、縣內各小學校長を召集し敎育方針の進行を圖る件

一月十五日敎育處より縣立各小學校長及び各區村の有力なる敎員二、三名召集し敎育方針に就き協議す

ハ、縣內各村落の道路修築に關する件

總務處に於て道路改築の具体的案作製後に於て再び協議す

ニ、電話買收に關する件

地方團体紳士を召集し協議の上決定す

ホ、自動車道路に關する件(海岫道路)

本縣と岫巖縣と協議の上改築案を作製し省政府へ申請することに決定す

へ、縣下村落自動車道路改築に關する件

村長會議に提出し各村長の意見を徵したる上之を決す

ト、自動車公司設立に關する件

實業處に於て具体案作製の上決定す

チ、匪賊被害の爲め救濟す可き區域調査の件

總務處地方課に於て調査の方法を立案し村長會議に提出し決す

リ、金融組合に關する件

農商務兩會より創立委員を選定し協議の上之を決す

ヌ、匪賊未被害各區の畝捐、徵收開始の件

滿鐵線東側の畝捐を徵收するも既定税額の半額徵收に決す

ル、匪賊被害甚大なるため來春耕作可否調査の件

匪賊被害區域の調査と同時に調査し處理す可し

保留事項

ヲ、砲兵隊守備隊より荷馬車徵發され紛失又は不慮の損害を受けたる場合彼等に對する處置の件指導委員より兩隊に實情說明の上接涉する事

ワ、小賣商の營業税徵收に關する件

税捐局從來の規定に照し徵收の事

二、財政方面

1 縣税收入情況

七　月—九　月　一萬二千九百拾參元

十　月—十二月　一萬二千八百四拾元

備考

各税は七月より十二月迄六ヶ月間の收入にして豫算額に比較し拾壹萬餘元の減收なり、減收の原因は匪賊の跳梁の爲、商取引全く杜絕加ふるに掠奪を恣にせる結果、農商民の生活を脅威するに至り

たるに依る。收入税金は總て法定價現大洋に換算徵收せり

2 海城縣廿年度地方行政費支出豫算（自廿一年一月起至六月）

	元
自治指導委員會	五、一五六、〇〇
自治執行委員會	七、三五〇、〇〇
總務處費	九、四〇四、四〇
財務處費	一九、六九七、〇〇
實業處費	六、五二六、〇〇
敎育處費	四七、四五〇、〇〇
警務處費	六、四九〇、二〇
警察署費	一七、〇三五、八〇
警察各分署費	四〇、六三二、〇〇
警察署敎練所費	二、〇五一、四〇
大隊部費	四八、六八八、二〇
警察臨時費	一六、二〇〇、〇〇

	元
苗圃種子交換所費	一、六六五、八〇
海城屠獸場費	三三六、〇〇
牛莊屠獸場費	四一四、〇〇
清鄉局費	一、五二七、〇〇
地方電話局費	七、四八七、〇〇
敎養工廠費	七、四六五、〇〇
總計	二四五、五七六、〇〇

3 縣政費不足額借欵に就て

匪賊其の他被害に依り縣税の甚だしき減少の爲め縣政費の不足を來し省政府より現大洋貳萬元の借欵を爲す

4 農會々議開催に就て

二月二日縣下各地農務會々長を招集し農會々議を開催し左記事項を協議す

記

イ、匪賊被害狀況調査に關する件

事變以來の匪蒋の被害を蒙りたる農民にして今春の賦付耕作不能の者に對し何等かの對策を講ずる事

ロ、貧困者に對し饅頭施與の件

指導員小林克氏は年末に際し卍會の手を通じて支那饅頭一、五〇〇個避難民に施與す

三　治安方面

1 匪賊張勝歸順

一月二十五日匪賊頭目張勝海城公署に於て歸順宣誓を爲す

開原縣

指導員　蛸井元義　藤井民夫

一、行政方面

1 村長會議開催

十二月廿九日午後三時より城内に招集せる村長（附近に避難せるもの多し）を會合せしめ貧民救濟及昭和七年度春季農耕上援助を要す可きものにつき談合す、卽ち警察隊を滿鐵線以西に駐在せしめ早やく農民を各自の家に歸へらしめ、匪害により衣食住に窮するものに對しては十分調査し、自治執行委員會へ報告せしむると共に地方有產階級を自發的に援助せしめ且つ農務會を活動せしめて昭和七年春季種子、農具、農耕馬等の世話を爲さしむる事を決議す

一月七日、午前十時十一ヶ村々長集合會議内容左の如し

新指導原理の敷衍說明書尙實施に當り各村長の世界的地位、責任等につき自覺を促す

布告文、連莊會規則の配布、本規則は自警團組織を規定するものにして第一條より第二〇條に至る

自警團組織上注意事項に就きて
イ、成る可く青年たること過渡期に於ては必然義務的に行ふ事
ロ、自家用武器を報告すると共に自警團に借用せしむる事
ハ、毎日八寶屯と何等かの方法により一回連絡を採る事
ニ、馬賊と連繫ある者は嚴罰(清郷條例に從ふ)に處すること
ホ、馬賊の情報消息を知りて報告せざるものは匪賊と見做す

2 執行委員會最近主要決議事項
1 避難民救濟の根本方策に就て
2 匪賊討伐の戰死者遺族扶助料に就て
3 橋梁稅廢止に伴ひ橋梁建設費縣負擔に就て
4 豫算に關する打合せ
5 民間散在自家用武器を警察隊に貸與に就て
6 民間の乘馬を警察隊貸與に就て

3 本縣自治章程中改正事項に就て

1 自治執行委員會の組織
イ、常務執行委員定員五名(有給)
日常政務に參畫するものにしてその中より委員長一名副委員長一名選定するものとす
ロ、特別執行委員若干名(無給、現在七名)
必要と認めらるる場合委員長の召集により參畫するものとす

2 實業處の新設
從來の農務商務、兩處に更に工務行政を加へ一括せるものなり

3 司法處を除く
一月一日より司法關係(看守所を含む)の諸經費は省政府より支給することとなれる故、本章程の條文より控除す

4 蹄鐵商取締に就て
一月廿一日匪賊跳梁地帶に於ける蹄鐵商取締は匪賊膺懲の一手段に就き隣接縣共同之が販賣の區域を限定する事の必要を認め隣接縣指導委員會宛取締上連絡することとせり、從來該商人は平常價格の三四倍位の料金を受け居る模樣なり

5 自治執行委員會の組織變更並に常務委員の特別委員決定

常務委員

自治執行委員長	丁一青
副委員長	金子章
財務處長	羅化南
教育處長	朱子青
電話局長兼數養工廠長	王子民

特別委員

警務處長	程星王
總務處長	保子紙
	趙一琴
	王錫九
	徐榮卿
	關仲三

曹霖甫

執行委員會議事要項
二月一日午後一時執行委員會を開催し左記事項を決議す
1 電話に關する件
2 小作契約認證の件
3 淸鄉局の件
4 歸順匪賊の件
5 第一區橋梁の件
6 驢馬屠殺の件
7 鐵工廠の件

二、交通方面

1 縣營電話を日本郵便局に無條件合併
省廳に許可願を提出すると同時に日本郵便局に是れが願書を提出す

撫順縣

指導員　高久　肇　山下　吉藏　中村　寧

一、行政方面

1 執行委員會成立

一月七日左記順序により撫順縣自治執行委員會發會式を擧行

1 撫順地方維持會の解散

2 撫順縣自治執行委員會委員任命

夏　宣　　修常福　　邵献元　　武德憲

張冠凱　　黄愼斉　　王　綿

3 撫順縣自治執行委員會委員長の選擧

委員互選の結果、夏宣當選す

4 撫順縣自治委員會成立

5 各處長の任命執行委員をして任命せしむ

總務處長　夏　宣　兼任

財務處長　修常福

實業處長　司桂章

警務處長　夏　宣　兼任

教育處長　吳希純

尙本日撫順縣自治執行委員會成立を祝し、小學生及多數寒風を衝て盛大なる旗行列を爲せり

2 臨時貧民救濟會

一月九日第二次執行委員會開催避難民救濟の件につき協議・軍部より送附を受けたる小麥粉五百袋の配分方法に就ては執行委員中心となり撫順縣臨時貧民救濟會を設け最善の分配方法を講ずることに決定す。翌十日撫順縣臨時貧民救濟會を設け最善の分配方法を講ずることに決定し同日撫順縣臨時貧民救濟會簡章決定さる

二、財政方面

1 縣立屠殺場請負に就て

縣立屠殺場の業績不良にして十九年度純益一千元餘に過ぎず二十年度七月以降の收入亦二千元の少額に止り經營上注意を要するを以て場主を罷免すると共に縣總務處の監督下に張山東同卿會長に純益一萬元を納付せしむる條件の下に請負はしむ

2 事變前後に於ける縣稅收入狀況

七　月—九　月	二二、八七三元
十　月—十二月	九、八〇七元

三、交通方面

1 電話架設計劃に就て

警備力の充實を計る爲め左記條件に基き縣下各所に電話線增設の立案を爲す

條　件

1 警備上最重要なる地點を通過せしむること

2 勉めて主要村落を通過すること

3 勉めて經費の節約を計ること

電話架設計劃線

1 千金寨より石文廠に至る線(一五支里)

2 石文廠より拉古峪に至る線(二〇支里)

3 閣老溝より杜家堡子に至る線

4 相家樓子より康大㑌に至る線(一二支里)

5 王富嶺より松樹咀子に至る線(一二支里)

6 高宮寨より欄干石に至る線(二〇支里)

7 大東州より馬群丹に至る線(三〇支里)

8 東北より四家子に至る線(一八支里)

9 搭連咀子より張家甸子(八支里)

10 營盤より鐵背山(一五支里)

11 下章黨より上年馬洲(二五支里)

12 搭連咀子より兩家子(二〇支里)

13 撫順城より會元堡(二〇支里)

14 撫順城より連島灣(二五丈里)

右の内塔連明子—兩家子、下章黨—上年馬洲、大東州—馬郡丹の三線を最重要なる第一期計劃線として立案せり

四、治安方面

縣下現在の警察署員數及び警察隊員數左の如し

警察署員　二八二名　警察隊員　二三〇名

右を將來警察署員三三四名警察隊員三九〇に增加するの案につき討議したる結果現在の縣財政狀態に於ては到底實現不可能なるを以て現在の自警團を增加し之を以て警備力の充實を計ることゝす

瀋陽縣

指導員　永尾龍造

一、行政方面

1 縣公署組織變更

省政府公報第七報を以て公布せられたる各縣公署組織暫行條例に基き縣公署組織の變更を二月二日決行

2 東省賽馬公司の許可取消

東省賽馬公司は民國十六年設立許可を受けたるものなるも其の後營業に着手せす又營業開始の模樣も認められさる爲め二月十七日省政府の訓令に基き縣令を以て許可取消を爲す

3 蒙邊督辦公署開設

二月二十七日蒙邊督辦公署本天辦公處は少將參議爵輪を派し大西邊門内成平里二條下る胡同に開設

4 縣長實業處長警務局長の任命

縣　長　謝相森　二月二日附

實業處長　馮涵清　二月三日附

警務局長　張鳳岐　二月四日附

5 馮庸大學附近飛行場用地買收

滿鐵公所より申請ありたる馮庸大學附近飛行場用地買收に就ては縣長より省政府に伺出中の處省政府秘書長より口頭を以て「別に公所に批示を發せさるに付其の儘許可すべし」との旨通知ありたるを以て縣公署に於て認可手續をなすことゝし二月二十九日認可通牒を爲す

6 弔慰金交附

昭和六年十月二十七日奉天小南邊門に於て瀋陽縣自衛團員に殺害せられたる福島縣人關根嘉久氏弔慰金現大洋三千元を城內憲兵隊に於て奉天總領事館松平氏に手交

二、財政方面

1 各種徵稅に大洋本位採用

一月二十六日附奉天財政廳訓令第一五號に基き以後各種徵稅は大洋本位と改正す

2 稅捐收入

自七月至九月收入　一六三、五六六、三五〇元

自十月至十二月同　一一、八五七、二一〇

1 上記金額は一應奉天大洋票にて算出せるものを現大洋に換算計記せるもの

2 稅捐局より委讓の稅捐は二十一年一月分より徵收開始の筈

3 上記金額の內には財政廳に送附せるものを含む

3 洋式帳簿法採用

各分科に對し一月一日に溯りて一切の合計記帳を洋式になすことに決定

三、敎育方面

學校授業開始打合

各學校授業開始に付指導員側と敎育籌備所との打合は左記の如く意見の相違を來したるものゝ如く結果如何なる狀態と成りたるか未だ情報に接せす

指導員側の意見

兎も角開學を急ぐことゝし若し中學校師範學校小學校全部の開學不可なる時は城關小學校のみても

開學することゝしたしと

教育籌備所側の意見

中學師範學校は暫く開校を見合せ小學校並に職業學校のみを取敢す開校することゝ爲すと

鐵嶺縣

指導員　石垣良隆　　甲斐政治　　末廣榮二

當縣は數度の情報に依りて明かなる如く金山好、方振國、趙亞洲等匪賊の跳梁甚だしく縣政上支障甚だしく然りと雖指導員各位の勇敢なる行動と深遠なる理想とは良く此の間に在つて善處せられ着々其の實效の見るべきものあるは喜ばしき事なり

一、行政方面

1　獨立守備司令官よりの難民救恤

十二月二十八日難民救恤の爲め小麥粉六〇〇袋米六五袋粟一五俵附與せらる

2　二月二十九日商務會より警務處員に對する慰勞金として八〇〇元贈與を受く

3　獨立守備隊司令長官森中將寄贈に依る小麥粉六〇〇袋其の他を縣城其他各區窮民及鮮人窮民に分與せらる

4　赤十字社施療班施療

一月三十一日より二月二日迄で赤十字社施療班に於て一六〇名の施療を爲す

5　北五條通り東端境界立退問題は一、三〇〇圓交付を以て委員會通過確定す

二、財政方面

1　監獄費缺乏の爲め稅捐局よりの支出

監獄費缺乏し囚徒食費支辦の途なく典獄長縣の援助を求め協議の結果稅捐局より五〇〇元支出す

鳳城縣

指導員　中川壽雄　　仙波清

一、行政方面

1　縣公署移轉に就て

當縣公署の威令も次第に行はれ地方の治安の保持せらるると同時に事務復雜を期し廳舍の陜隘を告ぐるを以て之が準備計畫の必要に迫られ居るも現公署は位置適當ならず又建物甚しく老朽し居り到底補修の見込なく又敷地面積少く各處を收容するは至難なり現在の如く各處が各地に分散し居りては事務の統一指導上不便少らざるのみならず經費節減上亦看過出來ざるもの有之統一方研究を執行委員會に命じ置きたる所其の結果、廢校せる當城師範學校校舍、敷地一切を當縣公署に流用する樣、大体意見一致するに至れり、尙縣公署現在の建物に就ては、其の處分方法を考究中なり

二、財政方面

1　事變前後に於ける徵稅狀態

税捐徵收總局收入

七月—九月　四三、三四三元　十月—十二月　三〇、八九一元

財政局捐欵收入

七月—九月　二一、三二三元　十月—十二月　三、四二二元

三、交通方面

1　縣內道路施設計畫に就て

縣內產業開發への第一步として、縣內道路施設を第一、第二、第三の三期に分ちて計畫す其の第一着手として當分、匪賊討伐用を兼ねて、貨物自動車四台サイドカー一台を購入、現に討伐に使用しつつあり

岫巖縣

指導員　松岡小八郎　岡村一郎　中尾優

一、行政方面

1　執行委員會成立

十二月廿三日、午前十一時より縣公署に於て執行委員會發會式を擧行す、執行委員氏名並に兼務左の如し

委員長　總務處長　劉景文
委　員　財務處長　李廷樞
同　　　教務處長　夏祥淇
同　　　農務處長　于麟閣
同　　　商工處長　王世滋
同　　　警務處長　陳福堂

二、財政方面

1　縣民國廿一年度收支預算

收入豫算

畝捐	五二、七九九元
附加畝捐	四六、一八五元
車牌捐	二四、〇一〇元
第捐	一〇、六五〇元
雜收入	四、一六九元
田賦	三五、〇二〇元
剪課	一四、四〇三元
營業、牲畜、牙當、菸酒各稅	六九、四二〇元
電話盈餘	一、六七〇元
總計	二五八、三二八元

支出豫算

縣公署	二五、八四〇元
指導委員會	七、六八八元
警務處	二七、七四〇元
學務處	五二、五七七元
財務處	一五、九〇二元
農務處	三、七五六元
豫備金	三四、八二四元
總計	二五八、三二八元(現大洋)

2　縣內現存糧石狀態

膏田畝數	薄田畝數	播種穀類	收獲量數	現存糧數	欠乏量額
七九、一〇〇畝	五一四、九〇〇畝	五種	一九二、四一〇石	一一五、四一〇石	九七、一八〇石

民國二十年度各種雜穀收獲量は前年度に比すれば約其の十分の六卽千十九萬二千四百餘石にして食料

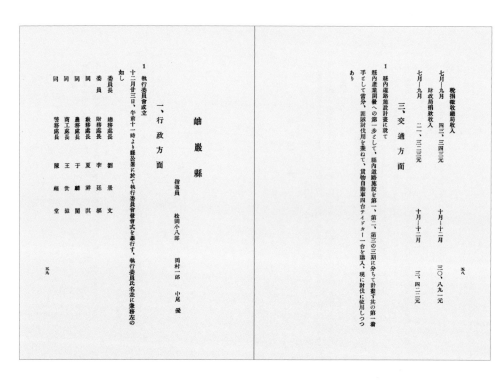

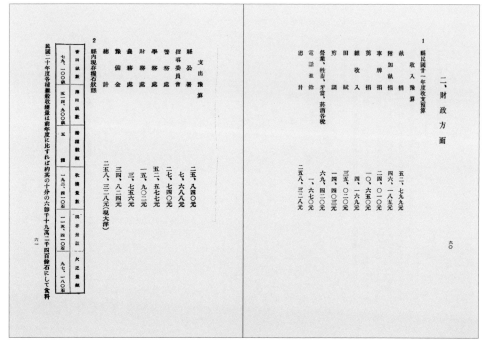

消費又は外部輸出の爲め現存高は、九月末現在十一萬五千四百餘石にして、縣内消費額より考へる時約九萬七千一百餘石の不足を告げてゐる

3 收税狀況

穀年の疲弊は民國十七年度の田賦すら完收し能はざるの現狀にして殊に舊年末を加へたる昨今は金融の梗塞により想像以上に逼迫を愬へ徵税意の如くならず之が完收を期す可く執行委員會と共に目下研究中なり

幸にも公益糧棧の設置により多少とも活氣を呈し車牌捐、營業税等の納入を見つつあり

三、敎育方面

事變以來小學校を始め專門學校に至る迄殆んど休校の狀態にありしが、吾々の入縣により人心漸く安定となり、之と相俟つて一勢に開校したり

遼陽縣

指導員　副島　種　小島靜雄　大串盛多　關屋悌藏　長田吉次郎

一、行政方面

1 村勢調査施行

イ、縣下村勢調査を施行す村勢調査參考表を縣自治指導委員會より執行委員會へ提出す

ロ、執行委員會より全縣各村の村勢調査を命じ其の方法は縣自治指導委員會の指導に依らしむることを布告すること

ハ、實施は先つ七區八區より着手し順次全線に及ぶ

右は一月九日の指導委員會に於て全員異議なく可決せり

2 水道設備に關する件

縣に提案せる水道設備に關し執行委員會は至急附議決定される樣督促することに決す

二、治安方面

1 警察隊編成改革及訓練實施

イ、警察隊を二ヶ大隊組織とし隊員四八〇名外に大隊長二名中隊長八名計四九〇名

ロ、參謀部員五名を置き剿匪に關し謀議す

ハ、敎練部員五名を置き隊員の敎練を爲す

ニ、之に要する武器は新鋭器を附與する豫定右は一月九日の指導委員會に於て可決す

2 區自衞團事務所設置

臨時公安自衞團を癈し本部の自警團章程參考案に基き區自衞團事務所を置く

イ、自衞團事務處長は揚執行委員長の兼任とす

ロ、劉景和氏の臨時公安自衞團々董を解き新に自衞團顧問として推戴す

ハ、劉景和氏存職中の功勞を賞し相當の金員と感謝狀を交付す

三、交通方面

1 日支電話聯絡に關する件

日支電話聯絡に依り支那側電話收入減額を算定し指導委員會より遼陽郵便局長へ交涉し其補償方法を研究せしむ其の協定の結果を得て執行委員會に附議すること右は一月九日の指導委員會に於て可決す

洮南縣

指導員　佐藤虎雄　友田俊章

一、行政方面

1 各處長任命の件

申振先任總務處長、王廼武任財務處長、孫炳輝任實業處長、于香九任敎育處長

右は一月十二日、決定を見翌十三日洮昂路監察員、張春地、警務處長に任命せらる。但し此の處長問題にて督辨公署より張處長は元、萬國賓の部下たりし理由の下に横槍入り結局各處長の任命を一時保留することに落着す。

2 各處の指導分擔決定の件

總務處　高橋、財務處　宮崎

實業處、敎育處、佐藤、警務處　友田

3 各處内の課決定の件

總務處——秘書課、市政課、地方課

財務處——司計課、稅務課

實業處——庶務課、產業課

敎育處——學務課、社會課

警務處——警務課、保安課、衛生課

市警察署、地方警察署

警察官吏練習所

4 副委員長辭任の件

自治執行委員會副委員長恩麟氏は這般奉天市政公署財務處長に任命せられたるに就き同氏出世の爲同辭表の受理を爲す。

5 自治執行委員會解散の件

二月廿二日以降洮南縣自治執行委員會を縣自治委員會と改稱す。

二、財政方面

1 廿年度當縣收支豫算（自昨年七月至本年六月）

總收入額	三二四、四四〇元
總支出額	二〇七、五五三元一角

但し收入額中新に縣委議の租稅を含む。支出額豫算は舊制度の豫算額を示す。

懷德縣

指導員　高附榮次郎　木寺繁榮　小島龍像

一、行政方面

1 縣公署移轉決定

本縣公署は從來懷德に存置しありたるものなれど、執行委員會成立當時、懷德は舊縣長趙澤民の勢力下にありて、同氏が新政權に歸順せざる爲、同委員會では止むを得ず、新らしく、縣公署を公主嶺に暫置せり。其の後舊縣知事の勢力は、日本軍の懷德城攻擊により完全に排除され、同委員會では事務引繼地理的位置等の關係より、移轉の必要に迫まられ今回、本部の評議會にて、いよいよ移轉に決し近く、實行される筈

2 區委員會成立狀況

八、五、の兩區を殘す外縣下各區委員會は成立す、前記兩區は匪賊天下好の部隊（頭目、王永淸）の犯す所となり未だに其の成立を見るに到らざるも、目下軍にて歸順方勸告中なれば、其が解決次第成立するものと思はる

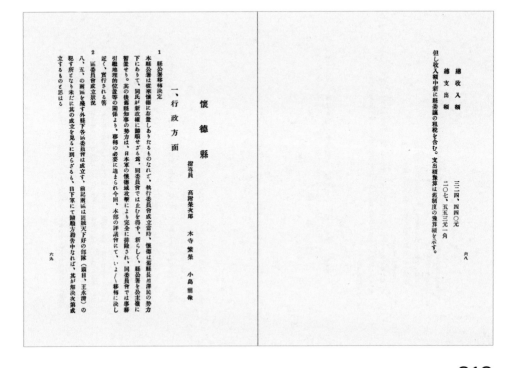

二、財政方面

1 事變前後に於ける縣稅收入狀況

税種	自民國廿年七月至同年九月收入	自民國廿年十月至同十二月收入
一 畝捐	三、二五八、三〇六	×
二 營業捐	三、七五八、四七〇	一、六三三、一四〇
三 轎車捐	一四、〇〇〇	×
四 妓捐	八八一、一二〇	三一二、〇〇〇
五 馬車捐	一二八、〇〇〇	三五、一〇〇
六 人力車	一二、〇〇〇	四、〇〇〇
七 居捐	四六二、八〇〇	一四三、三〇〇
八 肉捐	二四四、〇〇〇	七五、二〇〇
九 營業稅	×	五、三二五、一〇〇
十 菸酒牌照稅	×	一一、〇〇〇
十一 牲畜稅	×	四、八〇七、六〇〇
總計	八、七五八、六九六	一二、四四五、三四〇

備考

自一至八の八種稅は從前より縣にて取扱ひし分

自九至十一の三種稅の事變後省より縣に委讓されし分に付七、八、九、月分には計上なし營業、牲畜、兩稅は十、十一、兩月分を計上せり。

畝捐の收入なきは事變後地方金融の逼迫に依るものなり委讓稅は未だ稅捐局より引繼きの運びに至らざりし爲め單に之が收入見込額を記載せしに留る。

三、交通方面

1 吉林省との連絡事項

一月九日、小島指導員吉林に赴き同省顧問大迫中佐及び吉林全省警務處長修長餘氏と裝甲自動車運行並に當縣と伊通縣との縣境に於ける匪賊一掃に就て左記の如き打合せを爲せり。

イ、裝甲自動車運行の件

軍部、滿鐵、特產商商務會等協議の結果特產物出廻りの促進及び保護並に伊通、懷德間の通路、治安維持の爲め、裝甲自動車の運行を決定し其の旨伊通縣長に當縣公署より通知を爲し了解を求めた

るに同縣に於ては其の目的を誤解し懷德縣の軍事行動を已れの縣內近くに及ぼすものと解したるもの如し、依つて之が眞精神を了解の上可然命令を發して理解せしめ尙倘將來に亘る充分なる援助を伊通縣より受けたき旨要求せるに警務處長も充分之を了解し卽日伊通縣長宛此の旨命令を發せり

ロ、縣境に於ける匪賊一掃の件

伊通、懷德は縣境と同時に省境なるため其境域は、近來匪賊の巢窟となれる觀ありて縣民の被害甚だしく之が討伐には兩縣協力して當る事最も必要なれば吉長警備司令官及び伊通縣長に通知を發し懷、德縣と打合せを爲す樣了解を求めたり其の討伐に對する協力の具体的方法は各當事者間に於て取極むる樣決定なせり

四、治安方面

匪賊跳梁の甚だしかりし本縣も、今や漸く回復の途に着き曩きに匪賊化せし前縣長公安局長の部隊も縣に歸順を申込み來たり目下公安隊として、縣內治安維持に、使用しつゝあれども、近く本部案に準據して、警察隊に改編する豫定なり、尙本縣內各村は從前より自警團を組織し、各自村の警備に任し居たりしが、隣接村間との連絡なく爲に自警團としての機能微弱なりし爲め、本縣指導部員の方では本部案に準據して改編し有力なるものたらしむ可く、計畫中である。

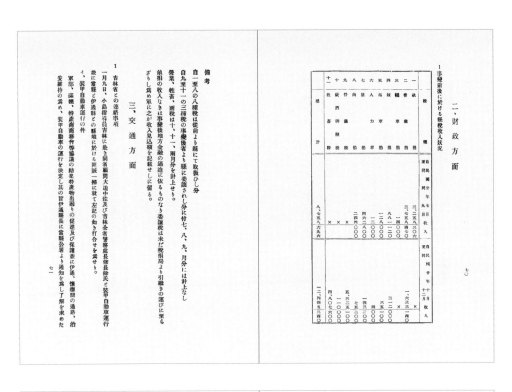

梨樹縣

指導員　井上實　中川勝　村上輝文

一、交通方面

1　裝甲自動車運航の件
裝甲自動車運航に關し滿鐵、國際運輸四平街の商務會役員と協議す協議決定事項
イ、經費四平街附屬地商務會及道東商務會及び梨樹縣自治執行委員會にて按分し負擔す
ロ、梨樹縣負擔の分は滿鐵より支給を受く
ハ、第一期計畫は四平街より東し西安縣に至る線
第二期は梨樹縣下買賣街楡樹台小城子の線

二、財政方面

1　縣稅收入狀況（財務處稅金收入表による）
七月―九月　五七、二九八、二一元
十月―十二月　六五、九七九、九二元

三、敎育方面

1　各學校會計檢査施行の件
縣城各學校會計檢査を施行す。特に不正事實は發見せざれど、會計一般に關し整理懇く嚴重戒告す。敎員の冗員多く、七校中三校迄は敎育處の任命せざる敎員を雇ひ敎員各自の給料より捻出て幾何の給料を支給し居れるを發見す。奇怪なる現象なれば原因調査中、各校とも經費無き爲め暖房裝置惡しく授業に支障を來す。經費改善の豫算提出を命ず

四、其の他

1　處員採用に關する件
情實を排し人材登用のため產業處職員の採用に口頭試問を施行す。事變後學校を中途退學せし者多く多くは高等敎育を受けたる者なれど人材なし

2　人物檢査施行の件
一月七日、總務處職員の人物檢査を施行す

3　一月八日、指導、執行兩委員合同會議決議の件
イ、農商民救濟金融研究會設立の件
ロ、四平街商務會に商業公議所設立の件

新民縣

指導員　高岡重利　山根隆三

一、行政方面

1　支那電話を日本電話に併合の件
本縣に於て日支兩電話局の存在するの無意義なるを思ひ、且つは匪賊の支那電話による通信を監督するの便なるを思ひ、又當縣財政上有利なるを考慮し兩者を合併する事となせり
尙ほ支那電話を設置したりし人々の便宜を考慮し當分以前と同じ電話料にて忍ぶ事となせり。其の從業員に對しては相當の手當並に職業を與ふる樣努力し之も大体成功するを得たり

2　敎育處移轉の件
一月十五日、奉天最高法院長趙欣伯氏の命により高等法院長より派遣されたる新民縣司法公署監督審判官李盛世氏來署ありたるに付き司法公署の縣公署外移轉並に其の費用等の件に付き協議し、從來縣公署內にありたる司法公署を縣公署外に移し、縣公署外の敎育處を縣公署內に各移轉に決す

3　其の他

一月廿日付、新民縣自治執行委員會暫行會議規則同暫行辦事規則決定す
一月三日、自治指導委員庭川辰雄、新民縣自治指導委員を免せられ新に錦州調査其の他の爲錦州に出發

二、財政方面

1　縣稅收入狀況

七、八、九月　一一九、八五四、〇〇元
十、十一、十二月　收入無し

因つて事變前後の縣財政狀態の一般を察知し得可し

三、治安方面

1　自警團組織の件

自警團組織の準備として一月廿四日より二日間、縣下各村長を召集して村長會議を開催す。集合せる村長四十四名、李執行委員長より本開會に至る迄の經過を述べ、高岡委員長より自治指導部の精神に就き訓示し築谷憲兵分遣隊長より匪賊横行に對する對策として自警團組織に關する大要、宮崎大隊長より軍の立場に就き匪賊の掃蕩に充分援助する旨を述べ、一通りの訓示を了す、次に各區代表村長の簡單なる希望陳述ありて一先休憩記念撮影の上午後四時解散明廿五日は本日に引續き自警團組織に就きて其の細目を協定することとし、豫め準備しありし自警團組織章程文案を出席村長に交付し討議することとす

一月廿五日、前日に引續き村長會議開催、本日は前日交付文案の逐條審議を終り來る二月十日迄各區は完全に自警團の組織を完了し報告する樣指示す右終了後各村長及列席者一同を同會議室に於て招宴せり

昌圖縣

指導員　多々良庸信　氷鉋貞一郎　川原二郎

一、行政方面

1　執行委員更迭

先に時局に對する暫定的處置として舊縣吏を以て執行委員會を成立せしめたり、然して前記舊縣吏よりなる執行委員は昌圖地方人を以て執行委員に充てられん事を陳情し再三辭職願を出せり、因つて指導員は四圍の狀況を判斷の上、時機到來と信んじ執行委員は昌圖縣なること、全縣下各地より推擧することを原則として昨年十二月廿三日左記人物を執行委員に推擧し全く面目を一新し、舊委員は圓滿に辭職を爲す、新委員左の如し

委員長	祖福廣	四四才
副委員長	欒自新	五〇才
委員	富榮煜	四六才
同	田慶公	四八才
同	于興讓	五八才
同	成文峯	四九才
同	劉啓庚	五五才
同	李普霖	四一才
同	杜晋忱	四一才
同	劉俊澤	三〇才
同	吳永年	六一才

2　鄕團解散の件

一月四日城內鄕團を解散せしめ歸村の上自警團を組織せしむ

3　縣內一般情況

イ、匪賊により破壞されたる農民は明年の播種の見込立たず播種不可能なるもの十八萬を越ゆる見込みなり、衣食に窮し至急救濟を要する難民は縣下二萬なるも日々增加通知あり、將來其の數測知し難し

ロ、軍部より救濟の爲窮民に與へられたるめりけん粉千袋（縣城七〇〇、滿井五〇、馬仲河五〇、昌

圖附屬地二〇〇）は確實に窮民に給與されたるも窮民調査人名表作製後續々窮民現はれ尙引續き救濟の要急なり、縣城內にて與へたる窮民數一、〇二一名なり

ハ、縣城內商民は事變後金融機關杜絕せると、縣下農民の購買力全滅せるとにより舊貸金の回收は殆ど不可能なる上他縣との交易行はれず穀物の集散又匪賊の掠奪暴行により不統一にて機宜を失し取引行はれず、一、二流商店は徒らに店員を擁し經費のみ嵩み破產の狀態に頻せるもの多し、而して各種稅金は縣城內のみ徵收され全く困憊狀態にあり、目下の調査にては大商店六、七の倒產は免れざる見込なり、今之が救急策を講せざる時は縣下農業、商業共に破壞され稅金の徵收は勿論縣收入の途なく經濟的に破滅するに非るやを恐る

4 其の他

イ、二月一日警務處長列陵澤辭任し後任として執行委員長兼任す

ロ、城內自警團經費として住民を五等階に分ち、それより最高月五元、最底月六角を徵收に決す

ハ、一月卅一日付にて官銀號穀物買上に關し佈告を發す

ニ、二月七日、田督察長をして警務處長に省政府に對し正式推薦せしめると共に代理辭令を出さしむ

二、財政方面

甲、昌圖縣支出豫算（自一月至六月）

1 執行委員會費	七千二百元
2 指導委員會費	一萬二千二百四拾元
3 內務費	五萬七千一百九十八元
4 財政費	二萬六千五百參拾八元
5 敎育費	十萬五千三百四拾貳元
6 實業處費	八千五百〇貳元
7 交通費	壹萬四千〇四拾九元
8 警備費	十三萬八千八百〇七元
總計	參拾六萬九千八百七拾六元

乙、縣稅收入調査

七月―九月	三萬一千一百拾八元

十月―十二月	二萬二千一百參拾八元

稅收入機關畧表

財務處―所馬各分所

- 既成立
  - 八面城分所
  - 鷺鷥樹分所
  - 大窪分所
- 未成立
  - 金家屯分所
  - 通江口分所
  - 寶力鎮分所
  - 古楡樹分所
  - 亮中橋分所

備考

1 既成立分所とは現在稅の取立をなしつつあるものにして十二月中旬取立を開始せり

2 未成立分所とは事變以來取立を中止し未だ復活取立を爲さざるものなり

3 田賦の取立をなさんとするも農村頓に疲弊し加ふるに前記の如き未成立分所あるが爲その徵收困難なり

三、治安方面

1 自警團成立に就て

縣下の實狀並に指導部の指示に從ひ左記要領を以て縣下自警團組織に就き指導す

區自警團規約

第一條 本縣各區は十九才以上四十才以下の男子を以て各區每に自警團を組織し相互に自治精神の涵養及匪賊の防備に努め其の團員は獻身義務的に任務に服するものとす

第二條 各區自警團は區長を團長とし區內村長を副團長とす

第三條 團長は團を指揮監督し副團長は團長を補佐す、但し匪賊襲擊に際しては單獨臨機の處置をなし村公所又は區公所へ連繫をとるものとす

第四條 區自警團員は當分副團長の選拔により各村より六名乃至十名を募集決定し團長、副團長に於て團員名簿に登錄し平常は家業を勵み警報により團長又は副團長の指揮に應するものとす

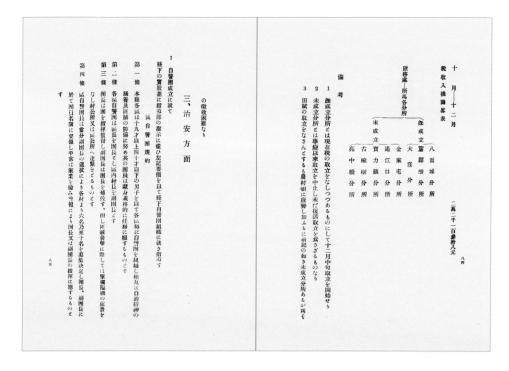

第五條　警報の方法は各區正副團長に於て適切なる方法を協定すへし
第六條　各村の公有銃器は區自警團に提供し團長の分配に應するものとす
各村個人所有銃器に付ては所轄警察吏の許可を受け匪賊襲撃の時は團長、副團長の命により提供を拒まざるものとす
第七條　團長は各區團員の月別召集點呼表を作製し所轄警察吏の援助により少くとも一回に團員の三分の一を月三回召集點呼すべきものとす
第八條　團員中苟も匪賊を恐れ之れに飲食、宿泊等の好意を示したる時は匪賊と同一視して團長の嚴罰を受くるものとす
第九條　區自警團に要する費用は各村公所の分擔とす、但し所要銃器、彈藥は區團長より執行委員會に請求其の交附を受くるものとす
第十條　各團員は團長及副團長の捺印ある執行委員會所定の腕章を附するものとす
第十一條　各自警團の事務は區公所及村公所にて行ふ
第十二條　各區團長は團成立後團員名簿を添付し自治執行委員會に報告し其の承認を求むるものとす
第十三條　各團の名稱は冒頭に區公所と同一名稱を附す
例へば第何區自警團
第十四條　各團旗は執行委員會にて決定されたるものを備ふ
第十五條　各團は編隊、團費、賞罰等に關する區團則を協定し執行委員會に報告するものとす
第十六條　本規約の添削を要する時は協議出席區長半數以上を以て決す

追　加

第六條一項の次に「區長は村別銃器貸與表を作製し且つ銃器及彈藥の保管の責に任す」を加ふ
第十二條の團員名簿の次に「村別銃器貸與表」を加ふ

右規約承認決定實行を約す

民國廿年十二月　　日

第一區長　同　印
第二區長　同　印
第十區長　同　印
（一より十に至る）

十二月廿六日指導委員會事務所に於て縣下左記區長出席し列記條項協議決定す

第一區長徐錫陽、第二區長劉脊嚴、第三區長劉延武、第五區長梁文玉、第七區長孫玉、第八區長王述忠、第九區長張漢良、第十區長郭樹梯

協　定　事　項

1　先に協議研究せる自警團規約中「各村より六名乃至十名」を各村より「貳拾名乃至參拾名」に變更す
2　昌圖縣自警團名譽總長に縣執行委員長を推薦し承認を得たり
3　各區自警團は勉めて基本金を集め少くなくとも成團式迄には各區現大洋貳百元を募ること
4　旗は赤、黃、青三色旗に第何區何村自警團と記し腕章も旗に準ずる樣式とす
5　明年一月十五日に成團式を縣城に於て擧行し各區長及び各區內各村より一名宛代表を出席せしむること
6　欠席區長、第四、第六區長には右の旨第一區長より傳達履行を代約せしむ

錦　縣

指導員　庭川辰雄　野崎逹雄

一、行政方面

1　執行委員會成立
一月七日、縣公議會に於て執行委員會並に指導委員會の發會式を行ふ委員氏名及び兼務左の如し

委員長　　谷金聲
副委員長　商工務處長　魏銲
委員　總務處長　蘇廣綸
委員　財務處長　劉錫齡
委員　農務處長　楊在林
委員　教育處長　李贊廷
委員　警務處長　趙桂齡

二、治安方面

一般治安行政は現下の所單に或程度盜匪を防壓するの程度を以て警士及自衞團丁を組織して城內外の治安に當らしめ一方八區に對しては不完全ながら可成民團を利用せしむる方策の下に旣に新制腕章等交附し置きたるも各勢力に就きて精確なる調査は未完なり。尙第一期差當りて編成せる警察隊は二百二十名、追擊砲一門を有して目下錦州東南方八區に出動し、盤山方面より移動し來れる土匪約一千有餘と對峙しつゝあるも、尙微弱なるは免れず近く警士は尙百名增編成の豫定

三、財政方面

1 民國二十年度に於ける歲出入豫算及び實績左の如し
財政局支出豫算總額及實支出總額

豫算總額	三二五、八四三、二〇〇元
實支出總額	一三一、三一八、六九七（現在迄所謂上半期）

廿年度現在に於ける支出に於て未拂乃至未償還の所謂不足額は

イ、上半期支出豫算に超過する實支出額	三七、〇〇〇元
ロ、十二月末薪餉未拂總額	三七、八八九、一二四
ハ、農商借欵所より借入せる分	三〇、〇〇〇元（約）
ニ、官銀號より借入せる分	五〇、〇〇〇元（約）
ホ、省財政廳へ未納の分及銀行への未拂利子	五〇、〇〇〇元（約）
以上合計	二〇四、八八九、一二四

2 委讓稅に關し稅捐局との協定
委讓されたる稅の徵收事務は當分の間稅捐局に委托し、之に對して縣より手當として稅捐局に對し每月二〇〇元
稅捐各分局に對し每月計一八〇元合計三八〇元也
支出を負擔することとしたり

3 錦縣支票の發行流通に關して調査せる所左の如し
現在當縣に於て大洋票、奉天票の外に支票なるもの流通し居れり、右支票は所謂流通券と異り發行所に於て大洋に兌換し得るものにして一種の兌換券と見らる

支票の發行を見たるは民國廿年一月中旬にして十九年夏、大水害の爲に一般に多大の金融、經濟上の窮迫を來せるを以て應急の處理上之に充當する目的の下に當縣紳商は農商借欵所なるものを組織し、一方官銀號と連絡して支票の兌換を保證せしめ、支票の融通に就ては田地、房屋等の確實なる擔保を提供せしむることとし其の標準は田地一畝に就き三圓程度と定めたり、而して實際發行額は拾九萬八千九百元にして、現在流通額は約拾七萬元と稱す。支票面には法價現大洋壹圓と定めあれども實際流通價値は奉小洋六拾圓位にして現下奉票價値稍低落せる今日現大洋と比すれば若干の開あるを免れず、されど支票發行所は地方有力者紳商によりて組織され且つ右貸出融通に付ては確實なる擔保を有し尙官銀號と連絡之が兌換を保證せしめ居る爲、一般民間の信用も厚く、何等不安なく流通し居るもの如く、一面之が爲に商取引等に惡影響を及し居るが如きことは更になきものの如く思考す

4 新稅制に依る縣收入豫算
新稅制に依る縣收入豫算は取敢ず從來の豫算收入をその儘に基礎とするの外なきも目下尙未だ之が編成を見ずされど治安の漸次回復を俟つて前途を豫想するに特に委讓されたりし田賦に於て最少可能徵收見積額拾五萬圓營業稅に於て同じく見積額貳拾萬圓と云へり

四、敎育方面

學校の開始せるに至るもの皆無にして、城內外各學校は依然として閉塞を續けつゝあり、尙授業開始するとせば、必然敎育處としては人件費物件費等の支出を高むることとなるが、現在財政廳に於て、融通方承認の用意ありや否や若し見込にして全々無之とせば、已むなく當分休校を續くるの外なし。

五、一般吏員の俸給と各會機關の維持費

一般吏員俸給額は從來制定の儘にして之を存續し何等右問題に、觸れ居らず、尙各公機關の維持費も目下の僅少なる稅捐收入を以てしては到底支辨し能はざるは明なり。されど今遽に此等の問題に深入することは必然財政廳官銀號を動かして融通を受くるの方策に出でざる可からざるを以て、甚だ本意なくも、一種の回避的態度を以て之に臨むと共に一方下級吏員に對しては必ず生活の保證を與ふ可きを極說し且つ實行せしめつゝあり、各公機關の維治費も殆んど放置の狀態なるが別にみだりに他方面より融通を受け居る形跡なく各々困窮しながらも動きつゝあり、從來の政權の下にあつては別に不可思議の事にあらざる可く寧ろ常態なり、只だ近き將來に充分考慮す可きのみ、只當地の第六監四人約

百五十名に對する食料は支辦するものなきに至れるを以て當分毎月縣より苦面の上三百元宛補給立替へすることに決定し實行しつゝあり、尚地方法院も人件費維持費等窮迫を告げ縣に對し補助を懇請し來れるも、如右は奉天高等法院に要請す可しと答へ拒絕し置きたり。

六、金融機關の回復

從來主なる銀行としては、官銀分號、及び交通銀行ありたるも事變により殆んど廢絕の狀態にあり、過般來官銀よりは調査課長麻氏及交通銀行よりは吏員等調査の爲來錦し、當方にも懇談ありたり、可成速に開店ある可きを希望し置き、尚官銀號に對しては特に從前より當地の一般商賈に貸付たる分の回收を可成急がざる方針をとらし度き旨懇請し置きたり

七、奉天公報社との連絡に就て

今後奉天公報社は特に錦州班を加へて大々的に當地方に活躍するとの意圖あり當分は當地方一帶に無料にて新聞を散布する計畫なりとしてニュースの提供援助方申出られたり依つて談合の結果相當の紙面を殆んど指導委員會の宣傳用記事に充つるも差支なしと好意ある協議成り、今後當會にては日々適宜ニュース記事を用意して提供し掲載を願ふことに相成りたり

黑山縣

指導員　稅所謙助　近藤平次郎

一、行政方面

1　執行委員會成立

一月二十日自治執行委員會發會式を行ふ豫め推薦せられし委員十六名なれど、徒に其の數のみ多かりし故更に此の推薦されたるものの內より七名推薦せしめたるに左の通り決定を見たり

委員長	王化南		
副委員長	李寶言	兼總務處長	
委員	李子新	同警務處長	
同	閻佩章	同財務處長	
同	張仰山	同敎育處長	
同	商工處長	王棟忱	
同	農務處長	徐海州	

2　警察署長任命

一月卅一日警察署長を左の如く任命す

第一區	牛繼唐	第二區	徐慶文
第三區	蔣聚寶	第四區	麗國風
第五區	張雨滋	第六區	王輔延

3　區自治委員會組織

一月卅日、區自治委員會委員長人選中の所左の通り決定したるにより委員會組織の爲め委員各區に入る

第一區	李寶琛	第二區	麗廣漢
第三區	李秀林	第四區	安伏波
第五區	劉滕甲	第六區	何濬州

以上

二、其の他

1　村長會議の件

二月廿五日午後零時より縣下の全村長會議を開催す、集るもの八十餘名、議題の主なるもの左の如し

1、自警團組織人員、銃器、彈丸。
2、警察隊を組織し各村一頭宛馬を提出すること
3、學校の開始し得るものの調査
4、今年春耕の可能程度の調査
5、其の他の意見等二十件に及ぶ

遂中縣

指導員　榊原增郎　紫尾由醇一　河村勝

一、行政方面

1 自治委員會成立

一月廿七日、本縣自治執行委員會成立す然るに二十八日、指導部より電話にて自治執行委員會は自治員會に改稱す可しとの命により自治執行委員會を自治委員會と改稱し次の如く委員を推薦決定す委員は全部遂中より出身の人なり。

委員長　陳蔭卿　總務科長
委員　裴鳳藻　無し
同　張希彭　同
委員　蘇士達　同
同　金良傳　教育局長
同　汪德新　實業局長
同　關德一　警務局長
同　李文英　財務局長

二、其の他

入縣早々にして、各關係個所との連絡縣下の實況調査等の爲に忙殺さる。治安に關しては、軍方面との連絡、三勝の歸順の外に、自警團組織に關し適當なる指示を與ゆ

縣公署職制起案中の所一月卅一日完成し、細目に亘る編成に就き、自治委員會に協議を爲さしむ。

法庫縣

推導員　西岡仁三郎　傅士偉

一、行政方面

1 自治委員會成立經過に就て

一月二十三日鐵嶺より獨立守備田所大隊並に第卅二聯隊、横澤大隊入城す、田所中佐、横澤少佐、中山大尉、指導員は、入城と同時に縣政府に至り、城内各有志と會見し、日本軍入城の主旨並に指導員會設置の主意を述べたるに、一同其の好意を多謝す、翌廿四日、自治委員會成立迄暫行政務機關として、臨時維持委員會の設立手續をとり、詮衡員として、梁維新、梁星午、王宗周の三名を擧け左の通り維持委員を選任す。同委員會は、自治委員會成立迄、臨時に從來の縣政を必要限度に於て縮少復活代行する事を決議す。

梁經新　元道尹
任鏡麟　同　農會員
陳海濤　同　教育局長
韓運桂　同　財政局第二課長
王宗周　同　收捐處主任
關恒慶　同　農會長
梁星午　同　商會長
張紹春　同　教育會長
李萬年　同　衛生病院内科醫長
張樂山　同　敎會副會長 縣政府第一課長

2、自治委員會成立

爾來指導委員會は維持委員會と專意縣狀の全般に亘り調査し商議の結果一月卅日自治委員會を成立さすに至る、依つて同日、維持委員會を解散し、自治委員會成立と同時に、法庫縣自治組織暫行章程を發布す、委員氏名左の如し

委員長　梁維新
副委員長　王宗周
同　關恒慶

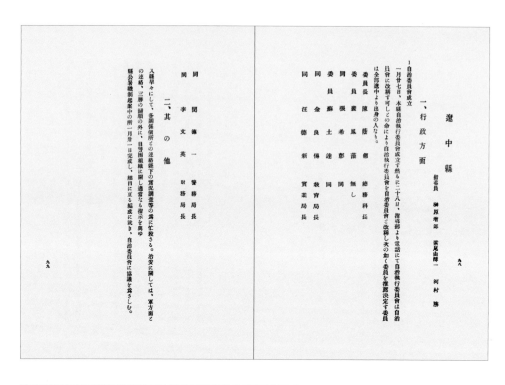

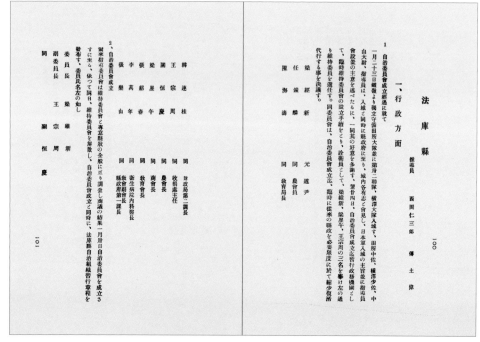

委　員　朱綍彬

同　　　李萬年

錦西縣

指導員　上杉益喜　閻家統

一、行政方面

1、書類未着の爲め執行委員會成立に關する狀況不明

2、縣長更迭の件

二月二十二日、從來治安其の他の關係より極力留任方請願中の本縣々長張國棟は本日、所任地興城縣に於て縣政運行上、至急來任を希望せる爲め其の轉任を承認す尙先きに省令によ當錦西縣長に新任せられたる齊實章氏は今日に至るも當方へ出頭せず、聞く所によれば、旣に虹螺峴方面に於て縣公署の陣容を整へ中にて且虹螺峴を以て縣公署所在地と定め度き意向を洩しおる由なるが其行動不穩當なりと認めらる。

遼源縣

指導員　中澤達喜　新具松太郎　山下信

一、行政方面

1　自治執行委員會成立

十二月二十六日豫定通り執行委員會成立す午後四時より商工會にて成立式並に各委員顧問の就任の典禮を擧行す

2　督察處存廢に就て

督察處は元維持會に於て設置せるものなるか維持會解散による之か存廢の變更に關し一月四日臨時執行委員會に提議左の通り議決す

イ、目下の治安狀況より觀て引續存續の必要ありと認む

ロ、執行委員會の管轄とす

ハ、經費は地方豫算支辨とす

ニ、時局平靜を俟つて改めて存廢變更研究のこと

二、財政方面

1　地方委讓稅引繼に關して

地方委讓の各稅徵收並に保管方至急縣に引繼度旨稅捐局より申出あり縣財政局に於て引繼並に徵收準備出來次第引繼のことゝし夫迄は從前通り稅捐局にて代理徵收保管することに決定

2　鄭家屯出入蒙古人車牌捐に就て

一月九日蒙古人民用車に對し蒙古自治籌備委員會と協議左の通り特別取扱方決定

イ、蒙古自治籌備委員會發給の車牌を財政局に提出納稅の上捺印を受くれは正式の車牌と見做す

ロ、年四季に分つ普通二季なるも蒙古人の鄭家屯出入は主として舊正月前後に多きを以て一回の出入に對しても半年分の課稅を爲すは苛酷なるかためなり

ハ、馬車四套以上每季二元、三套以下每季一元

牛車四套以上每季一元、三套以下每季五角

「註」騾馬に驢は牛に準す

3　糧市開設に就て

農商會より當地に糧市開設方要望あり一月五日執行委員會に提議農商兩會長に一任計畫追て決定のことゝなる

4 縣稅收入狀況

七、—九月收入計	一五、八二〇元
十、—十二月收入計	二六、一七〇元

備考。田賦稅は本縣に於ては從來蒙古地局にて徵收し全額の四割を省庫に納入し居たるか一昨年水災あり本年又時局の影響を受け七月以降收入皆無となれり

2 牙當稅、烟酒牌照、營業稅、牲畜稅の各稅は從來當地稅捐局にて徵收し居り、今回地方に委讓されたるものにして九月分より地方收入に入れたり、尙牲畜稅は全收入の一部を蒙旗に交付し、烟酒牌照は稅捐局にて當局の經費として百分の二を差引けり、牲畜稅は下の如き方法により蒙旗に其の一部を交附し居れり。斯くの如き方法によりたる理由は現稅捐局員之を知らず

全額÷11×9×15÷100＝蒙旗收入

三、產業方面

一、農民有限合作商作社設置請願に關して

農村經濟發展の主旨より穀物運搬、物品販賣を目的とする農民有限合作社設立請願ありたるも農村疲弊の現狀より見て資本募集困難なる理由の下に暫時認可保留す

四、敎育方面

1 各學校冬期休業に關して

各學校共一月十日より四十日間冬季休業し其の間職員に對しては給料を支給するも（校務を辦するが故に）敎員に對しては給料支給を停止す右は極度の財政困難による窮策なるも敎育の重大性と休暇中の給料停止の不公平なるを說き近日右議決を取消さしめ休暇中と雖も給料支給のことに決定せしめんとす

義縣

指導員　村田源次郎　解良　武夫　汪　海　徵

一、行政方面

1 執行委員會成立

一月十二日　義縣第一小學校內に於て當市有力者四十餘名をして執行委員の選擧を實施す、翌十三日同小學校々庭に於て自治執行委員會並に自治指導委員會の發會式を擧行す、委員氏名及び兼務左の如し

委員長	總務處長	宋德謙
委員	財政處長	關鳳閣
同	農務處長	敷恩溥
同	警務處長	鄭魁武
同	商工處長	張雲衄
同	敎育處長	孟憲礡

彰武縣

指導員　西崎敏夫

一、行政方面

1 一執行委員會成立

一月廿八日、左記人名を以て執行委員會成立す、尙同委員會發會式は縣下匪賊の現狀よりして直に行ふを得す、本日より縣民一致全力を上げ匪賊の討伐を行ふ

	委員名	
委員長	王恕心	兼總務處長
委員	劉連陞	同警務處長
同	陳海章	同財務處長
同	高凌雲	同財務處長代理
同	譚敎倫	同　商工務處長
同	徐品三	同　農林務處長
同	馬書田	同敎育處長

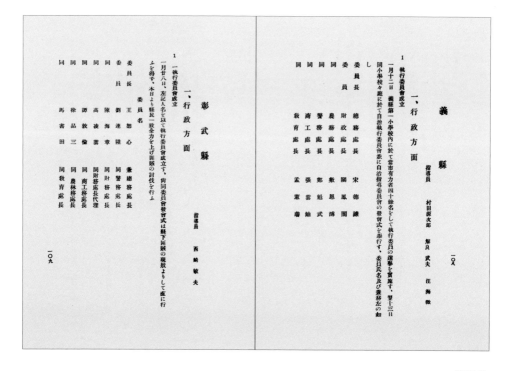

盤山縣

指導員　安齊金治　廣吉辰雄

一、行政方面

1　執行委員會成立

一月八日牧野指導課長指導の下に迅風的に組織成立す

執行委員氏名左の如し

委員長	李虛堂	前奉天禁烟善總局總務課々長
副委員長	胡筱璇	前本縣警務局長
委員	楊寶衡	本縣にて天慶隆商店經營
同	齋實葛	縣農會正幹事長
委員	修伯文	公安局行政兼司法課長
同	張冀英	縣商會主席
委	紀炳華	新民小學校々長

同日左記の如く各處長を命す

委員	楊玉衡	總務處長
同	齋芸葛	財務處長
同	修伯文	警務處長
同	張藇英	實業處長
同	純炳華	教育處長

2　委員と打合せの件

曩に牧野課長の指導の下に組織せられたる委員に各種設備公安隊の組織、公館の補修、役員の任命等各般に亘り打合せたるも困難なる狀況にあり

3　公館設置の件

縣公署、商農會、電郵等の家屋及設備は全く破損せられたる儘になり居りて之が補修に相當の時日と費用を要するは勿論縣自治指導委員會の新規施設に至りては家屋の設備相當の困難を來し居れり

二、治安方面

前公安隊歸順復歸等百方手を盡したるも情報に依れば青山義軍隊の包圍に陷り而も合流し居るとの如く之が組織は困難なり

三、市中一般ノ狀況

縣下の治安出來ざる爲め市中の土民復歸二分の一にも達せず商工は途絕へ大工左官に至るも應募するものなく頗る不振にして困難なり

興城縣

指導員　重岡材輔　河村公夫　吳集思

一、行政方面

1　執行委員會成立

一月十二日自治執行委員會成立す委員氏名並兼務左の如し

委員長		于冠瀛
副委員長	總務處長	潘鴻鈞
委員	教育處長	趙鶴年
同	農務處長	王國潘
同	財務處長	劉徹田
委員	商工處長	李錫三
同	警務處長	杜希愷
同	無任所	鄭國棟

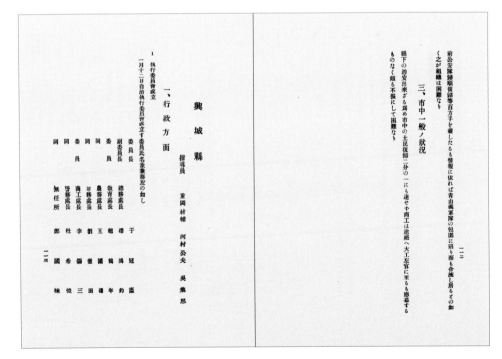

二、治安方面

自衛團狀況

一月三十一日第一、第七、第八、各區の村長及舊公安局長、分所長等並軍部關係員縣公署に集合自衛團組織に就き會議す

イ、現有自衛團と銃器數の狀態研究

第一區	自衛團員	九〇名	銃器	九〇挺
第七區	自衛團員	五〇名	銃器	三五挺
第八區	同	七〇名	同	一〇九挺

ロ、弱小自衛團の分立を排し聯村自衛團たらしむ

ハ、區聯村自衛團長の選定

ニ、匪徒出現に際して連絡方法の決定

三、一般狀況

錦州事變以來交通全く杜絕し物資の供給絕へ住民は極度の困難にあり尙錦州、綏中街道は徒步連絡を爲す

綏中縣

指導員　澤井鐵馬　田中一朗　張賢才

一、行政方面

1　執行委員會成立

一月十日左記人名を以て成立し擔當職務下記の如し

委員長	溫繼嶠	
副委員長	張凌雲	總務處長
委員	楊潤生	農務處長
同	趙長舉	財務處長
同	楊亦溥	敎育處長
委員	張思雲	警務處長
同	馬連甲	商工處長

2　執行指導兩委員間の聯絡圓滑にして萬事好都合に取運び着々豫定の仕事を進めつゝあり

二、產業方面

1　一月十五日朝山海關居住日本人村瀨晋、田中擧、土居喜四郎の三名來り當綏中縣城に居住商業を營み度に付便宜供與方申出ありたるにより正業を營む者に對しては出來得る限り便宜を與ふ可きも禁制品を取扱ふ者は絕對に居住せしめさる旨言明す

2　農務商工を倂合し實業處新設

二月九日執行委員會側の提案に基き從來の農務處及商工處を倂合し實業處を新設せり

三、財政方面

稅捐局長周內は滯金逃亡せるを以て縣公署より人を派し臨時監督せしむ尙縣に現在金大洋三千元あり

四、治安方面

1　治安維持に付ては駐剳日本軍隊と自衛團との間に充分聯絡をとり萬事都合良く取運ひつゝあり現在の自衛團は質を吟味し警察隊に編成換する豫定なり

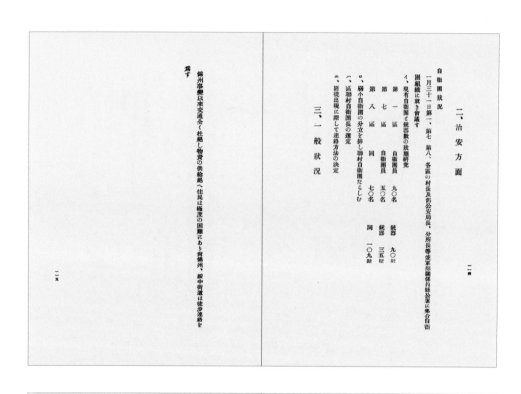

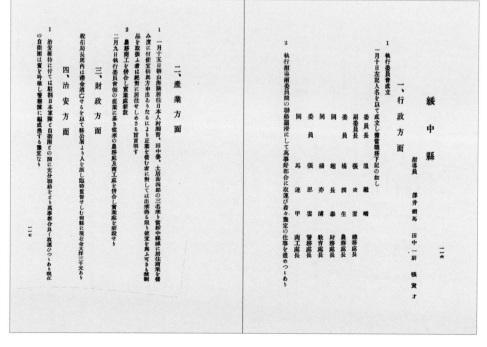

2　一月十五日全市一齊に開市し人心安定して人出多し

五、其の他の方面

公安隊長以下大隊長（一名）中隊長（二名）分隊長（六名）隊員（二五〇名）關内に逃亡不在

北鎭縣

指導員　四本直孝　益田京三

一、行政方面

1　執行委員會成立狀況

指導員の着任は一般官民の共に待望し居たる所なるを以て頗る好感を與へたるも執行委員會組織に到りては二派の暗流ありて一派は元北鎭縣知事たりし李子園學詩等一味の策動にして他の一派は現縣長夏鐿秀を委員長に推さんとする一派の策動なり、殊に夏縣長は十一月初旬錦州政府の任命したるものにして其の勢力不振なりしも舊勢力たる李一派の策謀不純なると夏縣長の新人に屬するとにより其の開票の結果は夏一派の勝利に歸したり、因て一月十七日執行、指導兩委員會の發會式を擧行す、執行委員氏名並に兼職左の如し

委員長	專任	夏鐿秀
委員	警務處長	單長柏
同	商工處長	彭裕学
同	農務處長	柏端芳
同	總務處長	郎毘琳
同	敎育處長	楊換文
同	無任	宋景和

2　執行委員會成立と同時に直に縣自治暫行組織章程を作成し當縣執行委員會布告を城内各處に貼付す新任各委員をして新政治施行に關し緊急事項より暫行せしむることにし直に縣豫算作成調査を開始し一方流通券回收救濟對策に關し審議を爲す

3　自治委員會打合

二月二十四日自治委員會を開催し左記各項の打合を爲す

イ、維持會の借欵を財政局に返還方に關する事項

ロ、敎員俸給未拂分を流通券にて仕拂ふ件

ハ、敎育費增加補塡に關し市民大會を開き城内資産家より徵稅方協議するの件

ニ、敎養工廠を貧兒學校に遷移するの件

ホ、肥料公司を農務局管理下に置く件

ヘ、苗圃を農務局管理下に置くの件

ト、新民小學校（學良の私學校）を縣立第四學校と改め貧兒學校を第四學校に合併し經費節減を計るの件

以　上

附

国际友人倪斐德致李顿的信 *

* (F.W.S.奥尼尔)先生的信之文本复印件，业经英国路透社资深记者马克先生(F.W.S.奥尼尔之孙)确认。——编者注

尊敬的李顿伯爵

我的伯爵：

我冒昧地邀请您费心审议一份关于满洲主题的私人和机密的报告说明书。这份报告说明书是由居住在奉天的一群尽责的中国绅士起草拟定的。

这份报告说明书伴有一本“图像册”，其中包括已经得出结论的证据文件。虽然其中可能没有什么更新的信息，但是您将欣然理解他们所处环境的危险。为了他们的国家，这几位绅士以相当严谨审慎的态度收集和注释了这些文件。我们感到遗憾的是，鉴于外国友人的忠告，由于可能陷入更严重以致不可预期的后果，这本“图像册”有几页不得不被删除。

如果您愿意会见一位或几位这个非官方群体的成员，抑或在足够隐秘的境况下安排一个会晤，奉天西关苏格兰传教会谭文纶(William MacNaughtan)牧师的寓所，就可以作为这样会晤的合适地点。

请允许我补充一两句私人话。我儿子丹尼斯(Denis)的妻子是巴玛拉·瓦尔特(Pamela Walter)小姐，她的教母是李顿伯爵夫人。

关于我本人，我住在南满铁路线铁岭以西 30 英里的乡下。如果承蒙您或任何其他贵团成员来访，我们会感到非常荣幸。

我的“来自满洲的通讯”那篇长篇文章，涉及那里的政治形势，已刊登在 3 月的《泰晤士报》上。

为了表明我与日本人的关系，我可以说，当法库人被空袭轰炸时，我曾就此事写信给日本关东军总司令，并收到他谦恭的回信。

自从我第一次登上满洲的土地，至今已经 35 年了。我的苏格兰和爱尔兰同仁们非常赞赏你们来到远东以来在最困难和棘手的境况下所采取的姿态。得知我们国家受国际联盟的委托，以及你们在工作中的优秀表现，我们感到非常欣慰。

您忠诚的 F.W.S. 奥尼尔 *
F.W.S. O' Neill(签字)

又及，我的临时地址是——
奉天西关谭文纶牧师寓所

(1932 年 4 月 19 日)

* 即倪斐德博士。
——译者注

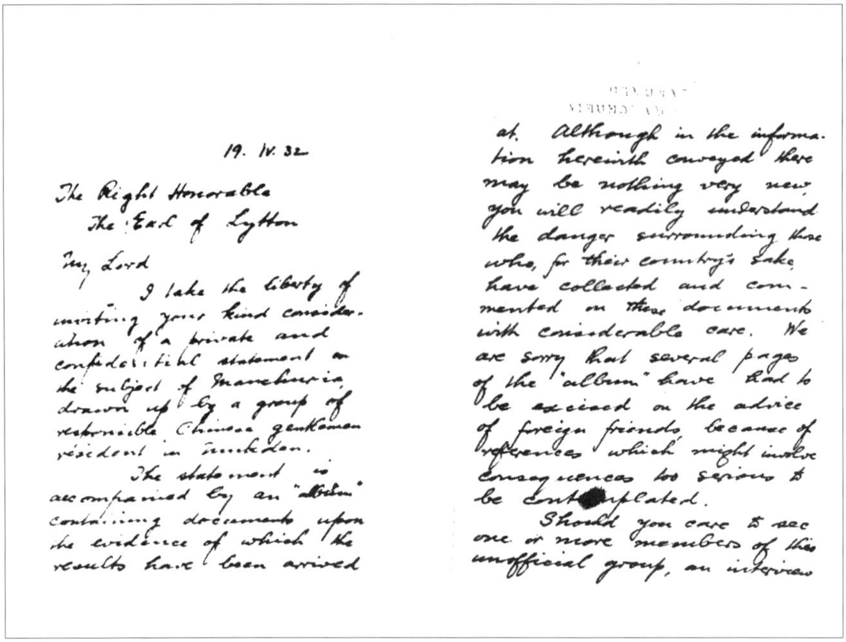

19. IV. 32

The Right Honorable
The Earl of Lytton

My Lord

I take the liberty of inviting your kind consideration of a private and confidential statement on the subject of Manchuria, drawn up by a group of responsible Chinese gentlemen resident in Mukden.

The statement is accompanied by an "album" containing documents upon the evidence of which the results have been arrived at. Although in the information herewith conveyed there may be nothing very new, you will readily understand the danger surrounding those who, for their country's sake, have collected and commented on these documents with considerable care. We are sorry that several pages of the "album" have had to be excised on the advice of foreign friends because of references which might involve consequences too serious to be contemplated.

Should you care to see one or more members of this unofficial group, an interview

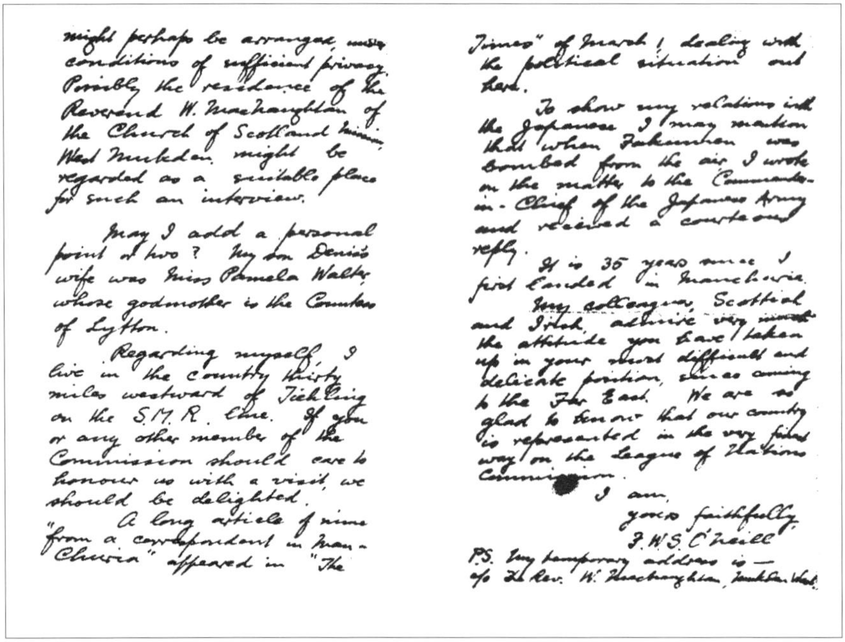

might perhaps be arranged under conditions of sufficient privacy. Possibly the residence of the Reverend W. MacNaughtan of the Church of Scotland Mission, West Mukden, might be regarded as a suitable place for such an interview.

May I add a personal point or two? My son Denis's wife was Miss Pamela Walter, whose godmother is the Countess of Lytton.

Regarding myself, I live in the country thirty miles westward of Tiehling on the S.M.R. line. If you or any other member of the Commission should care to honour us with a visit, we should be delighted.

A long article of mine "from a correspondent in Manchuria" appeared in "The Times" of March 1, dealing with the political situation out here.

To show my relations with the Japanese I may mention that when Fakumen was bombed from the air I wrote on the matter to the Commander-in-Chief of the Japanese Army and received a courteous reply.

It is 35 years since I first landed in Manchuria.

My colleagues, Scottish and Irish, admire very much the attitude you have taken up in your most difficult and delicate position, since coming to the Far East. We are so glad to know that our country is represented in the very finest way on the League of Nations Commission.

I am,
yours faithfully,
F.W.S. O'Neill

P.S. My temporary address is — c/o The Rev. W. MacNaughtan, Mukden West.

国际友人倪斐德致李顿的信手稿

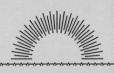

第二篇

回忆与追寻

壹 回忆

(一) 『九一八』事变后『沈阳抗日爱国小组』抗日救国行动纪实

(二) 巩天民『自传』『巩天民笔录』相关内容摘抄

(三) 履坎坷道路，秉耿耿忠心——怀念巩天民同志

(四) 『沈阳抗日爱国小组』的形成背景和主要活动

(一)

“九一八”事变后“沈阳抗日爱国小组”抗日救国行动纪实

刘仲明

在1960年3月17日迫近黄昏的时候，刚从北京回来的老友巩天民同志，特由远道来寓所看我，在谈话之中，他提起，各省正在收集中国民众抗日活动历史资料，我省关于这种资料收集得很少。我们大家在1932年间，交给国联调查团的那份揭穿日本侵略东北及炮制伪满洲国的材料，不知还有存稿否？如有，可捡出，交玉衡同志，对东北民众抗日历史，能增加一份有价值的材料。我答说，那份材料的说明书，原是打印的，当时曾留了一个副本，由张查理教授埋藏在住所的丁香树下，因日久致水渗入，已腐烂。由现在看，丧失了这份极有价值的抗日历史资料，真是可惜。可是因为我多参与此事，又兼其中一部系由我亲手整理编写的，对其内容印象较深，绝大部分可以回忆起来。好吧！我试回忆一下，以便对东北抗日史料有些许贡献。天民同志别去后，我就开始回忆。

现存于日内瓦联合国欧洲总部图书馆的《TRUTH（真相）》布袋，“TRUTH”是用针线绣上去的

01

“沈阳抗日爱国小组”抗日救国行动的历史背景

沈阳“九一八”事变之后，日本军队侵占东北各地，全国人民对于日本侵略我东北，都表示无比的愤恨。作为当时中国中央政府负责人的蒋介石，却大倡其“不抵抗主义”，命令张学良将军将东北军队撤入关内。这样，东北便失去了保障，任敌蹂躏、宰割。在国外，当时有许多国家，特别如苏联等国，极力主张正义，大力谴责日本对我东北的侵略行为。而英、法、美等国，鉴于他们在中国的利益要被日本独吞，对于日本在东北的军事行为，也表示大为不满。那时日本军国主义扩张分子，觉得直吞我东北不太简单。于是便要起花招，炮制出一个“满洲国”，借以混淆、欺骗世界人民视听，以达到其宰割统治东北之目的。

当时国联对于日本出兵侵略东北的情形大致了解。可是对于在东北成立“满洲国”这一预谋行动，却因国联总部远在欧洲，不甚清楚。于是国联在1931年12月间决定，特派一个调查团来东北，到现场调查。由于该调查团的组织成分复杂，需同各有关国家磋商。在离欧之后，又迂道去美国、日本，后到南京，最终才到沈阳。这样迟迟到来，可就给日本帝国主义者以大好机会，在东北大得其手，大加预备，满布种种假象。在当时，我们看着非常着急。假使国联调查团到东北时，由于满布日本特务，无法接见中国群众，仅仅看看日本摆布的表面假象，以此得出结论，回报国联，岂不就正义难伸，残暴得势，是非曲直无以大白于天下！而且日本诬造在东北的中国人自愿建立“满洲国”，这种欺世谎言，将难

以揭露。某日，“沈阳抗日爱国小组”成员巩天民、于光元、刘仲宜、张查理、毕天民、李宝实、张韵泠及我，在我家中开了个紧急小会，计议此事，认为有些老友已去关内，奔走抗日，当此紧要关头，这个揭穿日本侵略及制造伪满洲国罪行的抗日活动，只有我们来承担。于是我们决定了工作方向、原则及简明分工，并决定必须趁着日本特务对我们还未严加监视之前，赶快完成这项任务。由张查理医科大学外科教授、毕天民医科大学公共卫生教授和刘仲明为整理主委，负责编排整理，并把材料译成英文，附在每件证据之旁，便于调查团审阅，一目了然，无须做任何解释。为了保密，不需大家常聚会，可将证据交刘仲明全权总其大成，待调查团来，即可递交。

溥仪会见国联调查团

伪满洲国界碑

02

关于日本炮制伪满洲国

“九一八”事变后，进入11月，突然在街头见有二裁纸大小的以大汉奸袁金铠为首的“东北治安维持会”的小告示，其内容大致为：本治安维持会，既不管以往，也不管将来，仅维持现阶段的治安云云。看此告示，不禁令人发笑。但一叶之落，颇可知秋。这正表示日本要推翻原来的东北政权，而代之以临时过渡的“治安维持会”。在11月发行的由日本人编辑的《新满洲》杂志上，登载有四巨头，即日本关东军司令本庄繁主持，有原辽宁“省长”臧式毅、原黑龙江省军代表马占山、吉林省军参谋长熙洽在沈阳聚会，策划建立“新国家”的合影照片（后又加入原哈尔滨特区代表张景惠）。以后又发现伪造所谓东北人民代表请求建立“新国家”大会的招贴。其主要代表人，除了大汉奸于冲汉外，其他都是四个字以上的姓名。如左藤俊逸、松本原二等，一看便知，这是日本人主办的“建国请愿团”。

自12月初以后，在各日报上，几乎每天都登有各市、县的“请愿建国”或“庆祝建国”的群众游行的照片。这些照片都有一个特点，即在群众游行的四面，都有荷枪实弹，拿日本旗的日本兵。按着日本人所说，“建国”是由东北土著的居民主动自愿，那何需日本兵荷枪随行呢？这不正表明是在日军的刺刀下的群众游行吗？！日本为什么在日军占领东北之后不久，便急急忙忙建立一个伪满洲国？这正是制造傀儡保护国的诡计。这样，既可以假借民族自决的鬼话，拒绝任何外人包括中国及国联在内干涉，又可借援助发展之名，为所欲为地压榨、侵吞、掠夺东北这块肥肉，进而吞并全中国，而东南亚，而全球，妄图实现他的“八纮一宇”，即欲吞天下，必先吞中国，欲吞中国，必先吞满蒙的迷梦。建立伪满洲国的具体步骤、措施是由日本关东军第三科，本着它的国策，一手策划炮制的。我“沈阳抗日爱国小组”已获得的该科秘密印发的《“建国”手册》，就是铁证。

日本关东军宪兵队
本部

03

关于国联调查团

1931年12月，国联聚会，仍责令日本从中国东北撤兵。前次日本提出不撤兵的理由是：日本在东北有许多特殊利益，因中国无力维持秩序，日军不能撤退。此次又编造理由，说日本不能撤兵，是因为满洲人民“自己觉醒，愿脱离中国的桎梏”，建立“满洲新国”，满洲人民与日本人民有着特殊关系。因此日本有义务，有责任扶持新“满洲国”，现更不能撤兵了。国联代表谁都知道，这是日本要的花招，赖着不走。但国联章程载有民族自决条例，而且谁也不能替中国把日本兵撵走。于是决定派一个调查团到现场视察，凭报再做定夺。

1932年，国联调查团成员在沈阳合影

国联调查团的成员为英、法、德、意等国各一人，特请美国因美国当时不是国联成员派一人，以观察员身份参加。举英国李顿爵士Lytton为团长。派调查团到现场调查，本是不得已的措施，也是保存各方面面子的办法。

国联调查团的任务是调查中日冲突的起因和“满洲国”的建立究竟是由东北民众主动自愿的，还是由“外方”建立，强加给东北居民的。我们“沈阳抗日爱国小组”成员得知这一消息后，立即行动起来，从各方面收集日军侵略、蹂躏、掠夺东北及炮制伪满洲国的铁证。以便递交给国联调查团，好使真实情况得以大白于天下。

其实，伪满洲国的建立，本是仓促炮制的，漏洞百出。如国联调查团早日来到东北现场，便可看得清清楚楚。不期调查团姗姗来迟，给了日本以过长的时间，补漏堵缝，粉刷文饰，满布警特，不但伪造的迹象不易看出，调查团连真正的东北居民也不易接触到了。

据后来得知，国联调查团于1932年1月在英国聚齐，2月去美国，3月初到日本，4月初到南京，4月中旬才到沈阳现场。国联调查团不先到现场调查，而去美国、日本及南京走一趟，乃是要进行摸底。究竟各国特别是美国，对于日本不撤兵及制造伪满洲国有何看法？支持国联到何种程度？去日本是为探询日本政府，对于侵占中国东北拒不撤兵及建立伪满洲国的立场，还有无回旋之余地，有无悬崖勒马的可能。至于到南京，除了要探询中国控诉日本侵略东北制造伪满洲国的态度外，还有就中日对话进行斡旋等，

这些都是解决问题必要的工作。虽然到现场调查，为调查团的一次重要任务，但调查团认为，侵略东北，制造伪满洲国，正如中国古语所说："司马昭之心，路人皆知"，是天下共知的事。纵令调查团迟到现场，日本对迹象有所掩盖，但事实俱在，不会差了大格。

调查团深知，国联本身结构，并非坚强完整，尤其是美国之不参加，更是一大缺陷。国联最多只能供作国际舆论的讲坛，而不是国际超级法庭或超级政府，有了判决，双方必须接受遵行。

如果调查团调查出，日本委实是侵略东北和制造伪满洲国主犯，国联判定日本必须撤兵，而日本坚决不撤兵这可以说是肯定的，国联对日本有什么惩戒办法？国联自然还有所谓经济制裁法，就算国联能运用这种经济制裁法，但美国不是国联会员国，美国不受这种制裁法的约束，这就等于为丛趋雀，把经济利益都赶送给美国去了。这种片面性的制裁，只是伤了国联会员国的利益，不会有真实效果，所以国联调查团迂回去美国等处，是有特殊用意的。

04

"沈阳抗日爱国小组"的工作方向、原则、方式及分工

❶工作方向。针对日本的以下三个欺世谬论进行揭穿。⑴日本于"九一八"事变中，在沈阳开火进军，纯属自卫行为，是由于中国军队破坏了南满铁路所致。⑵日本军队之占据东北各地，是由于中国不能维持

秩序，日本驻兵系为维持秩序。⑶“满洲国”之建立，完全是东北居民自决自愿，日本没有干涉。

❷收集材料原则。⑴针对工作方向的三点，收集事实材料，必须有证据，或人证或物证，贵精不贵多，只有事实，但拿不到证据，也只得放弃。⑵特别注意寻找与工作方向的三点有关的日本发行的报纸或敌伪的“官方”文件，用日本的矛，刺日本的盾，使日本无反驳的余地。

❸整理编写方式。⑴按工作方向的三点，归纳有关文件，把一切事实证据都贴在一个图像册上，主要是用事实说明问题。但为了便于了解，可另备说明，并提出我们的观点。⑵用英文编写，所有中文文件均译成英文，使调查团看着一目了然，不待再译，这样了解透彻，印象更能加深。

❹简明分工。⑴按着工作方向和收集材料原则，由大家分头收集有关材料。⑵为了避免日本特务的注意，我们大家不多聚会。院外的小组成员和其他爱国人士所收集的材料，可交巩天民，由他乘机转交给刘仲明。⑶由张查理、毕天民及刘仲明负责整理编写工作，由刘仲明总其大成。⑷请于光元教授做总的外文审校，编完后，请曲凌汉打印。

05

国联调查团到沈阳后的情况

国联调查团终于在1932年4月中旬到达沈阳市。全团都住在大和旅馆现在的辽宁宾馆，当时该旅馆的一切人员及附近的人力车夫和汽车司机，全换成日本关东军特务人员。调查团人员到后，全被日本特务包围，除了看些日本摆布的假象外，什么也接触不到。当时伴随国联调查团的中国政府特派员，有顾维钧等数人，他们的行动更不自由。在那些天，我们的医院门诊部，突然有一批健康人来就诊，面貌奇特，语音生涩。我们认得出他们是什么人，是为什么而来。

我同张查理私自窃笑，心想："先生们，你们来的稍迟了些！在一个月以前你们来，或者有点用处。现在来，是白来了。一切皆完，早已'出手'！"

国联调查团在沈阳柳条湖一带调查

被组织前来欢迎国联调查团的吉林女学生

当时沈阳的中国行政机构悉被日本摧毁，调查团的安全，自然要由日本关东军来承担了。既然调查团的安全要全受日军“保卫”，其活动免不掉要受日军限制，不能随便走动，各处看看。这就影响了调查团的职能。调查团只能接受这种条件限制，也无其他办法。

调查团到沈阳的第二天上午，有日军少尉领着调查团，视察所谓中国东北军队在9月18日当晚，炸坏北大营西边柳条湖那段铁路的现场。当时有个军曹长，据说他就是当时领导一小队巡逻，发现中国东北军炸毁铁轨的目击者。这个巡逻小队长，绘声绘色地向调查团报告一些假象，调查团只得听听而已。

到沈阳的第三天，约八点多钟，调查团从大和旅馆寓所的窗内向外看，见旅馆前广场上有密密麻麻一群人，有五百左右，大喊大叫地说：“我们要见国联调查团。”当时，调查团秘书长赫士Hayes出来见他们，他们异口同声地大声喊着说：“我们是本着民族自决的原则，建立‘满洲国’，国联无权干涉。”

赫士通过翻译问他们还有别的话没有，他们说：“没有。”于是赫士对他们说：“好，我一定把诸位的意思，转达给调查团。”一群人又照旧喊了两遍。赫士回室内办公。过了一个多小时，赫士因公外出，见这些人有站着的，有坐着的，还有一些躺着的。赫士又问他们：“你们还有什么话说

吗？”他们回答说：“没有。”赫士又问：“你们为什么不走呢？”他们无人回答。赫士颇以为奇，又再三问。有人回答说：“我们都是在南市场卖劳力的，今早有人招我们来这喊口号，喊完即回去。原定给我们每人一元钱，到现在还没给钱，我们不能走！”赫士听后，与翻译相视而笑。

国联调查团的任务初看起来极简单，可是在那个特定历史情况下，不但不简单，而且几乎不可能。试想，在那个特定时期，中国东北地区政府的行政完全瘫痪，一切全由日本军国主义者统治，日宪伪特布满全城，政治全无自由，而居民又无居民证，如何进行调查？

假使调查团静而不动，登报声明，请当地居民来调查团住处接晤，而调查团的住所处处为日特包围，有谁敢冒死前来，自找麻烦？因此国联调查团深感焦急烦闷。看些假象，与事何济？！

06

“沈阳抗日爱国小组”向国联调查团递交铁证的经过

到1932年1月底，由小组成员和几位爱国人士齐心努力，不分昼夜地忙碌，把这份揭露、控诉日本军国主义侵略中国东北和炮制伪满洲国的罪行材料，完全备好，并汇交我保存，专等国联调查团来沈时即递交。当时并未定由谁递交。

可是久等调查团也不来，这时就冥思苦想，应由谁递交？怎样递交？我想，小组既嘱我总其大成，自不必说，大成也就包括递交在内。反复思忖，这个递交问题确实是个棘手的问题。

国联调查团来沈之前，日本人便在报纸上扬言：由南京、北平派来特务多人，到东北进行扰乱。“日满两国”对于调查团来沈后，必须多派人员严加防护，以免“中国特务”得逞云云。看来，个人冒险递交，虽将生死置之度外，但铁证文件一定会被日本人搜去，败于垂成，岂不万分可惜！况小组成员花名，全载在文件之上，势将尽遭灾祸，于事何济？必须另谋安全送达之道，个人冒险递交，万万行不得！于是我昼夜思考安全送达的办法。日子越临近，安全送达的问题越紧迫，我冥思苦想，绞尽脑汁，甚至到寝不安席，食不甘味的地步！

1932年2月中旬，在我所工作的盛京施医院，与院长雍维林Dr.William R. Young，英国人谈话时，我提及国联调查团何以迟迟未来？雍院长似早已察觉我们为调查团准备材料一事。

雍问我：“你们准备好了吗？”

我说：“我们已准备好了，专等他们来时，即可送交。”

雍说：“按着法律手续要求，你们应亲自把材料交到调查团手里。所递交的材料，必须附上由负责人签署的正式信件。这位负责人还必须是

由法庭承认的人，在西方就是国家批准的律师。签证送交人必须确实有其人，并证实其人的身份、道德、品质，法庭才能接受其递交的材料，作为合法的正式文件，予以审查处理。若只有材料而无正式信件，那就等于密告，按国际法庭惯例，是不予理睬的。可是你们处在特殊情况下，无法亲自交到调查团的手里，而你们签字的真伪，他们也无从辨认，只有国联调查团认可的人，特别证明你们交信人的真实性，才能完成法律上的手续。”雍院长在医校讲法医课，对于国际法律手续很熟悉。

倪斐德，爱尔兰人，原名弗雷德里克·奥尼尔，1897年来到中国，此后不久即在辽宁省的法库定居传教，在当地从事文化与教育工作

我说：“这样，我们就难了。我们从哪里找到国联调查团认可的人为我们签证？你给我们签证如何？”

雍说：“我签证无用，因为他们不认识我。”

雍接着说：“我现在想起一个人，即在法库基督教教区的一位牧师倪斐德博士，是英国人，他与国联调查团团长李顿爵士自幼就很熟悉，又是儿女亲家。他为人仗义，如果能求得到他，他一定会给你们签证，也许会帮助你们送交。我可给他写信。”

我说：“那可太好了！就请您快给他写信，

请他快来！”雍说：“好，我明天就给他写信！”我回家后，心中觉得安稳多了。第二天，我又把给国联调查团的信写好。因该信词意简单，至今犹历历在目。兹将该信抄录如下，借以了解当时实际情况。

尊敬的国联调查团诸公：

诸公为东北亚和平稳定，解决中日纠纷，不辞跋涉万里之劳，特来到现场中国东北，非常欢迎！由于明显原因，不克躬亲晋谒，深感歉怅！我今代表“沈阳抗日爱国小组”，计有大学教授刘仲明、张查理、毕天民、李宝实、于光元，社会教育家张韵泠，银行家巩天民、邵信普，医学家刘仲宜，共九人，敬托倪斐德博士代交小组亲自预备的证据汇编和事实说明各一件，请接收审阅。希望通过这些材料，对贵团了解中国东北实际情况有所助益。

专此　顺颂

勋祺

“沈阳抗日爱国小组”代表人

刘仲明　敬具
签　字

地点：沈阳

一九三二年二月十九日

于2月下旬某日，倪博士来沈见雍院长后，即来我家亲取文件。当

我交给他这份文件时，倪激动地对我说："Now I take this, if I die, I die for a great cause."意思是说："把这件大事交托我代办，我深感光荣！我若因此而死，我是为一件伟大的事业而死。"我被他这种见义勇为，舍己为人的精神所感动，感激涕零，泣不成声。我紧紧握住他的手，久久不愿松开。临行，目送他一直到看不见他的背影，我才回去。我内心默想，他是个见义勇为、不计个人安危的人，做人就要做像他这样的人。我永远敬佩他，永远怀念他！

1932年4月中旬某日，国联调查团终于来到沈阳。初到头几天，由日本人引导，看一个接一个的假象，使调查团感到特别厌烦，但又接触不到在东北居住的中国人，甚感焦急！

大约在国联调查团到沈阳后的第五天上午，倪博士从法库来沈。下车后径直到大和旅馆拜见李顿爵士，异乡相见，格外亲切。倪问李，工作进行如何？李答，不怎么样。于是由倪出面，邀请李到大西门外谭文纶教授家晚餐，并由雍院长作陪。李会意，于是应许。即日晚，李偕调查团秘书长赫士，一同前往。当晚，李、赫二人按约定时间到谭文纶家。跟随李、赫而来的有好几车日本人，据说是为保护国联调查团的。当日本人到屋一看，只一个小屋餐厅，只有谭文纶夫妇、倪博士、雍院长及李、赫，别无他人，且又系晚餐，主人也未让他们，他们也就不好坐下，只得退到室外等候。李顿爵士和赫士秘书长进屋，相互介绍，大家叙谈甚欢。赫士谈起可笑的、招来劳工在旅馆外请愿游行的假象时，倪博士插话说：

"也该换换口味了吧！"于是就把我们写给国联调查团的信，交给了李顿爵士。李看完信后就说："这正是我们所愿意接触的人们。"倪博士接着介绍了小组各人的职业、地位、声誉、品质。说这些人皆是当地人，皆是为群众所尊重、有卓越的识见、有独立见地的人。倪博士介绍后，即由倪博士、谭文纶教授和雍维林院长当面签证我们的实在情况的证明。之后，把信交给李顿爵士。

谈及证据汇编等文件时，倪博士说："由于该文件相当大，不便携带，我早已把它存放在沈阳英国领事馆铁柜内。"李说："那正好便于展看和保密，不必取来。"随即嘱赫士，定第二天下午2时，调查团全体去英领事馆，审阅证据汇编等文件，同时请倪博士告知英国领事馆，说明次日下午2时调查团全体去领事馆，看先前寄存的文件，并将该文件交给调查团保存。时夜已深，大家尽欢而散。李顿深谢倪博士对调查团的帮助。

抵达吉林的国联调查团

第二天下午2时，调查团全体成员到沈阳英国领事馆，

审阅证据汇编等文件，到下午6时才回旅馆。第二天，日本人主编的《盛京时报》曾报道：“昨日下午，国联调查团去沈阳英国领事馆开会，直到下午6时许。调查团员离开领事馆时，俱面带笑容，似深感满意的样子。”试想，调查团通过倪博士等的介绍，已经了解到他们所要见的人，又仔细审阅了他们提供的证据材料，加深了解了日军侵占东北及炮制伪满洲国的实况。哪能不面带笑容，深感满意呢！

国联调查团于5月派员去长春及哈尔滨调查，6月离开东北赴北平整理材料，7月回日内瓦，9月国联开大会，听取调查团的报告。当大会表决时，几十个国家投票赞成调查团的报告，仅日本自己一票反对。结论即：“九一八”事变是日本预谋武力侵略东北，而“满洲国”之建立是由日本关东军一手包办炮制的。因此仍维持上届大会决议，日本必须先行撤兵，由双方谈判解决问题。日本恼羞成怒，立即宣布退出国联。

1932年秋，国联召开大会，听取李顿率领的调查团的报告

从解决实际问题来讲，国联是大大失败。不仅连日本一根毫毛也没有动，更惹怒日本，日本代表拂袖而退出国联，且造成国联本身瓦解崩溃。可是，就弄清"九一八"事变的是非而言，国联通过调查团的现场视察，谁是谁非得大白于天下。这样，世界舆论就大大同情中国。这于我国抗日是大为有利的。在此之后，没有任何国家承认"满洲国"为独立国家，"满洲国"只是一个傀儡政权而已。我们尤其高兴的是，经过国联调查团的查实，在东北居住的人民，不是俯首帖耳的日本奴才，而是忠贞不贰的中国人。

07

关于《国联调查团报告书》

1932 年 6 月，国联调查团去北平后，用了近两个月的工夫，撰写成报告书。到 1933 年 1 月才由商务印书馆译出刊印。我在 1933 年夏才看到这本书，有二十余万字。它是溯本求源，由 1894 年中日甲午之战起，1905 年经日俄之战……日本经营满铁……铁路沿线附属地的发展……第一次世界大战日本占领青岛的交涉……日军国主义对华二十一条要求……满蒙政策……图们设领……中村失踪……总之，中日之纠纷盖有年矣。正如中国古语所说："冰冻三尺，非一日之寒。"岂止所谓东北军扒铁路云云。该报告书突出地提到在沈阳接触到一些大学教授、教育家、银行家、医学家们，据他们所提供的证据，沈阳事件即"九一八"事变是日军国主义者侵略东北的预谋；"满洲国"是由日本关东军一手炮制建

立的。报告书的结论是：中日之纠纷源远流长，非军事占领所能解决。中日纠纷、建立“满洲国”更是无用，徒滋纷扰，更加麻烦。本调查团建议如下：

日本必须从中国东北撤兵，这是最重要的一步；双方本着互让合作的精神，冷静地坐下来，逐步对话，解决问题。如双方认为有必要，国联可派一位代表，起疏通斡旋作用。

1932年秋，国联召开大会，主要为听取调查团的报告。先由调查团向代表讲述报告书，其次是讨论，由代表发言。会开得既热烈又激烈。代表包括中国代表发言多赞成调查团的意见和建议，而日本代表坚决反对。大会表决，几十个国家代表投赞成调查团建议的票，只有日本一国投反对票。日本大败，即一怒宣布退出国联。

08

来自各方的反响

当时本地报纸的反应。据当时《盛京时报》载，国联调查团在沈阳英国领事馆审阅了一些材料，颇为满意云云。

对国联调查团报告的反应。国联调查团的报告很长，调查团的立场是在和解中日纠纷，报告中的词语非常含蓄，报告的主要方面大意如下：

“……本团到了沈阳，看到了一些现象，接见了日本各方代表，并通过与若干中国医生、银行家、教育家的接触，我们确认，沈阳事变以及以后的发展是有计划的行动。虽然当场的日本守备队可能认为自己是在自卫……以后日本占据东北各地是看不出有充分理由的……建立‘满洲国’问题，无足够的证据表明这是出于东北人民的自愿自决……”

调查团在沈阳并没有机会见许多人，报告内所指的医生、银行家、教育家，完全系指我们“沈阳抗日爱国小组”递送材料这些人。至于所下的结论，除了没有清楚指明建立“满洲国”是日本关东军的一手炮制这一点外，其他各点，基本上反映了我们提供的材料的观点。

以后的事，众所周知，国联大会通过了调查团的报告。自然，调查团的报告和国联的决议，并没有解决我国东北的实际问题。日本帝国主义分子恼羞成怒，更变本加厉地疯狂侵略我国，以至东南亚各国。但就唤起世界舆论，判定公是公非，获得全世界人民对中国的同情与支持这点来论，以及赢得世界舆论影响上，确实是打

中方出版的《国联调查团报告书》封面

了一个胜仗。调查团的报告也鼓舞了我们以后全民抗日的决心，并获得了世界舆论支持我国抗日的有利条件。

外交家顾维钧，当时为国联调查团的中国政府特派员

09

“沈阳抗日爱国小组”的收获

小组做此事所选择的方法是适宜的。一是采用费神费力的办法，收集日军罪行证据，事实最雄辩，且均加译英语，一目了然，印象最深。其效果比小组集在一起草拟一个发言书送交调查团好得多。二是小组审慎周详，安全送达，不致将文件落入敌人手中，致使控敌行动，败于垂成。走国际友人道路，不但顺利送达，且增加了材料的分量。

最大的收获是使日寇的侵略和炮制伪满洲国的罪行得以大白于天下，以及揭露了由日寇强加给东北同胞的“自愿建立‘满洲国’”的谎言。其次，我们“沈阳抗日爱国小组”，虽因沦陷，日坐愁城，但得有机会收集日寇罪行的种种证据，借国联调查团之手，公布于天下，使日本的侵略面目暴露无遗，为中国在国际论坛上伸张正义，赢得世界人民同情，对我国抗战是一个有利因素。

我们“沈阳抗日爱国小组”同仁，在这个特定的历史时期，在这个特殊的环境下，对于祖国聊尽绵薄之力，颇感欣慰。这对我们“沈阳抗日爱国小组”以后的抗日救亡活动也是一个鼓舞。

10

“沈阳抗日爱国小组”的遗憾

原证据汇编等文件的一份副本，由于埋入地下渗水腐烂，未能保藏好，致后来无法让大家看到这些有价值的历史材料，以了解当年日寇侵略及炮制伪满洲国的罪行，激发青年一代保卫国家、维护民族利益的爱国热忱。

对于帮助我们工作的国际友人，特别是倪斐德博士、雍维林院长、谭文纶教授，事后“沈阳抗日爱国小组”没有机会专门向他们表示感谢和敬意。追思起来，深感遗憾！

11

结尾语

我们做了这件事以后，从来没有向任何人说过，也可以说，从来没有向外人宣布过这次秘密抗日活动。现因有关部门征集民众抗日历史资料，不容缄默，而追忆为上述。

原载《刘仲明（同伦）回忆录》一书。

㈡

巩天民"自传""巩天民笔录"相关内容摘抄

01

"自传"部分

1935 年的巩天民

一九三一年，日寇实行对满蒙侵略政策，在九月十八日占据沈阳……余愤慨至极，纠合小河沿医科大学教授刘仲明并一部分学生，做反对日本帝国主义传单，唤起东北人民反抗日本勿甘做奴隶生活。一九三二年元旦，日寇著名特务土肥原贤二，威逼商民去日本领事馆请愿"建国"。余，除夕日晚，一人冒险揭示日本逼商民请愿"建国"之阴谋，痛陈利用一般商民的无耻，唤起商民警觉勿受日本人愚弄，并向天津通信在《大公报》登载日本人在东北的侵略行为。一九三二年夏个人冒险代表沈阳基

督教中爱国分子去北平见张学良，劝其抗日，宁为玉碎，不求瓦全。张学良表示限于实力不足，抗日徒做无谓牺牲，故不能马上开战。他说，恢复东北除非：（一）日本对苏联作战；（二）日本国内发生矛盾；（三）世界大战。否则，全凭中国力量暂无收回东北可能，云云。余听张学良之论调，颇觉失望。回沈后即支持抗日义勇军与北平救国会联系，北平救国会到沈阳来办事者为宋黎、张雅轩等。余同刘仲明等为该等筹划经费并掩护宣传。

是年四月，国联调查团来东北，余、刘仲明、张伯生即张查理大夫等交日本侵略占据满洲之罪行种种证件。

一九三三年，余被约经理沈阳利达公司国外贸易，雇有日本职员。

一九三四年，去日本旅行，往返一月有半，深感日本国民教育做侵略准备。夏，余同刘仲明、刘仲宜等到北戴河找韦梦龄聚会，梦龄由美国回，原拟约我去东北、天津边业银行任职，余因梦龄新游欧洲归，余因见其崇拜者墨索里尼系法西斯头脑，故余决定不与韦同事。回沈阳再联合中外人士做反满抗日运动。是年冬，曾去汉口见韦梦龄，但四维学会盲目拥护领袖，余愤回沈阳。

一九三五年十月被逮捕。先到警察局住一星期转日本宪兵队，刑讯时共产关系未承认，仅承认国联调查团来东北调查余供给日本侵略东北之资料，因彼时刘仲宜已被捕，余不得不承认。问五次，经宪兵队又送余回警察局，又由警察局派日本人中问阳吉、濑户口等审讯三次，多侧重思想测验，余共住四十九日始恢复自由，然已被日本特务目为思想要视察人严加监视，故行动时受尾随。

以上摘自巩天民写于1948年的“自传”。

02

巩天民笔录

我带我的妻子呼泽生原名呼重恩和四个孩子到沈阳来住，到沈阳不到三个月就遇到日本帝国主义侵略我东北国土的国难当头！日寇首先占据了沈阳，我当时看到日本侵略军荷枪实弹阔步街头，如入无人之境，真是触目惊心！这时驻防东北的军队都到哪去了？张学良对东北是守土有责的，竟奉行了蒋介石对日本侵略不抵抗的命令，把驻在北大营的军队全部撤入关内，置东北人民于不顾，是可忍孰不可忍！当时住在东北的军政人员纷纷逃进关内，住在沈阳的人民希望日本军事占领的局面能赶快解决！开始还传说，可以通过外交解决，日本得到利益就可以撤军，但不久日本就叫它驻华北的特务机关长土肥原贤二到沈阳直接当了“市长”，还出安民布告，欺骗中国人民说日本出兵是自卫，因为中国拆毁了南满铁路造成“柳条湖事件”。不久，日本即进行要永久侵略东北的计划，要

成立所谓“满洲国”，土肥原贤二威迫一部分商民，到日本驻沈阳的领事馆请愿，要求成立“满洲国”。于是日本就假借民意积极筹备想长治久安。更阴谋的是土肥原贤二由天津接来溥仪，让他做伪满洲国的傀儡皇帝。作为住在东北的中国人再不能听凭日本帝国主义的摆布甘当亡国奴了！我在青年会和盛京施医院联合一部分人开始反满抗日运动，开始印发传单，向市民宣传指出：不要上日本鬼子的当，不要被日本帝国主义利用，成立“满洲国”是关系到民族存亡的大问题！后国际联盟李顿调查团来东北调查日本出兵占据东北是否为了自卫。我们收集日本帝国主义侵占东北是预谋行为的各种证据，汇集成册，译成英文向国联调查团控告，日本确是有计划地侵占我国东北领土并想永远占领下去。

一九三二年冬，我代表沈阳市文教、工商、银行等各方面去北京面见张学良，要求抗日救国收复东北失地。张学良表示要等时机，不能积极抗日，令人失望而归。

一九三四年我受边业银行的经理韦梦龄的邀请曾到武汉研究怎样抗日救国。我到武汉后，知道张学良已由欧洲回国，决心拥护蒋介石做领袖，把由东北带去的军队归蒋介石统辖。我感到失望。

我同沈阳基督教青年会刘仲明等研究，靠国民党收复东北目前无望，东北的义勇军能得到关内抗日救国组织支持，还是群众的抗日团体，我们应当在金钱、药物方面尽力援助。于是我们联系一部分青年会董事，

医院、学校的职教员，组织一个小团体叫“卫生会”，从个人工薪中提出一部分钱作为公共储蓄以救国。我们觉得抗日救国就得做长期打算，要站得住就得有奋斗图存、决不做亡国奴和沦为殖民地的决心！

日本帝国主义侵略东北首先占据沈阳，工商业荒闭的很多，我经营的存款放款业务也随之停业了。我的旧股东刘哲民聚义成皮店经理要利用我由伪满中央银行接办原东三省官银号创办的利达海外贸易公司，经营猪鬃、马尾出口，已在伦敦、纽约设立分公司，还要同日本亚细亚皮毛株式会社合办！我感到在日本帝国主义统治下还要搞国际贸易，还要与日本的资本家合作这是个复杂问题。我当时告诉刘哲民，日本实行“统制经济”，能否经营国外贸易须慎重进行！因此他同意我先调查东北产的猪鬃、马尾能否输出到国际市场，在英、美国内交货。这个问题是日本统一计划，必须到日本国内了解情况。因此我决定同日本亚细亚皮毛株式会社的代表人刀祢东水到日本国内了解猪鬃、马尾出口限制范围和将来“统制经济”的计划。我到过日本的东京、大阪、横滨，通过日本皮毛株式会社参观访问，做实际调查研究，了解到日本对皮毛进出口全面在统制计划之内，更严格垄断，由三井洋行特权经营，包括东北地区产销范围。我已清楚在经济方面日本资产阶级的垄断手段，已沦为殖民地的东北工商业没有发展和生存余地！我在日本几个大城市参观历史博物馆和军事展览会时看到不少古物，如玉石等，标明产自“支那”，在军事展览会中陈列不少战利品都说明是日军在中国获得的，以示武士道精神和军国主义野心！日本不仅要侵占东北，还要侵占全中国，还要创造“大

东亚共荣圈”，达到八纮一宇的目的，就是以日本天皇为中心统治全世界，这充分暴露了日本军国主义的侵略野心，令人深省！我回到沈阳同刘哲民讲了日本统制经济进出口皮毛不能经营，把利达公司解散了。

我在沈阳还要住下去，究竟要搞什么社会职业呢？我经营的存、放款业务清理行将结束，但在同业公会里有五家山西钱铺放款收不回来，而欠银行团的借款本利不能清债，已陷于要破产还债的境地。银行团找他们财东山西曹家，同时牵连到在东北的各联号。连带破产要造成很多人失业，以致无法生存，关系到不少人的生活大事！因为我是贷业同业工会负责人，这五家山西钱铺都是会员，因此，向沈阳银行团讲债是我义不容辞的责任！债权人是东三省官银号、边业银行日本侵占沈阳后吞并为满洲中央银行，还有中国银行、交通银行、中国实业银行、沈阳商业银行等。我提出的条件是：缓期，减息偿还。结果，凡是中国人负责的银行都表示好办！已被伪满中央银行接管的银行，经过反复协商提出方案说，原五家山西钱铺同是山西曹家一家财东，应合并成为现代组织的银行，然后按国际银行清理办法处理债务，并指出我既出来代为讲债，就得负责经营管理！我认为兹事体大，须好好协商。结果这五家山西钱铺的态度是：只希望财东不破产，职员不失业，债务能清债，怎么改组都可以！请我担负责任处理债务。但我个人思想有顾虑，代人负担一百多万的债务清理问题，须要考虑周到，反复酝酿协商。由一九三四年到一九三五年秋，还未确定方案。

一九三五年十月中旬，敌伪宪兵警察把我逮捕了，因为我们向国联调查团控告日本帝国主义是预谋侵占我国东北领土，乃是早已预谋的计划。国联调查团发表的《国联调查团报告书》泄露了我们在控告书上签字人的姓名。日本帝国主义认为我们在国际上为他们造成很坏的影响，现在他们都得节衣缩食预备应付世界战争，因此对我仇恨，毒打灌凉水！最后我承认了向国联调查团控告日本预谋侵略东北的事实，宪兵队向我宣传在东北建设“王道乐土”，问我怎么办？我说：“做安分良民，奉公守法。”后又把我定为“反满抗日犯”送回伪满警察厅进行审讯。我被多方营救，最后保释出狱。

以上摘自1972年“巩天民笔录”。

从1931年“九一八”事变后，天民同志和仲明同志等联合一部分学生，散传单唤起民众反抗日寇侵略，天民同志印发传单，呼吁工商界“不受日寇愚弄，我们有祖国，不是亡国奴”。同时，与天津友人联系，在各报揭露日寇阴谋。后来，他以沈阳各界爱国人士代表的身份赴北京见张学良将军，力陈“宁为玉碎，不为瓦全”的决心，要求回师东北。张以蒋介石“不抵抗政策”不可违相告，天民于失望之余便与“东北民众抗日救国会”联系。“救国会”派宋黎、张希尧、张雅轩同志到沈阳联系支援抗日义勇军，天民积极予以协助。当年秋，国际联盟派李顿率领调查团到东北调查“九一八”事变，天民同志与刘仲明、刘仲宜、张伯生、张韵泠等，一方面通过基督教会的英籍人士向李顿揭露日寇侵略罪证，一方面动员学生向调查团投递几千封控告日寇罪行的信件。李顿率领调查团根据沈阳知名人士提供的证据材料，和调查团本身在东北各地所见所闻，证实了“九一八”事变是日本预谋侵略我东北，而伪满洲国完全是由日本关东军一手促成的。

在1932年冬，国联大会以42票赞同，1票反对日本通过调查报告，令日本立即撤兵，日本恼羞成怒，便宣布退出国联。天民同志因向国联调查团提供侵略罪证，1935年遭到日寇逮捕，受到日伪警察和宪兵的严刑拷打，他除承认自己向调查团提供材料外，未牵连任何同志，也未泄露任何秘密。连日本宪兵队松浦也不得不认为“巩天民

是个硬汉子”。因日寇未抓到任何其他证据，最后以“思想犯”释放，再加以监视。

摘自刘仲明、卢广绩、聂长林：《履坎坷道路，秉耿耿忠心——怀念巩天民同志》。

㈣

“沈阳抗日爱国小组”的形成背景和主要活动

巩国威

01

形成背景

1929 年，刘仲明留学期间受国外“青年社团”的启发，在“盛京施医院”家属区组织了“小友团”，人数总共 14 人，包括大学教授、医生、社会教育家和银行经理。“小友团”最初仅是个交流学术、畅谈生活和理想的“论坛”。当日本侵略东北，建立了伪满洲国，种种恶行激发了小组成员的爱国热情，这个“小友团”就演变成为“爱国小组”。他们每次聚会，各饮黄连水一杯，以励卧薪尝胆之志，以示待机报国之诚。这些人“把脑袋别在裤腰带上”，决心和日寇斗争到底。他们开展了有目标、有计划的活动，逐渐走上了抵抗日寇的道路。

当年刘仲明的家，“沈阳抗日爱国小组”经常聚会的地点

02

主要活动

“九一八”事变之后，他们积极进行抵制活动，这时的工作主要是抄写、散发传单，交流情况，研究对策，向市民宣传“不要上日本鬼子的当，成立‘满洲国’就是永远当亡国奴”。传单来源于北京的“反帝大同盟”，联络人徐仲航中共早期地下工作者，这是一条秘密通道。这期间比较轰动的事件是巩天民化装闯会场抛撒传单，搅散了日军召集的动员商民上街游行的大会。

1932年夏，“沈阳抗日爱国小组”委托巩天民带着小组成员签名的信，作为沈阳市文教、工商和银行等各方面的代表，冒险来到北平面见张学良将军，敦请张学良“率领东北健儿，打回老家，收复失地”，并表示“宁为玉碎，不求瓦全”，劝其抗日。但张学良表示限于实力不足，抗日徒作无谓牺牲，故不能马上开战云云。面对强大的日伪统治，“沈阳抗日爱国小组”感到家乡沦陷，日坐愁城，单靠几个人“拳打脚踢”力量有限。巩天民听到张学良之论调，得知希望破灭，痛心已极。

所幸的是，巩天民在北平遇到了闫宝航和杜重远等人，得知他们在北平已经组织了“东北民众抗日救国会”。通过阎宝航，他了解到中共对东北抗日战场的意见，即东北抗日义勇军是共产党领导和影响的抗日队伍。1932年初，满洲省委起草抗日的纲领性文件，明确了党直接领导人民武装才能确保抗日救国的胜利。“沈阳抗日爱国小组”的思路豁然开朗，找到了抗日斗争的方向。即确定了全力支持义勇军，在资金和药

“沈阳抗日爱国

刘仲明

巩天民

李宝实

于光元

刘仲宜

邵信普

张韵泠

毕天民

张查理

品方面尽力援助。巩天民会同刘仲明、邵信普、张韵泠和刘仲宜等百余人成立“卫生会”，从每人每月的工薪中拿出10%作为公共储蓄，作为资助东北义勇军和地下工作人员的经费和购买医药的费用。“沈阳抗日爱国小组”利用“卫生费”做了很多事情。据巩夫人回忆，“卫生会的款项也曾营救过被捕的同志”。

1932年年底，抗日义勇军共产党员张雅轩张金辉和革命青年宋黎来奉天，他们是“东北民众抗日救国会”阎宝航派出的八人小组成员中的两位，和“沈阳抗日爱国小组”取得了联系，参与了“沈阳抗日爱国小组”的行动。巩天民和刘仲明为他们印刷和散发传单提供了青年会院内的一间房子，刘仲宜以他开办的“同仁医院”为掩护为其筹集药品。此时巩天民已和义勇军有了正常稳定的联系渠道。王岳石共产党员，中华人民共和国成立后任旅大警备区副参谋长当时就是义勇军派出和“沈阳抗日爱国小组”联络的“交通”。“沈阳抗日爱国小组”向他们提供过经费和药品，配合默契。此阶段巩天民通过张希尧、张雅轩、王岳石三人均为中共地下党员及宋黎等人，和中共地下党常有联系。宋黎曾回忆说：“只要有机会去沈阳，我便到巩天民任职的边业银行实为世成庆贷庄或他的家，找他借书看。那时我不知道他是中共地下党员，但我们有共同语言，他经常借给我一些很开脑筋的书。”“巩天民常常似无意实有意地在借给我的书里夹几页抗日宣传材料，使我受益匪浅。”摘自《辽宁党史人物传》(12)“巩天民”一节。

但是危险也时有发生。一次，张雅轩、宋黎贴传单被敌特跟踪，到刘

仲宜的“同仁医院”躲避，临走时藏在医院的油印机被敌特找到。为此，刘仲宜被逮捕，受尽严刑拷打，虽经营救出狱，但人因此而精神失常，多年生活不能自理，最后还是因此而牺牲了。我们要永远纪念这位在中国抗日斗争中牺牲的先辈。

1932年“沈阳抗日爱国小组”向李顿率领的国联调查团递交日本侵华罪行的铁证。这是中国民众抗日的壮举。《国联调查团报告书》中有这样一段话：“本团在中国东北沈阳时，曾见到了一些大学教授、教育家、银行家、医学家等人士的明确意见及各种真凭实据的具体材料，证明了沈阳事变是无因而至；而‘满洲国’的建立，亦非出至东北人民的自由意愿，也不是民族自决。”摘自《中共党史人物传》(50)“巩天民”一节 国联因此确定日本对中国东北的占领是侵略。1943年，中、美、英三国，依据1933年3月27日国联通过的《国联调查团报告书》，在《开罗宣言》中确定“日本所窃取的中国领土，例如满洲、台湾、澎湖等，归还中华民国”，抗战胜利后中国据此收回了东北。

从这一点看，国联调查团对中国收复东北三省起了一定的作用。“沈阳抗日爱国小组”在这一事件中起的作用不可轻视，这是在国际政治外交舞台上中国民众抗日斗争取得的胜利。

1935年，巩天民等向国联递交日军侵华罪证的行动暴露后，日伪特务闯进他家搜查。若那本由他收藏的“卫生会”分户账被敌人发现，将酿

成账本上百余人被捕的大祸患。巩天民急中生智，让夫人把账本包在孩子的小被子里，一场人命关天的危险得以化解。

※“中共满洲省委地下党员陶翙鸣积极参加了刘仲明（同伦）等人领导的收集日本侵略事实、揭露日本帝国主义谎言的活动。日伪特务加紧了对地下党和爱国人士的搜捕，于1935年10月21日将参与整理材料的刘仲明、陶翙鸣、刘仲宜、巩天民等人逮捕入狱。被关押将近一年的时间后，他们经党的地下组织营救出狱。”摘自《沈北革命播火者——陶翙鸣》。陶翙鸣，又名祥尚谦，1945年曾任我民主政权沈阳市副市长焦若愚秘书。

贰 追寻

(一)《TRUTH(真相)》回归始末
(二)倪斐德后人追忆
(三)巩国威致《闯关东的爱尔兰人》作者马克先生的信

(一)
《TRUTH(真相)》回归始末

01
父辈、叔辈的努力
——未果

巩天民、刘仲明在世时，多次通过外交途径寻找《TRUTH(真相)》史料，但终没有结果。

巩天民自己第一次提起这件事，是在1947年。

1947年，顾维钧来沈公干，巩天民和顾维钧有过一次交谈。提及这份材料时，顾给出了自己的猜测，“这份资料应当存于日内瓦联合国大厦的博览室内”。

巩天民将消息告诉了老友刘仲明。

“若然，我们有希望通过我驻瑞士国使节，向日内瓦国联大厦博览室负责人请求，把该项材料的说明书打印一份，借得见原始说明书的全貌。”刘仲明曾满怀希望。但限于当时的各种阻力，这份心愿未能如愿。

1960年，全国各省市的一项重要工作就是收集中国民众抗日活动历史资料。周总理特意提及“沈阳抗日爱国小组”当年收集的《TRUTH(真相)》史料一事。

于是刘仲明执笔写了一篇《“九一八”事变后“沈阳抗日爱国小组”抗日救国行动纪实》，发表在全国政协《文史资料》上。

02
孙辈们的努力——突破

20世纪70年代，巩天民的儿子巩国贤曾通过在国务院工作的同学，试图通过外交渠道寻找《TRUTH(真相)》的下落，但也没有什么结果。

巩天民的孙子巩辛说：“事情的转机出现在我们这辈人身上。”2007年7月，巩天民的孙子巩鸣得到一些信息，了解到这份史料很可能存放在日内瓦联合国欧洲总部图书馆内。2008年3月，巩家另一位孙子巩洋联络到日内瓦联合国欧洲总部图书馆档案资料室负责人，得到肯定答复，第一次准确锁定了这份珍贵历史资料的下落。2008年6月，经过大量的前期准备，居住在德国的巩捷（巩天民的孙女）前往瑞士日内瓦联合国欧洲总部图书馆，终于看到了这份几十年前编撰的“日军侵华罪证”。

日内瓦联合国欧洲总部图书馆大楼

03

“您是第一个来查阅这份档案的中国人”

这是一个震惊世界的历史事件的见证材料，很多新闻媒体和传记文学中都有大篇幅的记载，但是当真正看到这个尘封了76年的蓝色布袋的时候，还是令在场的所有人激动万分。由于年代久远，蓝色布袋的边角已经褪了色，但上面用浅粉色丝线所绣的“TRUTH”英文字仍像新的一样。巩捷用颤抖的双手将里面的东西缓缓拿出来，那是一本厚厚的蓝色文件夹，打开来，实物证据一件件：一个硕大的告示，落款人是日本关东军司令官本庄繁，时间是事变后的第二天9月19日；一个条幅展开以后，有一米多宽，三四米长……七十多年前的沈阳仿佛就在眼前，纸张虽然已经泛黄，但字迹依然真实清晰，照片虽然已经陈旧，但图像还是清清楚楚。

“您是第一个来查阅这份档案的中国人。”接待巩捷的图书馆档案资料室负责人说。

这句话让巩捷回味了很久。

04

《TRUTH（真相）》归来

2008年8月间，巩捷托人将记录全部资料的照片和视频刻成光盘带给国内的家人。

巩国威将光盘里的内容打印出来，并按照片仿制了一个蓝色的布袋和蓝色的大夹子。

复制的蓝色布袋内装有当年递交给国联的“日军侵华罪证”的复制品。这两个复制品看起来和原件非常相似。真实再现了七十多年前的“日军侵华罪证”。

左二为接待中国客人的日内瓦联合国欧洲总部图书馆档案资料室负责人

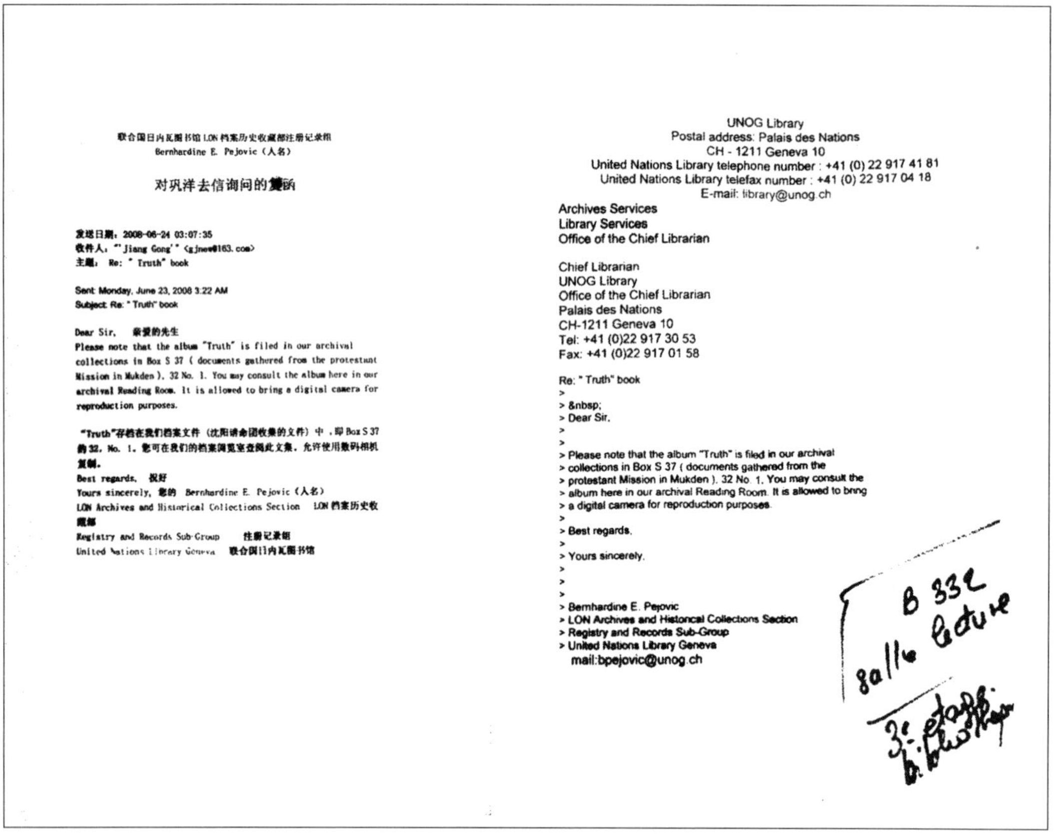

联合国日内瓦图书馆LON档案历史收藏部注册记录组
Bernhardine E. Pejovic（人名）

对巩洋去信询问的复函

发送日期：2008-06-24 03:07:35
收件人："Jiang Gong'" <gjnew@163.com>
主题： Re: " Truth" book

Sent Monday, June 23, 2008 3:22 AM
Subject Re: " Truth" book

Dear Sir,　亲爱的先生
Please note that the album "Truth" is filed in our archival collections in Box S 37 (documents gathered from the protestant Mission in Mukden), 32 No. 1. You may consult the album here in our archival Reading Room. It is allowed to bring a digital camera for reproduction purposes.

"Truth"存档在我们档案文件（沈阳请命团收集的文件）中，即Box S 37 的32, No. 1。您可在我们的档案阅览室查阅此文集，允许使用数码相机复制。
Best regards,　祝好
Yours sincerely, 您的　Bernhardine E. Pejovic（人名）
LON Archives and Historical Collections Section　LON档案历史收藏部
Registry and Records Sub-Group　注册记录组
United Nations Library Geneva　联合国日内瓦图书馆

UNOG Library
Postal address: Palais des Nations
CH - 1211 Geneva 10
United Nations Library telephone number : +41 (0) 22 917 41 81
United Nations Library telefax number : +41 (0) 22 917 04 18
E-mail: library@unog.ch

Archives Services
Library Services
Office of the Chief Librarian

Chief Librarian
UNOG Library
Office of the Chief Librarian
Palais des Nations
CH-1211 Geneva 10
Tel: +41 (0)22 917 30 53
Fax: +41 (0)22 917 01 58

Re: " Truth" book
>
>
> Dear Sir,
>
>
> Please note that the album "Truth" is filed in our archival
> collections in Box S 37 (documents gathered from the
> protestant Mission in Mukden). 32 No. 1. You may consult the
> album here in our archival Reading Room. It is allowed to bring
> a digital camera for reproduction purposes.
>
> Best regards,
>
> Yours sincerely,
>
>
>
> Bernhardine E. Pejovic
> LON Archives and Historical Collections Section
> Registry and Records Sub-Group
> United Nations Library Geneva
mail:bpejovic@unog.ch

B 332
salle lecture

巩家后人收到的日内瓦联合国欧洲总部图书馆关于《TRUTH（真相）》存放位置的回复邮件

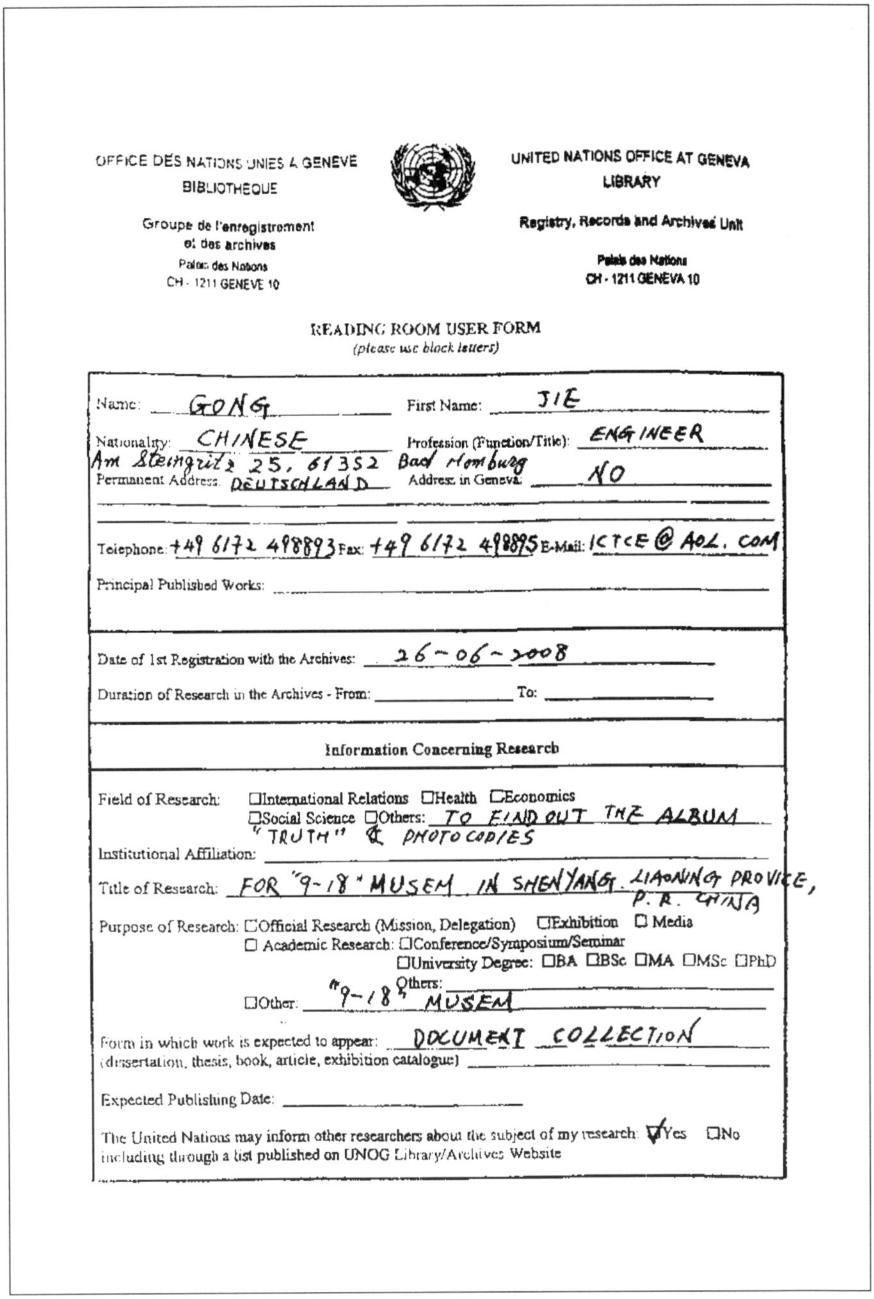

OFFICE DES NATIONS UNIES A GENEVE
BIBLIOTHEQUE

Groupe de l'enregistrement
et des archives
Palais des Nations
CH - 1211 GENEVE 10

UNITED NATIONS OFFICE AT GENEVA
LIBRARY

Registry, Records and Archives Unit

Palais des Nations
CH - 1211 GENEVA 10

READING ROOM USER FORM
(please use block letters)

Name: GONG First Name: JIE

Nationality: CHINESE Profession (Function/Title): ENGINEER

Permanent Address: Am Steingritz 25, 61352 Bad Homburg DEUTSCHLAND Address in Geneva: NO

Telephone: +49 6172 498893 Fax: +49 6172 498895 E-Mail: ICTCE@AOL.COM

Principal Published Works:

Date of 1st Registration with the Archives: 26-06-2008

Duration of Research in the Archives - From: To:

Information Concerning Research

Field of Research: ☐International Relations ☐Health ☐Economics
☐Social Science ☐Others: TO FIND OUT THE ALBUM "TRUTH" & PHOTOCOPIES

Institutional Affiliation:

Title of Research: FOR "9-18" MUSEM IN SHENYANG. LIAONING PROVICE, P. R. CHINA

Purpose of Research: ☐Official Research (Mission, Delegation) ☐Exhibition ☐ Media
☐ Academic Research: ☐Conference/Symposium/Seminar
☐University Degree: ☐BA ☐BSc ☐MA ☐MSc ☐PhD
Others:
☐Other: "9-18" MUSEM

Form in which work is expected to appear: DOCUMENT COLLECTION
(dissertation, thesis, book, article, exhibition catalogue)

Expected Publishing Date:

The United Nations may inform other researchers about the subject of my research: ☑Yes ☐No
including through a list published on UNOG Library/Archives Website

进入图书馆需要填写的读者情况表

“沈阳抗日爱国小组”成员的后人在日内瓦联合国欧洲总部图书馆翻拍资料

巩天民之孙女巩捷小心翼翼颤抖着双手初次打开《TRUTH(真相)》史料的瞬间，喜悦中透着心酸，平静中透着激动，五味杂陈

05

捐赠

经过“沈阳抗日爱国小组”成员的后人研究决定，我们把这份珍贵的革命文物复制本敬献给国家，向世人展出。让这份文物所代表的斗争精神、爱国精神永远流传，永远激励后人不忘过去，以史为鉴，勇往直前。

2010 年 9 月 17 日，巩国威等代表“沈阳抗日爱国小组”成员的后人，将《TRUTH（真相）》史料捐献给“九一八”历史博物馆。

“九一八”历史博物馆将之作为镇馆之宝，列出专门展区。

“《TRUTH（真相）》的回归，让它有机会继续向世人讲述‘九一八’事变所开启的沈阳之悲，东北之惨，中国之痛。”捐献仪式上，一位学者在留言簿上写下了这样一段话。

“《TRUTH（真相）》的回归是个很复杂的过程，无论是时间，还是空间，都不是一个人能够完成的，这是家族几代人努力的结果。”巩天民的孙子巩辛如是说。

(二)

倪斐德后人追忆

倪斐德是协助“沈阳抗日爱国小组”向国联调查团递交《TRUTH（真相）》的英国“三绅士”之一，他的孙子马克为追忆爷爷的历史著书，名为《闯关东的爱尔兰人》。该书部分内容记录了“沈阳抗日爱国小组”的事迹。

1931 年 12 月，国际联盟为调查中国东北

沈阳“九一八”历史博物馆外景

的状况，专门成立了一个临时委员会，由于该委员会的主席是英国贵族李顿爵士，因此被称为李顿调查团。1932年春，由英、法、德、意、美五国代表组成的调查团，启动了为期六周的调查。日本人一方面殷勤接待调查团并做足了宣传功夫；另一方面千方百计阻挠调查团获得真实的信息。他们在调查团成员下榻的饭店周围布置了军警，阻止中国民众接近。而民众认为外国人如传教士等可以免遭日本势力迫害，因此把他们当作了反映民意的渠道。据中国教会的记录，弗雷德里克（倪斐德·奥尼尔，本文作者马克·奥尼尔的祖父）在沈阳和辽宁北部与调查团接触了数次，提交了“关于日本暴行的秘密报告”。胡长遇牧师也证实弗雷德里克以及其他的英国传教士确实向调查团提交过不止一份秘密报告。

胡牧师还披露，当时有位名叫巩天民的人来法库找到弗雷德里克，问他是否能将一份材料交给李顿调查团，而弗雷德里克承诺他一定尽力。他去沈阳时，还曾把这份材料存放在英国领事馆的保险箱里。其后弗雷德里克找到机会，邀请李顿和他的秘书到沈阳城西一位牧师家里吃晚饭。那位牧师家的房子很小，当陪同的日本官员也想进去时，弗雷德里克对他们说房间实在太狭窄拥挤了，抱歉他不能邀请他们共进晚餐。于是他成功地阻止了日本人进门，才得以偷偷将材料交给李顿。胡牧师之后才知道，那位巩天民是共产党员。

1932年10月2日，国联调查团公开发表了调查报告，结论是如果没有日本的军事干预，“满洲国”不可能成立，“满洲国”成立没有得到当地中国民众的支持，它也

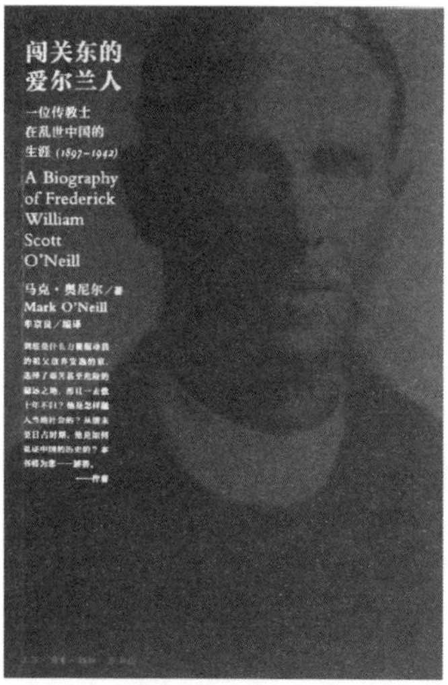

倪斐德的孙子马克·奥尼尔的著作《闯关东的爱尔兰人》，本文内容节选自中文版第173-174页。中文版由三联书店于2013年9月出版。

不属于真正的、出于自发的独立运动。1933年2月，国际联盟大会谴责日本是侵略者，要求日本退出满洲。日本代表团当即退场，之后日本政府宣布退出国际联盟。1935年，日本在“满洲国”发起了大逮捕，他们审问被捕中国人的第一句话是：“你向国联调查团交过材料吗？”

(三)
巩国威致《闯关东的爱尔兰人》作者马克先生的信

马克先生：

我应该在几个月前就写信给您，因为给您写信对我很重要，我的父辈曾写过如下一段话：“‘沈阳抗日爱国小组’的遗憾：对于帮助我们工作的国际友人，特别是倪斐德博士、雍维林院长、谭文纶教授，事后‘沈阳抗日爱国小组’没有得到机会专门向他们表示感谢和敬意。追思起来，深感遗憾。”多年来我一直谨记父辈的这个遗愿，现在我可以通过您向您的爷爷还有雍维林院长、谭文纶教授表示由衷的感谢和崇高的敬意，这样也安抚了我父亲及其他几位老人的心。

当年九位爱国志士向国联递交揭露日本侵华罪证《TRUTH(真相)》是和倪斐德博士、雍维林院长和谭文纶教授共同完成的一项历史性壮举，人们已开始称这一“壮举”是“沈阳抗日爱国小组”和“三绅士”共同所为，“三绅士”的功绩不仅是完成了递交，更主要的是向国联调查团“推荐”了“沈阳抗日爱国小组”。“三绅士”说：“他们是一些值得尊敬和信任的人。”国际友人以第三者的立场的推荐，令“沈阳抗日爱国小

日内瓦联合国欧洲总部图书馆内的《TRUTH(真相)》档案盒

组”取得了李顿伯爵的好感和信任。抛开这套国际上递交证据的手续而言，实则“三绅士”在日本人制造的恶劣环境中和李顿伯爵冒死坦诚相见，也表明了他们对《TRUTH（真相）》的支持和推举。由此，国联调查团对《TRUTH（真相）》这份“事实真实，法理严谨”的证据，认定为日军侵华罪证就是必然的了。

马克先生，2015年9月9日，在中国人民抗战暨世界反法西斯战争胜利70周年纪念活动中，有一篇报道，“德国：神秘蓝布包重现，旅德华人讲述日寇侵华真相”。节目肯定了《TRUTH（真相）》在中国抗战中所发挥的作用，评论说：“他们手无寸铁，却体现出和钢铁之师一样的强大力量。”所以我们对先人当年所做的一切，亦应重新认识、评价。尤其是对当年的举动，“沈阳抗日爱国小组”成员仅认为就是一个反抗之举，并未觉得会有如此巨大的作用，事后日本人逮捕他们，死里逃生后无人再提及此事。此震动了世界的壮举被尘封几十年，至今才得以大白于天下。我们作为“沈阳抗日爱国小组”和“三绅士”的后人，对80年前发生在我们亲人身上的事件，不能无动于衷，宣传、认定这个事件是我们共同的责任。

是该自我介绍一下的时候了。您书中写到一个人曾去法库找到您爷爷，问他能否把一份材料交给国联调查团。那个人就是我的父亲，他叫巩天民。您的爷爷是长于巩天民的上一代人，您爷爷是为基督教而来，我的家庭和基督教也有不解之缘。我的外祖父是虔诚的基督徒，我母亲毕业于教会学校，我的父亲从事青年会工作多年。所以当年巩天民去拜访弗雷德里克，您的爷爷，应该是怀着友情，充满着

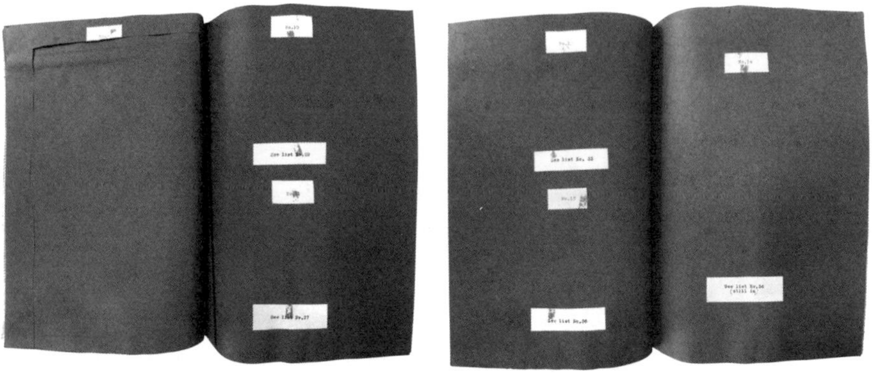

图为国际友人倪斐德致李顿的信中所言，“由于可能陷入更严重的以致不可预期的后果，这本‘图像册’有几页不得不被删除”的证据。共6组，从No.9~14

期望而行。讲到我自己，按中国人的习俗咱俩同辈分，虽然我长您九岁。从您夫人的祖国——中国伦理方面论起是这样的。您一直要写并已写成了您爷爷的历史，和我何其相似乃尔，我写我父亲的历史至今已长达35年。我是电子工程师，舞文弄笔很不在行，要向您学习。

今天就写到这里，我想“上帝”也会安排我们是朋友。我们尽早见个面，交流一下资料，开辟我们共同感兴趣的课题。这也许不是很快能实现的，但总会有这一天。

问您

秋安

巩国威

2015年9月15日

后记

2014年12月19日，辽宁省政协文史委主任张凤羽、副主任李兴泰，召开“抗战文化”学术研讨会，我第一次有幸得知世上竟有1931年11月至1932年初编就的关于“九一八”事变的这样一部奇书——《TRUTH（真相）》。于是急想找来文本原件阅读。会后，承蒙巩天民之六子巩国威先生赠予《TRUTH（真相）》光盘，又得到巩天民之孙巩辛先生提供相关资料。我初读之后的收获是：它是一部揭露日本军国主义制造“九一八”事变发动侵华战争阴谋罪恶的证据汇编。《TRUTH（真相）》的“真相”之一是，坚决反对日本把侵略战争灾难强加在中国人身上，他们所要的是民族之间的包容，是和谐相处，而不要战争。“真相”之二是，中国东北三省历来是中国行使国家主权之固有领土，日本侵略，为中国所不容。“真相”之三是，日本在中国实行殖民统治的伪满洲国，是日本炮制的傀儡政权，完全是非法之举，天理不容。这三项求真之意，核心理念却是“真”，而“真”字背后的最高追求是“和”。“和”是中国传统哲学的核心理念。所以全书之意，全在“和”，而上诉国联之目的，也全在熄灭日本侵略战争之火。

《TRUTH（真相）》作为“九一八”事变的事实证据汇编，是判定“九一八”事变性质的合法依据。中英学者文化精英通过三重手段使材料取信于人：一、当事人亲笔签名，敢作敢为；二、英国友人亲笔书写证明信，对当事人的身份、品格、社会地位加以确认；三、通过英国友人亲自递交到李顿团长手中。由此，《TRUTH（真相）》已不再是一般意义上的史料，而是合乎国际法律程序要求的、具有法律价值的法律呈文，或曰合法证据。《TRUTH（真相）》对日本人的批判，是质疑、诊断式的批判，这也是“沈阳抗日爱国小组”批判的最大特点。大胆地质疑，本是医学界刘仲明、李宝实、张查理、于光元诸教授从事医务诊断的、当然的医学思想和医学观点，他们同银行家巩天民、张韵泠、邵信普，特

别是其中的青年革命家巩天民(中共早期党员)的马克思主义观念融会贯通。他们从“九一八”事变的实际问题出发,针对日本的三大谎言,收集、整理《TRUTH(真相)》。“沈阳抗日爱国小组”依凭中国优秀传统文化的爱国情怀,采取“以子之矛刺子之盾”的策略方法,对敌寇的野蛮行为做出“诊断”,实质上是以法律为准绳做出的法律判决,为国联所接受,所认定,并以此赢得了国际社会的同情和支持。

《TRUTH(真相)》作为证据汇编已在历史上发挥了巨大作用。我国资深外交家顾维钧,总结国际关系历史经验时说,第一次世界大战后,在国际关系中,出现了用和平的外交谈判方式,解决国际争端的办法。当日本发动侵华战争之后,中国政府马上命令中国代表向国联提出上诉,并建议派出代表团到东北沈阳进行实地调查。而“沈阳抗日爱国小组”则抓住国联调查团来访的契机,向国联调查团递交了《TRUTH(真相)》,运用中国话语权,赢得了国际社会的同情、理解和支持,在舆论上击败了日本,打赢了一场国联外交胜仗。这是中国走上国际舞台迈出的重要步伐。而且在主权保全和捍卫版图完整方面,起到了依据国际法判决的作用。

《TRUTH(真相)》这部证据汇编的生命力,不仅取决于其内容和观点,而且还取决于其方法论的启发性。我们应当称其编著者,即“沈阳抗日爱国小组”成员为“严谨、睿智的历史学家”方能表征他们为人做事的态度和禀赋。我们还应当关注这部著作的构思、布局、史料和观点,进行细致精微的剖析,在该书“说明书”中,展现了作者真正把握宏观真实与微观真实相统一的原则,从而抓住了“九一八”事变这一事件的本质或要害,即主题。也体现了作者禀笔直书,不为高压所屈,壁立千仞的道德品格。

《TRUTH(真相)》不仅属于中国,而且也属于世界。传承和传播《TRUTH(真相)》的光辉,更当把史实和思想的研究结合起来,在真正理解《TRUTH(真相)》的基础上,对其做出符合中国历史实际的阐释。

《TRUTH(真相)》是不可复制的知识产权载体,已经由日内瓦联合国欧洲总部图书馆收集归档,收纳在联合国“世界记忆遗产”名录,予以珍藏。它的创造者们当年在刘仲明教授家中聚会,首先每